Sponsoring Sportif

Collection CONNAISSANCE DE LA GESTION

dirigée par Yves Simon, Professeur à l'Université de Paris IX-Dauphine

Sponsoring Sportif

2e édition

Gary TRIBOU

ECONOMICA

49, rue Héricart, 75015 Paris

À Nestor et Ulysse

INTRODUCTION GÉNÉRALE

En 2004, le revenu des dix clubs les plus riches du monde est de l'ordre de 1,8 milliard d'euros. Le total des revenus perçus par les vingt joueurs les mieux payés au monde approche la somme de 200 millions d'euros, le vingtième de la liste gagnant davantage que le PDG le mieux rémunéré de France. La masse salariale représente en moyenne 70 % des dépenses des clubs français de première ligue et elle a été multipliée par 2,5 au cours des cinq dernières années. Cette inflation salariale est, en partie, tenue pour responsable de l'endettement des clubs (notamment ceux de Monaco, Marseille et Paris St-Germain). Les autres championnats européens ne sont pas épargnés. Par exemple, en Italie, la masse salariale est trois fois supérieure à celle des clubs français et l'endettement dépasserait les deux milliards d'euros. Le cours de l'action de l'AS Roma est passé de six euros lors de l'introduction du club en bourse en 2000 à 1,40 euro en 2004. Le seul club espagnol FC Barcelone affiche un déficit de 150 millions d'euros, soit autant que l'ensemble des vingt clubs français de première ligue. Outre-manche, la Premier League anglaise accuse un déficit global de 922 millions d'euros et, à l'exception du club Manchester United, les neuf principaux clubs européens ont vu leurs cours s'effondrer de 50 % en dix ans (ce qui a permis l'entrée d'investisseurs dans le capital) [1]. Cette présentation plutôt

1. Par exemple, en Italie, la famille Agnelli (groupe Fiat) contrôle la Juventus de Turin, Silvio Berlusconi le Milan AC ; en France, Robert Louis-Dreyfus l'Olympique de Marseille, Jean-Michel Aulas l'Olympique Lyonnais, François Pinault le Stade Rennais ; en Angleterre, le milliardaire russe Roman Abramovitch le club de Chelsea, etc.

noire de la situation financière du football européen conduit généralement les dirigeants à mettre en avant les recettes de sponsoring et de télévision censées venir combler les déficits. Et de citer la surenchère des droits de télévision passés de trente millions en 1986 lors de la Coupe du Monde au Mexique à 750 millions pour l'édition 2002 au Japon et en Corée du Sud ; les trente milliards de dépenses sponsoring consenties par les partenaires dans le monde en 2003 (toutes disciplines confondues) ou encore la manne des produits dérivés (un tiers des recettes des grands clubs).

Ce qui vaut pour le football ne vaut pas pour le volley-ball ou la gymnastique, s'agissant de pratiques sportives plus confidentielles. Quant aux quelque 172 000 petits clubs sportifs, en France, à la recherche de sponsors de proximité pour conforter les maigres recettes de billetterie et de buvette, ils ne peuvent offrir davantage que les quelques panneaux en bordure de terrain et un entrefilet dans la presse régionale. Mais la logique du sponsoring demeure fondamentalement la même : le club, l'équipe, l'athlète ou l'organisateur de l'événement offrent au sponsor une part du capital sympathie qu'ils détiennent sur leurs publics en échange de son soutien.

Du sponsoring de la multinationale Coca-Cola à celui de la supérette de village, les enjeux ne sont pas les mêmes, les sommes engagées également. Quand le champion des *soft drinks* mise plus de 150 millions d'euros sur une Coupe du Monde de Football, la supérette fait ses comptes pour réunir les mille euros correspondant au quart de page dans le programme du club de handball local. Par contre, la démarche est similaire. Dans les deux cas, il s'agit d'associer le nom de l'entreprise à une équipe ou à un événement sportif dans le but d'être plus efficace sur un marché, qu'il soit de dimension locale ou internationale, et de bonifier son image pour augmenter un chiffre d'affaires.

Nous proposons une analyse du sponsoring en tant qu'outil de gestion marketing de l'entreprise. Que l'entreprise soit commerciale ou non marchande, qu'il s'agisse d'une micro-entreprise ou d'une multinationale, l'outil est le même. En effet, pour bien comprendre la politique sportive d'un État ou d'une municipalité, ou encore celle d'une fondation, il nous semble indispensable de la situer dans une logique de sponsoring. Nous parlons d'État sponsor et de sponsoring institutionnel plutôt que de mécénat.

Après avoir précisé les objectifs du sponsoring et les modalités de sa mise en œuvre, nous aborderons la question de sa rationalité de gestion. En effet, à la lumière des théories de la communication et des travaux réalisés sur le retour sur investissement, il nous semble pertinent d'insister sur la question de son efficacité et de son efficience. Le sponsoring est efficace lorsqu'il permet de toucher une audience utile – en termes de notoriété et d'image attendue ; il doit aussi être efficient et rapporter davantage que ce qu'il a coûté.

Chapitre 1

MARKETING ET SPONSORING

Dès l'apparition du sport moderne, au cours de la seconde moitié du XIXe siècle, les entreprises ont vite compris la puissance de communication de ce phénomène social dont l'impact émotionnel repose à la fois sur l'incertitude des résultats sportifs et sur l'engagement partisan de ses participants et de ses publics (Ferrand, 1993). En 1861, une entreprise de restauration britannique – Spiers & Pond – dont les activités sont sans rapport avec le sport, soulignons-le, sponsorise la première tournée de l'équipe nationale de cricket en Australie. Un siècle plus tard, la multinationale de restauration rapide McDonald's associe sa marque aux plus grands événements sportifs internationaux. L'efficacité du sponsoring peut être remarquable : par exemple, la marque agro-alimentaire Fleury-Michon quasiment inconnue en 1970 pouvait afficher un score de notoriété de 58 % en France en 1982 à la suite du parrainage du skipper Philippe Poupon dans les courses de voile au large, pour atteindre 97 % en 1986. Si nous considérons que le gain d'un point de notoriété correspond à environ 750 000 euros de dépenses publicitaires [1], les 39 points gagnés en quatre ans ont permis à la marque d'économiser une somme de trente millions d'euros, soit davantage que ce que lui a coûté l'opération de sponsoring.

Nous proposons une définition du sponsoring comme faisant partie du mix marketing, c'est-à-dire comme participant clairement à une rationalité de gestion, à l'opposé du cliché du coup de cœur de dirigeants sportifs (Ragot, 1992). Cela signifie que son coût doit être minimisé pour une effi-

1. C'est ce qui est communément avancé dans l'industrie actuellement.

cience maximale. La difficulté majeure tient cependant au fait que ses retombées ne sont pas toutes quantifiables, notamment quand elles s'expriment en termes d'image et qu'elles s'inscrivent dans le long terme.

1. Le sponsoring, un élément du mix marketing

1.1. Quelques éléments de définition

Le sponsoring sportif est une technique de communication qui vise à persuader les publics assistant à un événement sportif d'un lien existant entre cet événement (et/ou une équipe ou un individu engagé dans l'événement) et l'entreprise communicante, afin de faire connaître l'entreprise, ses produits et ses marques, et d'en récolter les retombées valorisantes en termes d'image (Derbaix *et al.*, 1994). L'objectif est de transférer une partie ou la totalité des valeurs du sport en question, ainsi que quelques éléments de la culture qui lui est associée, à l'entreprise – en tant qu'institution – ou à certains de ses produits et de ses marques, afin de les rendre plus efficaces sur le marché, c'est-à-dire mieux répondre aux attentes des consommateurs (Quester, 1997). Il donne lieu à un soutien financier, en matériel ou en services (schéma 1).

Le message du sponsor est habituellement implicite et limité à la seule évocation de la marque et de sa présence aux côtés des compétiteurs (Hasting, 1984). Cela a pour conséquence qu'il revient à l'individu visé d'en expliciter le sens et de le décoder (ce que le sponsor a voulu « dire »). Or un spectateur dont l'attention est captée par l'événement sportif subit un tel effet de distraction d'attention, qu'il lui est difficile de mémoriser la présence de trop nombreux sponsors (autour de dix sur un terrain de football, par exemple) et d'engager un réel travail cognitif pour traiter l'information. Par conséquent, le message doit s'inscrire dans la durée. En effet, obtenir que les publics reconnaissent spontanément une correspondance entre une marque et un sport demande du temps, étant donné la quantité de stimuli auxquels ils sont soumis. Par ailleurs, la nature sentimentale de la relation a pour conséquence que le sponsor se trouve engagé comme il le serait d'un contrat de mariage : divorcer brutalement pour rejoindre un autre sport apparaîtrait comme une trahison, multiplier les aventures sportives comme un comportement volage (Cheng et Stotlar, 1999). Par exemple, La Poste a longtemps parrainé le VTT, en France, comme un clin d'œil à ses facteurs se déplaçant à bicyclette. Son désengagement pour un sport à plus large audience – le football – a été durement ressenti par les amateurs de cyclisme en France (30 % des Français).

Schéma 1. – *La logique d'échange du sponsoring*

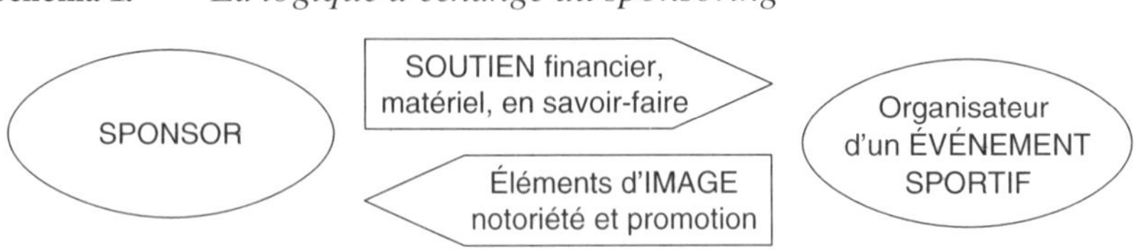

1.1.1. Sponsoring et positionnement de la marque

Notre définition repose sur l'hypothèse que l'attitude du consommateur n'est pas seulement utilitaire mais qu'elle s'appuie sur des représentations et des symboles dont les produits et les marques sont porteurs (Baudrillard, 1970). Le sport étant un phénomène particulièrement présent dans les sociétés occidentales (voire au niveau mondial, même si des nuances sont à apporter à une prétendue universalité du sport), il constitue un réservoir de symboles permettant d'atteindre pratiquement toutes les catégories de consommateurs et dans lequel les entreprises vont puiser (Ohl, 1994 ; Hetzel, 2002 ; Ohl et Tribou, 2004).

Ce premier élément de définition nous conduit à souligner que le sponsoring est un outil marketing au service principalement de la marque – une marque pouvant se définir comme une promesse faite au consommateur de trouver dans le produit marqué la qualité annoncée (Aaker et Lendrevie, 1994). Sa force de pénétration du marché repose de ce fait sur la confiance du consommateur. Sa pérennité s'appuie sur la loyauté de ce consommateur qui renouvelle ou non ses achats en fonction de sa connaissance du marché et de son sentiment pour la marque (De Chernatony, 2001). Toutes les marques développant des stratégies similaires de fidélisation (Kotler *et al.*, 2000), la marque gagnante sera celle qui aura réussi et conforté son positionnement (Kapferer, 1998). Un marché étant par nature segmenté, sa conquête suppose des actions soigneusement ciblées. Par exemple, les jeunes consommateurs sont réputés être peu fidèles aux marques (Parmar, 2002). Cela oblige les marques à cibler finement leur communication : auprès des « kids » de moins de douze ans dont les consommations sont de plus en plus autonomes ; auprès des adolescents âgés de 12 à 18 ans, collégiens et lycéens, cœur de cible des marques de sport et dont le pouvoir d'achat est faible mais très concentré sur quelques produits à fort pouvoir symbolique ; auprès des 18-25 ans qui tendent à s'émanciper des normes de l'adolescence pour exprimer leur différence (Tribou, 1999 ; Ohl, 2003). Dans ces conditions, le sponsoring apparaît comme un outil particulièrement adapté. Ainsi, les marques de produits de téléphonie, de jeux vidéo, de sites internet, ont beaucoup investi dans le sponsoring de sports réputés intéresser ces catégories : snowboard, roller-skating, skateboard, etc.

1.1.2. Sponsoring et proximité de la marque

Nous pouvons compléter cette définition en relevant que la préoccupation dominante des responsables marketing, à l'heure actuelle, est de développer la proximité de la marque plus que d'accroître sa notoriété. En effet, s'agissant de grands sponsors comme Coca-Cola connu par plus de neuf personnes sur dix dans le monde [1], l'objectif n'est plus la notoriété (le rap-

1. À l'occasion des JO d'Atlanta, un sondage a révélé que 94 % des habitants de la planète connaissent Coca-Cola, contre 92 %, « seulement », déclarant connaître les anneaux olympiques (*Le Monde* cité par T. Lardinoit, 2001, p. 31).

port entre le gain marginal de notoriété de plus en plus faible et la dépense additionnelle devenant de moins en moins efficient) mais de se rapprocher le plus possible des consommateurs et d'entretenir un lien affectif avec eux. À ce sujet, certains évoquent un marketing « relationnel » auquel le sponsoring participe en première ligne (Lardinoit, 2001 ; Walliser, 2003).

La motivation du spectateur d'un événement sportif repose, en partie, sur un besoin émotionnel, de communion avec les compétiteurs et les publics (Pons *et al.*, 2001) et il est admis que la qualité du spectacle dépend fortement des interactions entre les spectateurs (Holt, 1995). Dans ces conditions, le sponsor peut profiter de l'émotion pour en capitaliser des retombées positives pour la marque (Walliser, 1994 ; Lardinoit, 1996). Car le consommateur placé dans une situation non commerciale est en confiance et accorde davantage sa sympathie à la marque qu'en situation explicitement commerciale (campagne publicitaire, PLV) ; le sponsor n'ayant rien à lui vendre directement dans le cadre de l'événement sportif [1].

Cette question de la proximité auprès des publics de l'événement pose cependant problème aux marques dont les produits sont sans rapport direct avec le sport – celles de l'agro-alimentaire, de la finance, de l'informatique, etc. Ainsi, des marques de sport comme Nike ou Adidas peuvent revendiquer une légitimité sportive dans le basket-ball ou le football, que des marques comme Vittel ou Orange ne possèdent pas *a priori*. Il en résulte une proximité mieux ressentie par les publics (Stipp et Schiavone, 1996 ; Speed, 2000). Cela a pour conséquence que les marques non sportives devront investir davantage (en sponsoring mais surtout dans d'autres types de communication) et plus longtemps, pour pouvoir réduire la méfiance des publics et se trouver associées aux événements (Cornwell et Maignan, 1998). La préconisation d'un mix de communication en parallèle de la communication événementielle, afin d'en accroître l'efficacité, fait référence à une théorie dite de la « variation d'encodage » (Unnava et Burnkrant, 1991). La théorie postule que l'association de plusieurs sources de communication dans des contextes différents, à des moments différents et selon des modalités variées (lecture, télévision, radio, etc.), renforce l'impact des stimuli du fait d'un travail cognitif plus intense pour traiter les connexions (Edell et Keller, 1989). Cet objectif de sympathie pour la marque est à situer dans la stratégie globale de communication. En effet, une campagne publicitaire est plus efficace si la marque est bien perçue, notamment grâce au sport (Baux, 1991) [2]. Cependant, multiplier les vecteurs de communication se heurte à une limite budgétaire.

---

1. Voir P.L. Dubois et A. Jolibert, *Le marketing. Fondements et pratique*, Paris, Economica, 1992.

2. 82 % des consommateurs trouvent plus sympathique une entreprise sponsor du football faisant de la publicité qu'une autre entreprise non sponsor (S. Weber cité par Lardinoit, *op. cit.*, p. 33).

1.1.3. Sponsoring local et retombées commerciales

Notons également que le sponsoring est avant tout local. En 2001, les recettes de sponsoring des clubs français de football de première ligue proviennent à hauteur de 60 %, en moyenne, de petits sponsors locaux ; celles des clubs de deuxième ligue le sont à hauteur de 80 %. La démarche d'un sponsor local (agence bancaire, petit commerce, agence d'intérim, mairie, etc.) est fondamentalement une démarche marketing de proximité culturelle et géographique. Un club sportif représente, en effet, un potentiel de joueurs, de parents de joueurs, de bénévoles, de spectateurs qui, relayé par le bouche à oreille et les médias locaux, peut être d'une grande efficacité marketing. Par exemple, en France, on dénombre 22 500 clubs de football regroupant 2,5 millions de licenciés (et donc cinq millions de parents, dix millions de grands-parents, etc.) et 350 000 bénévoles.

Un sponsor a ainsi la possibilité de tisser un lien affectif autour d'un club amateur jusqu'à recouvrir sa zone de chalandise. Il fidélisera une partie des adhérents dans un premier temps, puis leurs familles, puis les spectateurs supporters du club et enfin tous les prospects sensibles à son engagement local. Nous avons donc affaire non seulement à un objectif de notoriété et d'image, mais également à un objectif clairement commercial en termes d'ouvertures de comptes bancaires ou de clientèles de magasins (à un objectif social et/ou électoral pour le sponsor public). Citons l'exemple de la chaîne de restauration rapide Quick qui, contrairement à son concurrent McDonald's menant des actions nationales et internationales, a choisi de communiquer au niveau local. Chaque restaurant dispose d'un budget de sponsoring propre qu'il utilise pour augmenter son trafic de clientèle et, par voie de conséquence, son chiffre d'affaires. Le retour sur investissement est ainsi clairement mesuré.

1.1.4. Sponsoring, mécénat, parrainage ou partenariat ?

En France, il y a parfois confusion sémantique entre le sponsoring, le mécénat, le parrainage, le partenariat. La distinction classique entre un sponsoring à visées promotionnelles et un mécénat institutionnel (Piquet, 1985 ; Baux, 1991 ; Benveniste et Piquet, 1998) ne nous semble plus essentielle étant donné la tendance observée vers une communication globale (tableau 1). Même s'il est indispensable de maintenir un ordre de priorité des objectifs et des cibles (un objectif citoyen et une cible « pouvoirs publics » par exemple, un objectif commercial et une cible prospects, etc.), la communication déborde forcément de son cadre pour aller toucher d'autres catégories (les salariés vont réagir à une opération commerciale, les clients à une opération à visée interne relatée dans la presse, etc. ; Pichot et Tribou, 2004). Nous préférons évoquer un sponsoring commercial et un sponsoring institutionnel pour signifier où se trouve la priorité tout en évitant le terme de mécénat, lourd de connotations idéologiques. En effet, le mécénat se veut unilatéral sous la forme d'un don par définition désintéressé et à l'instar d'un acte charitable. Nous préférons parler

Tableau 1. – *La distinction classique entre sponsoring et mécénat*

	Sponsoring	**Mécénat**
Finalité	Économique : créer un lien entre une marque et un événement médiatique marquant, à des fins d'image et de notoriété de la marque	Institutionnelle : créer un lien entre l'entreprise-institution et un événement présentant une utilité sociale, à des fins d'identité sociale
Éthique	Éthique utilitariste, même si on joue sur la symbolique des valeurs sportives	Éthique du don, même si on recherche des profits symboliques
Principal domaine d'application	Domaine sportif : le spectacle corporel renvoie à une forme de goût populaire largement partagé	Domaine culturel notamment artistique : renvoie à une forme de « bon goût » bourgeois
Cible	Prospects, mais peut être élargie à tous les partenaires	La collectivité, mais peut être ciblé sur les partenaires et le personnel
Techniques de communication	Outils de la communication publicitairemédiatisée	Relations interpersonnelles et relations publiques
Échéances	Coups médiatiques à court terme	Le mécénat vise le long terme
Contrat	Le contrat de sponsoring précise les engagements réciproques dans le détail	On respecte la liberté des contractants
Contrôle d'efficacité	Contrôle de la rentabilité, mais difficile à mettre en œuvre	Absence de contrôle, mais souci de mesurer un retour sur investissement

Source : d'après Philippe Baux, 1991.

d'échange : le « mécène » attend un retour symbolique de son action (une reconnaissance citoyenne qui va faciliter ses relations avec les pouvoirs publics ou son personnel) car il ne s'agit pas d'une action éthique individuelle (à l'instar du chrétien charitable) mais d'une action de décideur économique. Sponsoriser une équipe handisport réclame la même rationalité de gestion que sponsoriser un club de football : réunir les meilleurs moyens d'atteindre un objectif clairement défini.

Dans les rapports entretenus avec le mouvement sportif, mieux vaut parfois utiliser le terme de partenariat jugé plus neutre et induisant une relation équilibrée d'échange que celui de sponsoring qui est souvent réduit à sa dimension commerciale. L'éthique sportive doit être prise en considération (Alaphilippe, 2000 ; Tribou, 2002b). Par ailleurs, le terme de parrainage évoquant une forme d'assistance est de moins en moins utilisé (excepté dans les revues de gestion).

Nous utilisons le terme de « sponsor public » pour souligner le fait qu'une municipalité ou l'État aspirent, comme les entreprises commerciales, à un retour sur investissement – en partie symbolique (en termes de rayonnement ou de socialisation), en partie économique (flux touristiques, implantations d'entreprises), en partie politique (réélections).

1.2. L'investissement sponsoring en France

En France, en 2003, les dépenses de sponsoring ont atteint la somme de 3,5 milliards d'euros, soit 10 % de moins que l'année précédente au cours de laquelle les investissements avaient profité de la Coupe du Monde de Football [1]. Dans le monde, on estime le volume de l'investissement en sponsoring à trente milliards de dollars en 2003 dont plus du tiers réalisé en Europe [2]. Il a été multiplié par trois au cours des années quatre-vingt-dix et progresse d'environ 10 % chaque année [3]. L'année 2004 riche en événements sportifs devrait connaître une relance des investissements. En effet, outre les rendez-vous habituels des Internationaux de tennis ou du Tour de France, les championnats d'Europe de football au Portugal et les Jeux Olympiques d'été à Athènes constituent des opportunités de communication particulièrement intéressantes. Nous assistons à une alternance des investissements : comprimés durant les années creuses (années impaires), ils donnent lieu à une sorte de rattrapage durant les années fastes (années paires des événements olympiques et footballistiques).

Tableau 2. – *Dépenses de communication des annonceurs en 2002 (total de 29 milliards d'euros)*

Marketing direct : 31,95 % *dont mailings (15,3 %)* *dont éd. publicitaires (11,85 %)* *dont prospectus (2,36 %)*	Relations publiques : 5,77 %	Télévision : 12,41 %	Presse : 14,85 % *dont PQN (1,06 %)* *dont PQR (2,56 %)* *dont magazines (5,63 %)* *dont gratuits (2,8 %)*
Publicité par l'événement : 7,18 % *dont parrainage (2,59 %)* *dont salons et foires (4,6 %)*	Espaces internet : 0,34 %	Cinéma : 0,39 %	Annuaires : 3,31 %
Promotion : 15,94 %	Radio : 3,02 % *dont nationale (1,84 %)* *dont locale (1,18 %)*	Affichage : 4,84 %	

Source : IREP 2002/France Pub 2002.

1. *Valeurs Actuelles*, 5 mars 2004. En 2000 : 1,1 milliard. En 2001 : trois milliards.
2. *Les Échos*, 5-6 décembre 2003.
3. *Source* : données ISL International, novembre 1999, *Le Monde* du 8/02/2000, *Point de Vente*, n° 817, 12/07/2000. Il s'agit de l'investissement des grandes entreprises dans le monde ; ce qui exclut le sponsoring local de terrain des PME dont on ignore le volume global et le sponsoring du secteur public en constante augmentation (notamment celui des municipalités et des régions).

Le poids du sponsoring varie en fonction de ce qui est retenu. En 2002, son estimation varie de 3 % des dépenses de communication si on ne comptabilise que les opérations de parrainage, à près de 10 % si on leur ajoute les opérations de communication réalisées à l'occasion d'un événement (relations publiques, affichage, marketing direct) [1], (tableau 2).

Certaines entreprises peuvent miser davantage sur ce mode de communication. La BNP-Paribas, par exemple, très présente dans le tennis, y consacre 25 % de son budget de communication (encadré 1). Les sommes engagées varient selon les sports et les couvertures médias (tableau 3).

Encadré 1

Les investissements dans le tennis de la BNP-Paribas et de Gaz de France

BNP-Paribas

La banque française consacre vingt millions d'euros chaque année au tennis, ce qui constitue l'exclusivité de ses investissements en sponsoring sportif depuis 2000. Son partenariat a été initié au début des années soixante-dix par le financement des bâches de fond de courts du stade de Roland Garros. Actuellement, elle parraine officiellement les Internationaux de France (un des quatre premiers tournois au Monde avec quatorze millions de prix distribués, soit le même montant qu'à Wimbledon, légèrement moins qu'à l'US Open et davantage qu'à l'Open d'Australie – 11,2 millions), la Coupe Davis, le tournoi de Bercy (un des dix masters du circuit) et une multitude de tournois régionaux. Son retour sur investissement est assuré par la couverture médias internationale de Roland Garros (dans 200 pays dont la Chine depuis 2004) et mesuré par sa visibilité lors des retransmissions : quinze secondes d'apparition à l'écran par minute de retransmission.

Gaz de France

La société Gaz de France a participé à la création du tournoi féminin Open de Coubertin en 1992 avec la société de marketing sportif IMG. Au début des années quatre-vingt-dix, l'investissement dans le tennis féminin était 35 fois moins élevé que dans le tennis masculin dominant. En 2004, pour une somme de 2,5 millions d'euros (soit huit fois moins que l'investissement de la BNP), GDF est à la tête d'un tournoi présent sur France Télévision et la chaîne câblée Paris Première ; et bénéficie d'une présence sur le terrain dans 21 tournois régionaux. Par ailleurs, le tennis féminin a acquis une audience comparable à celle de son homologue masculin ; c'est ce qu'expriment les gains très proches des joueurs et des joueuses (1,57 million de dollars de janvier à mai 2004 pour le numéro 1 mondial Roger Federer contre 1,34 million pour Justine Hénin en tête également du classement).

Source : *La Tribune*, 13 mai 2004.

– Moins de 150 000 euros pour le sponsoring d'une équipe de sports collectifs locale ou d'une petite fédération (escalade, course d'orientation,

1. Si nous rapportons le montant des investissements en sponsoring (plus de trois milliards) à la dépense globale en communication (29 milliards), nous obtenons un pourcentage supérieur à 10 %.

Tableau 3. – *Classement des sports en fonction des investissements sponsoring moyens en 2003*

Sports	Investissement moyen par saison
Formule 1	Un partenariat moyen dans une écurie est estimé à 55 millions d'euros
Cyclisme	3 millions pour être partenaire officiel du Tour/3,5 millions pour être sponsor d'équipe
Football	Entre 1 et 3,5 millions pour un club de L1/0,4 pour un club médian de L2
Voile	1,7 million pour un multicoque/1,4 million pour un monocoque
Rugby	0,6 million pour être sponsor maillot dans le top 16/0,20 en 2e division pro
Tennis	3 millions pour être top partenaire à Roland Garros/0,2 en moyenne pour les autres tournois
Patinage artist.	1,15 million pour être sponsor titre d'un événement
Basket-ball	0,4 million pour être sponsor maillot en pro A
Ski	0,25 million pour être partenaire fédéral
Athlétisme	0,2 million pour un meeting national
Golf	0,2 million pour être partenaire fédéral
Hippisme	0,2 million pour être sponsor titre d'un événement
Handball	0,18 million pour être sponsor d'un club médian
Natation	0,15 million pour un partenariat fédéral
Escalade	0,08 million pour un partenariat fédéral
Course d'orient.	0,06 million pour un partenariat fédéral

Source : TNS, 2003 (cité par M. Desbordes, 2004).

natation). Le distributeur Système U parraine ainsi les équipes de basket-ball de Cholet et de football de Guingamp afin de conforter son image de proximité (l'audience étant assurée par des médias régionaux).

– Moins de 500 000 euros pour le soutien fédéral de pratiques ciblées comme le golf ou le ski, le soutien d'un club de football de milieu de tableau de ligue 2 ou de basket-ball pro A. L'audience est celle des magazines spécialisés à couverture nationale et des chaînes de télévision câblées. [1] Par exemple, la marque Play Station 2 verse une somme variant entre 90 000 et 180 000 euros par an – selon la notoriété du jockey – pour apparaître sur le casque des compétiteurs ; en échange, elle bénéficie de trente minutes par jour d'une émission sur l'équitation sur Canal +.

– Un million d'euros pour associer sa marque à un club de football médian de première ligue et plus de trois millions d'euros pour l'associer à

1. Selon F. Léonard, directeur de la société Hickory (*Points de Vente*, n° 817, 12/07/2000).

une grande équipe européenne (entre cinq et six millions pour l'Olympique de Marseille) ou à un événement comme le Tour de France (6,4 millions investis par le Crédit Lyonnais, 4,9 millions par le Crédit Agricole) ou Roland Garros (plus de six millions investis par la BNP-Paribas), et profiter ainsi de l'audience de grands médias nationaux et européens.

– Au-delà de quinze millions d'euros pour investir dans la Formule 1 (le ticket d'entrée dans l'écurie suisse Sauber au palmarès sportif pourtant modeste s'élevait à 18,3 millions d'euros en 2001 ; il était de 55 millions en moyenne en 2003), dans une Coupe du Monde ou d'Europe de football (75 millions d'euros dépensés par Adidas en 1998 et en 2000 [1]), dans l'équipe de France de football (la société de grande distribution Carrefour a versé 18,3 millions en 2001), pour bénéficier d'une couverture médiatique internationale.

Pour pouvoir apprécier le poids de ces investissements, rappelons qu'un spot télévisé à une heure de grande écoute est facturé environ 75 000 euros les trente secondes par une chaîne hertzienne. Ainsi, un investissement en sponsoring maillot dans un club de football français de première ligue équivaut à cinq minutes de publicité télévisée.

1.3. Les publics visés

Les publics visés sont les clients de l'entreprise, actuels ou potentiels, ses salariés ou encore ses partenaires (actionnaires, fournisseurs, distributeurs, banques, pouvoirs publics) – publics présents sur le site de l'événement ou publics téléspectateurs, internautes, lecteurs ou auditeurs de l'événement en direct ou en différé.

L'objectif de valorisation porte sur l'entreprise en tant qu'institution, ses produits dont elle souhaite améliorer les ventes ou une marque précise dont elle veut bonifier l'image. Par exemple, lorsque l'entreprise France Télécom sponsorisait une rencontre de gymnastique dans les années quatre-vingt-dix, nous supposons qu'elle adressait un message à ses salariés et à ses actionnaires (que les dirigeants souhaitaient mobiliser dans une période difficile de restructuration) et secondairement à ses clients (qu'ils voulaient s'attacher dans le cadre de l'ouverture du marché à la concurrence). Par contre, quand l'entreprise communique à travers ses marques Wanadoo ou Orange en sponsorisant des clubs de football dans les années 2000, c'est principalement pour développer la notoriété et l'image des marques auprès des consommateurs. Par ailleurs, quelques invitations personnalisées pour un spectacle de musique baroque lui permettent de toucher ses partenaires sur un mode plus confidentiel.

---

1. L'investissement sponsoring total d'Adidas pour la Coupe du Monde de Football n'est pas connu précisément. Son estimation varie en fonction de ce qui est retenu : du simple contrat de base (45 millions d'euros) à l'ensemble des dépenses, notamment celles de valorisation (plus de 150 millions).

2. Comment le sponsoring s'organise-t-il ?

2.1. Le rôle des agences de marketing sportif

L'entreprise ne gère pas directement ses opérations de sponsoring. Elle en confie la conception et la mise en œuvre à des sociétés spécialisées en marketing sportif (tableau 4). En France, Havas Sports [1] domine le secteur

Tableau 4. – *Sociétés de marketing sportif spécialisées dans le sponsoring*

Sociétés de marketing sportif	Outils marketing
SECODIP Sponsoring – TNS Sport (groupe Taylor Nelson SOFRES, 4e mondial) – 1990	Études d'impact en France et à l'étranger (presse, TV, radios), tracking [a]
OCTAGON (groupe Interpublic) – 1997	Marketing des sportifs (sponsoring) et des événements (droits TV)
HAVAS Sports (groupe Vivendi) – 1999	Sports Metrix : analyse des tendances et études d'images, conseil
CARAT Sport (Carat, achat d'espaces, n° 1 en Europe) – 2000	Carat Foot : études d'impact et conseil
Institut Français de DEMOSCOPIE	Études d'impact et qualitatives par souscription et *ad hoc*, tracking mensuel
Institut SPORTLAB et LABO SPORT (groupe Autour du Sport) – 1996	Sportimat : premier audimat du sponsoring (1999) Baromètres d'audiences et de capital d'empathie
SRI : Sponsorship Research International (ISL Worldwide – faillite en 2001) – 1984	Études retombées médias dans le monde entier (audiences et impacts)
API (Access Press International) – 1995	Outil Access Foot France (retombées médias et notoriété sponsors, profil des publics) Baromètre voile (visibilité des sponsors)
SPORT MARKETING SURVEY	Études des retombées TV et études d'impact
SPORT FIVE – 2001	Marketing des sportifs (sponsoring) et des événements (droits TV)

a. Le tracking consiste à « pister » le sponsor sur les différents médias afin de mesurer son exposition.

1. Havas Advertising Sport devenue Havas Sports (groupe Vivendi) est née en 1999 de la fusion de cinq agences : LMG, PB Conseil, Jour J, Bedele Portes et ISL France.

avec le groupe Sport Five [1] (chacun ayant réalisé une marge brute de l'ordre de quinze millions d'euros en 2000), en concurrence avec les filiales françaises d'IMG McCormack et d'Octagon (Interpublic Group) [2]. Mais de nombreuses PME gravitent autour de ces multinationales : Media Partners (encadré 2), Hickory, Panathénée, Laurent Fignon Événements, Promogolf, Derby, Starteam, New Events, etc. Les sommes mises en jeu par les sponsors attirent d'autant plus les créateurs d'entreprises que l'investissement de départ se limite à un peu de matériel télématique et un solide carnet d'adresses. Car il se dit couramment que le milieu du sport est un milieu particulièrement fermé où tout le monde se connaît : sponsors, journalistes, producteurs des médias, champions, présidents de fédérations et de clubs, organisateurs d'événements, responsables politiques, etc.

2.2. Un secteur économique en voie d'intégration

Nous assistons, depuis la fin des années quatre-vingt-dix, à des mouvements d'intégration du sponsoring au sein des grands groupes de communi-

Encadré 2

La société de marketing sportif Media Partners

Groupe italien créé en 1992 et implanté dans plusieurs pays : Italie (football), États-Unis (boxe), Canada, France (ski). Missions : communication, sponsoring, merchandising, droits télévisés, production audiovisuelle.
Media Partner France : filiale installée à Lyon, six permanents (trente salariés durant la saison de ski).

1) Sous contrat avec la Fédération Internationale de Ski (FIS) et 18 fédérations nationales :
Gestion des droits de télévision des coupes du monde de la FIS : propriétaire de 80 % des droits portant sur le ski dans le monde et contrats avec 200 chaînes de télévision, producteur d'images (courses en direct, magazines de 26 minutes, résumés de 5 minutes).
Chargée de la gestion des contrats personnels des athlètes.

2) Partenariat avec la Fédération Française de Ski (FFS), depuis 1994 :
Chargée de la communication des équipes de France (ski alpin, snowboard, ski nordique, freestyle), du merchandising de la FFS et de la gestion du site internet, du sponsoring de la FFS (concept *Snowtime* : constitution d'un pool de huit sponsors présents sur les coupes du monde pendant toute la saison).

Source : *Ski Français*, novembre 2001.

---

1. Le groupe Darmon a fusionné en 2001 avec Sport Plus (Canal Plus-Vivendi) et UFA Sports GmbH (RTL Group-Bertelsmann) pour créer Sport Five et dominer le secteur de la commercialisation des droits de télévision, notamment pour le football (320 clubs de football dans le monde, quarante fédérations et ligues). En 2004, à la suite de l'achat des parts de Canal Plus et de RTL Group par le fonds américain Advent International, J.C. Darmon a dû quitter ses fonctions de PDG.
2. ISL Worldwide a fait faillite en 2001.

cation (schéma 2). Par exemple, le publiciste Havas a créé une filiale spécialisée en 1999. Ainsi, les contrats négociés par Havas Sports, mettant en relation des sponsors et des organisateurs d'événements, présentent en général un volet publicitaire (les annonces publicitaires du sponsor sont produites par Havas). Autre exemple : le groupe Amaury dont la notoriété s'est faite à partir du quotidien *L'Équipe* (tirant à près de 400 000 exemplaires) a développé un secteur événementiel – Amaury Sport Organisation (Tour de France, le Dakar, Marathon de Paris) – et a élargi la diffusion médias à une chaîne de télévision *(L'Équipe TV)*. Par ailleurs, le groupe possède sa propre agence de production audiovisuelle (Sierra Productions), sa régie publicitaire (Manchette Publicité) et même son imprimerie (SICAVIC). Dans ces conditions de concentration aboutie, tout se fait au sein du groupe Amaury : l'organisation de l'événement, la production d'images, leur diffusion ainsi que la régie publicitaire.

L'intégration peut prendre la forme de prises de participation directe des diffuseurs dans les clubs sportifs. La chaîne de télévision *M6*, longtemps privée de retransmission de matchs de football, a investi dans le club des Girondins de Bordeaux. Le groupe de communication Pathé, notamment propriétaire de la chaîne *Pathé Sports*, a investi dans l'Olympique Lyonnais. Le groupe de presse Sogpresse a choisi le FC Nantes Atlantique ; *Canal Plus* le Paris Saint-Germain.

Par ailleurs, les agences de marketing sportif sont également organisatrices d'événements. Ainsi le groupe IMG (International Management Group) est propriétaire du tournoi de tennis de Key Biscayne. Les joueurs engagés sont, pour la plupart, sous contrat IMG et le groupe distribue les droits de télévision. Par ailleurs, IMG a acheté à la fédération suisse de cyclisme la licence d'organisation des grandes courses classiques sur le territoire helvétique. En échange, il vend les droits de retransmission et gère librement les droits des coureurs sous contrats.

Schéma 2. – *La restructuration des entreprises autour du sponsoring*

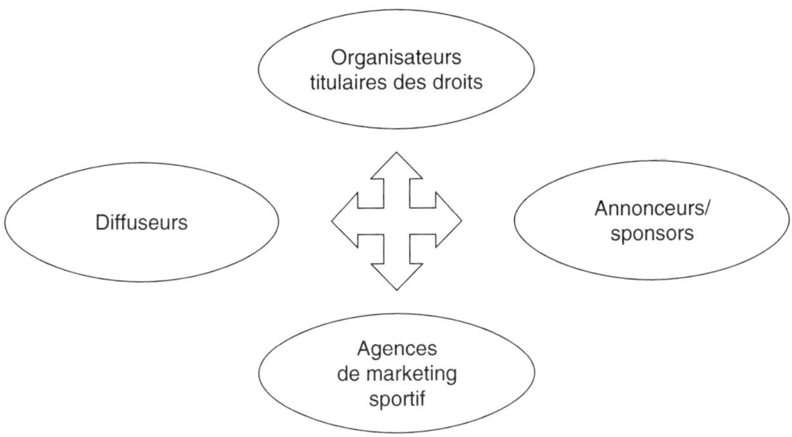

Enfin, certains événements sont organisés directement par des chaînes de télévision. Par exemple, les *X Games* (épreuves de sports de glisses extrêmes) sont organisés par la chaîne ESPN, filiale du groupe Disney ; en concurrence avec les *G Games* (*G* comme *Gravity*) de la chaîne NBC et les *Good Will* Games de CNN (Sobry et Cambier, 2001, p. 95). La stratégie des diffuseurs est de maîtriser complètement l'événement afin de pouvoir offrir aux annonceurs des audiences optimales en quantité et surtout en qualité (en terme de ciblage : les adolescents, les ménagères de moins de 50 ans, etc.) [1].

3. Quel est le poids économique du sponsoring ?

En France, selon l'Union des Annonceurs (1999) [2], trois entreprises sur quatre ont le projet immédiat de faire du sponsoring (et 80 % environ en ont déjà fait). Parmi elles, ce sont surtout les grandes entreprises qui sont concernées : neuf entreprises sponsors sur dix réalisent plus d'un milliard d'euros de chiffre d'affaires. La principale raison invoquée par celles qui n'en font pas est le coût élevé et aussi un certain scepticisme quant à son efficacité. La difficulté de mesurer un retour sur investissement sponsoring est, en effet, un motif majeur de refus.

Les sponsors, quant à eux, déclarent vouloir recentrer leurs actions autour d'une à deux activités à forte notoriété, augmentant ainsi leurs chances de visibilité médiatique (un tiers tout de même sponsorisent au moins quatre activités). Parmi ces activités, le sport reste en tête, suivi de la culture (tableau 5).

Tableau 5. – *Domaines d'activités du parrainage*

En pourcentage des réponses	Enquête 1990	Enquête 1998/1999
Sport	23,5 %	25 %
Culture	20 %	21 %
Social et humanitaire (dont santé)	12 %	20 %
Parrainage audiovisuel	13 %	7 %
Éducation, formation	9 %	11 %
Patrimoine	6,5 %	5 %
Environnement	4,5 %	7 %
Sciences et technique	7 %	2 %
Exploit, aventure	5,5 %	1,5 %
Autres	/	0,5 %

Source : UDA, 1999.

1. E. Maitrot (1995) rapporte que si TF1 a misé sur le patinage artistique, « c'était pour offrir à ses annonceurs ces fameuses ménagères de moins de 50 ans qui font exploser (...) les tiroirs caisses des supermarchés » (cité par Sobry et Cambier, 2001, p. 94).
2. Il s'agit de la dernière enquête publiée à ce jour en 2004.

La présence des sponsors varie d'une année à l'autre, en fonction notamment du calendrier des grands événements pluriannuels ; les années de gros investissements étant souvent suivies d'années de restrictions budgétaires (Adidas en 2002 avec la Coupe du Monde de Football, Coca-Cola en 2000 avec les JO de Sydney, etc.). Une étude publiée en 2000 par l'institut Démoscopie [1] montre que les fabricants d'articles de sport, à défaut d'être les plus gros investisseurs (banques, sociétés de l'agro-alimentaire), sont les plus couramment cités par les publics (Adidas, Nike, Reebok), devant les banques (Crédit Agricole) et les fabricants de *soft drinks* (Coca-Cola). Les équipementiers sportifs bénéficient, en effet, d'un avantage de notoriété d'évidence par rapport aux autres sponsors qui leur permet, à moindre investissement, d'être davantage reconnus (Durand, 2001).

En Europe, de fortes disparités existent selon les pays. En Italie, par exemple, les sponsors dépensent environ cinq fois plus qu'en Espagne et environ deux fois plus qu'en France, en Allemagne et en Grande-Bretagne [2].

De l'avis des spécialistes, le marché du sponsoring ne serait pas arrivé à maturité. De nombreux investisseurs publicitaires pourraient le rejoindre dans les cinq ans à venir.

4. Du côté des clubs et des fédérations

Du côté des clubs, le sponsoring apparaît de plus en plus comme une source de financement majeure. Si nous retenons l'exemple fameux du club de football Manchester United, un tiers seulement de ses recettes proviennent de la vente de billets pour assister aux matchs. Les recettes liées au sponsoring (incluant les droits de télévision et les ventes de produits dérivés) se sont élevées à environ 110 millions d'euros en 2000 [3] (tableau 6). Avec un budget cent fois moins élevé de 1,8 million d'euros, le club français de Reims doit davantage faire appel au sponsoring (un

Tableau 6. – *Recettes du club Manchester United en 2000*

Chiffre d'affaires 2000		Évolution 1988/2000
Billetterie :	32 %	+ 18 %
Droits TV :	25 %	+ 60 %
Merchandising :	20 %	+ 32 %
Sponsoring :	16 %	+ 26 %
Conférences, restauration :	7 %	+ 22 %
Total :	180 millions d'euros	+ 25 %

Source : *Les Échos*, 10/04/2001.

1. 2 000 personnes interrogées en juillet et septembre 1999.
2. *Source* : Monitor Européen du Parrainage.
3. *Les Échos*, 10/04/2001. La marge d'exploitation du club est de 25 % en 2000.

tiers provenant de la ville, un tiers des autres sponsors locaux). Le merchandising ne représente que 15 % des recettes, la billetterie et la buvette 18 % (Lauzanas, 2001). Les budgets des clubs français de première ligue sont financés à hauteur de 80 % par des recettes commerciales et de sponsoring et des droits de télévision (tableau 7).

Tableau 7. – *Les recettes des vingt clubs français de première ligue en 2002-2003*

Droits de télévision	52 %	Recettes des matchs de championnat à domicile	13 %	Collectivités locales	4 %
Sponsoring et publicité	20 %	Autres produits	10 %	Recettes des matchs de Coupe d'Europe	1 %

Source : Ligue de Football Professionnel, *La Tribune*, 12 mai 2004.

Les clubs de rugby attirent également les sponsors mais à un moindre niveau. Par exemple, le Stade Toulousain, premier club en France avec un chiffre d'affaires de 12,3 millions d'euros en 2004 (soit très loin des clubs de football dont les chiffres d'affaires varient de 80 millions en France à près de 190 millions d'euros au Royaume-Uni), a attiré six millions de recettes de sponsoring en 2004 contre 2,5 millions il y a cinq ans. Le club au statut de société anonyme sportive professionnelle (SASP) a ouvert son capital aux partenaires à hauteur de 20 % (Crédit Agricole, Groupama, EADS, etc.) aux côtés de l'association Stade Toulousain Rugby (55 % du capital) et de l'association « des amis du stade toulousain » propriétaire du stade (25 %). Les sponsors sont de ce fait directement intéressés à la gestion du club (encadré 3).

Encadré 3

Le club de rugby français Stade Toulousain en 2003/2004

Palmarès : seize titres de champion de France et deux titres européens (finaliste en 2004).

CA 2004 de 12,3 millions d'euros et bénéfice de 100 000 euros.

1) Sponsoring : 150 partenaires apportent six millions d'euros, soit 48,8 % du CA. On estime que la Coupe d'Europe apporte 20 % de recettes en plus, venant de sponsors à visées internationales (Peugeot, Orange, EADS). Les collectivités locales participent au financement des investissements d'infrastructures (en 2003, l'agrandissement du stade passé à 19 500 places plus un salon et 36 loges pour accueillir les sponsors, a coûté 15 millions d'euros apportés à hauteur de 90 % par les collectivités).

2) Produits dérivés : deux boutiques et internet pour deux millions d'euros (16,3 % du CA).

3) Recettes de billetterie et abonnements : 1,7 million (13,8 %).

4) Droits de télévision reversés par la ligue nationale : 1,5 million (12,2 %).

5) Produits de la brasserie du club : 1,1 million (8,9 %).

Source : *Les Échos*, 21-22 mai 2004.

En France, les clubs professionnels de football ne négocient pas directement avec les sponsors. Ils confient la régie commerciale des supports panneaux et maillots à des agences [1]. En règle générale, l'agence garantit un minimum de recettes au club sur lesquelles elle prélève une commission (entre 10 et 15 %, voire 20 %). Au-delà de ce montant, l'agence est en droit d'exiger une commission plus élevée (jusqu'à 40 %). Par exemple, l'agence Havas Sports qui a garanti une recette estimée à 3,8 millions d'euros à l'Olympique de Marseille en 2001/2002 (commissionnée à 20 %), a perçu une commission supérieure pour un montant réel qui a vraisemblablement atteint les six millions d'euros (le pourcentage négocié n'étant jamais divulgué) – d'où une commission estimée à 1,6 million. Pourquoi les clubs abandonnent-ils jusqu'à un tiers de leurs recettes sponsoring aux agences de marketing sportif ? La réponse appartient en partie à l'histoire. Les anciens clubs amateurs présidés par des bénévoles, devenus professionnels mais totalement démunis pour négocier avec les grandes entreprises sponsors, ont cédé à la tentation de confier la gestion de leurs espaces à des agences en échange de recettes garanties leur permettant d'équilibrer leurs budgets. Un des pionniers du marketing sportif, Jean-Claude Darmon, a ainsi pu signer des contrats particulièrement avantageux (recettes forfaitaires pour l'ex-club amateur en échange du droit de vendre les espaces au plus offrant). Actuellement et à l'instar de la FIFA (FIFA Marketing SA) ou de la LFP qui ont créé leurs propres structures marketing, les clubs envisagent de gérer en interne leurs droits de sponsoring (l'Olympique Lyonnais, par exemple).

Cependant, les clubs se retrouvent parfois au centre d'un imbroglio juridico-financier tel que la gestion du sponsoring leur échappe en grande partie. Habituellement, un club n'étant pas propriétaire du stade (AJ Auxerre est le seul club français qui le soit) ne peut pas gérer la « panneautique » ; par contre, il est détenteur des droits sur les maillots des joueurs qui, eux-mêmes, sont sous contrats individuels avec d'autres sponsors. Ainsi, les joueurs vont arborer le logo des sponsors du club sur leur maillot, porter les chaussures d'un équipementier qui peut être un concurrent direct d'un des sponsors du club et évoluer dans un stade où d'autres sponsors apparaissent. Par ailleurs la ligue qui gère les droits de télévision pour l'ensemble des clubs et en reverse une partie à chacun, a le droit de faire figurer ses propres sponsors sur quelques panneaux du stade.

Du côté des fédérations, les recettes de sponsoring associées aux droits de télévision constituent une source de financement essentielle. Par exemple, la Fédération Internationale du Football (FIFA) [2] devrait percevoir à l'occasion de la Coupe du Monde 2006 en Allemagne : 113,5 millions d'euros de recettes sponsoring, 278,7 millions de droits de télévision, 7,8 millions de droits de licence (merchandising) et plus de 42 millions de

1. Par exemple, Havas Sports gère les droits des clubs de Marseille et de Sochaux ; le groupe Darmon ceux de Lyon et de Bordeaux.

2. Association fondée en 1904. Rassemble 204 fédérations nationales.

recettes d'hospitalité (relations publiques organisées par les partenaires) ; soit un total de plus de 442 millions d'euros. Si nous rapportons cette somme au montant des recettes 2003 (463,5 millions d'euros – seule donnée actuellement disponible), nous parvenons à une appréciation du poids considérable des ressources marketing dans le budget avec un pourcentage de 95 % (tableau 8).

Tableau 8. – *Recettes et dépenses de la FIFA de 1999 à 2003 (en millions d'euros)*

	Recettes	Dépenses	Solde
1999	138,1	206,6	– 68,5
2000	449,8	350,7	+ 99,1
2001	534,7	488,4	+ 46,3
2002	627,9	629,9	– 2
2003	463,5	463,5	+ 91,8

Source : Les Échos, 21-22 mai 2004.

Le Comité International Olympique, à travers sa filiale Meridian Management SA, réalise 86 % de ses recettes 2001-2004 à partir de trois sources marketing : les droits de télévision (52 %), les revenus de sponsoring (32 %) et de licensing (2 %).

La politique sponsoring d'une entreprise étant une composante de son mix marketing, elle doit satisfaire aux principes élémentaires de la gestion dont celui de faire précéder l'action d'une réflexion sur les objectifs. Nous allons voir comment les objectifs commerciaux et/ou institutionnels doivent être étroitement associés à des cibles de communication et que toute la difficulté réside justement dans la caractérisation de ces cibles.

Chapitre 2

OBJECTIFS ET CIBLES DU SPONSORING SPORTIF

Un des lieux communs du sponsoring est de prétendre que les investissements correspondent à des « coups de cœur » de chefs d'entreprises passionnés de sport. Tel PDG, marin dans l'âme, a choisi la voile pour donner une image positive à sa marque alimentaire ; tel autre, pratiquant le golf ou le vélo à ses moments de loisirs, va décider de miser sur la discipline qu'il affectionne, au risque d'en faire une « danseuse du président » à fonds perdus pour l'entreprise et ses associés. En fait, il convient de considérer la dépense en sponsoring comme un véritable investissement dont on cherche à évaluer rationnellement le retour en termes de rentabilité [1]. Le budget qui lui est alloué et qui réduit d'autant les autres budgets de communication (en publicité notamment, en marketing hors médias) est décidé en fonction d'objectifs clairement affichés afin d'en mesurer l'efficacité économique (chiffre d'affaires, productivité du personnel, cours des actions en bourse, etc.).

Nous avons affaire à deux types d'objectifs : des objectifs commerciaux liés aux produits et aux marques et des objectifs de nature institutionnelle. Nous préférons utiliser le terme de sponsoring institutionnel plutôt que

1. La filiale française d'Adidas possède un service « Sports-Marketing » de quinze personnes, dirigé par l'ancien champion olympique d'escrime Frédéric Pietruszka et construit autour de quatre familles de pratiques sponsorisées (football/rugby, tennis/fitness, basket/hand/volley/sports d'hiver, athlétisme/running/sports olympiques). Chaque famille se structure en fonction de ses spécificités : service clubs et service joueurs pour le foot/rugby par exemple ; service Jeux Olympiques pour l'athlétisme, etc.

celui de mécénat pour deux raisons : la première tient au fait que la frontière entre sponsoring et mécénat manque singulièrement de netteté (du sponsor généreux au mécène intéressé, il est difficile de repérer une rupture éthique) ; la seconde raison est qu'un contrat de mécénat est lui aussi basé sur l'échange (il s'agit rarement d'un don unilatéral car la contrepartie, en général symbolique, n'est pas sans effets économiques) [1].

1. Les objectifs commerciaux du sponsoring

Le sponsoring est à situer dans un contexte de concurrence intra-sectorielle. Dès lors qu'une entreprise de poids d'un secteur d'activité décide d'une stratégie de positionnement par le sponsoring, ses concurrents, en général, lui emboîtent le pas et c'est tout un secteur que l'on va retrouver dans le paysage sportif. Inversement, certains secteurs sont totalement absents, la concurrence se faisant ailleurs (par la publicité médias ou la PLV).

Par exemple, le groupe de distribution Monoprix a opté pour le cyclisme féminin parce qu'il vaut mieux être top sponsor de la Grande Boucle féminine que énième sponsor du Tour de France masculin, ceci à un coût largement inférieur (1,5 million d'euros). L'audience est certes moindre que celle du Tour (entre 2,2 et 2,5 millions d'audience directe contre quinze à vingt pour le Tour) mais l'opération permet de toucher idéalement le cœur de cible de la marque : les jeunes femmes urbaines (70 % de la clientèle) sensibles au sport féminin en général. L'exploitation commerciale passe par de l'animation dans les magasins du groupe pendant l'épreuve au mois d'août alors que les concurrents sont en sommeil [2].

Si toutes les grandes marques d'un secteur décident du même choix, elles courent le risque de ne pas atteindre leurs objectifs de positionnement et de créer la confusion chez les prospects. Par exemple, les opérateurs téléphoniques en France se retrouvent tous dans le football : Orange, Bouygues Télécom et SFR se livrent une guerre très coûteuse et stérile si on en croit les études d'impact. Les consommateurs sont incapables de discerner qui sponsorise quel club ou quel joueur. À l'opposé, les annonceurs du secteur bancaire ont investi dans différents sports et cela facilite la perception des associations (Crédit Lyonnais = cyclisme, BNP-Paribas = tennis, Société Générale = rugby, etc.).

1. Le fisc, en revanche, établit la distinction entre les deux. Une opération de sponsoring est une charge déductible comme toute autre charge d'exploitation. Par contre, une opération de mécénat pourrait masquer une évasion fiscale (notamment à travers une fondation ou une association écran) ; d'où des conditions à remplir (destination du soutien : personne morale, secteur d'activité précisé, absence de contrepartie, but d'intérêt général) et une limite fixée à trois pour mille du chiffre d'affaires (en cas de dépassement, il est possible de répartir la somme sur trois ans).

2. V. Lamigeon, « Les idées neuves du sponsoring sportif », *Management*, décembre 2003.

Que constatons-nous ? [1]

– Le secteur des boissons est le plus présent, du fait sans doute d'un lien « naturel » existant entre les sportifs et les boissons qui les désaltèrent mais aussi parce que les produits sont particulièrement substituables (rien ne distingue fondamentalement deux eaux minérales si ce n'est l'image d'un sport pouvant apporter un élément d'identité et de différenciation) [2] ;

– devant celui des banques (toutes les grandes banques françaises sont actives dans le sport) et des assurances qui visent à atténuer la mauvaise image d'un secteur dominé par l'argent ;

– celui des médias qui sponsorisent fréquemment les événements dont elles assurent la couverture (la forte audience du sport leur apportant des recettes publicitaires) ;

– de l'automobile (la plupart des fabricants considèrent le sport comme étant un élément indispensable à leur image) et des grandes entreprises publiques ou fraîchement privatisées (qui ont une vocation d'entreprises citoyennes) ainsi que des collectivités locales et territoriales (pour le rayonnement de la collectivité et l'image auprès des électeurs).

Globalement, les secteurs d'activités concernés en Europe peuvent être regroupés selon trois logiques [3] :

– des secteurs développant des stratégies de preuve-produit (c'est-à-dire dont les produits viennent prouver leur efficacité lors d'événements sportifs) : textile, informatique, automobile, électronique grand public ;

– des secteurs menant des politiques de disculpation (secteurs dont les produits peuvent nuire à la société) : tabac, alcool, jeux de hasard, services financiers, chimie (encadré 1) ;

– des secteurs visant une cible très large qui est aussi celle du sport de masse : agro-alimentaire, automobile.

La finalité économique de l'entreprise, dans nos sociétés occidentales, s'exprime, en général, en chiffre d'affaires et en parts de marchés. Pour une entreprise, augmenter son chiffre d'affaires ne signifie pas forcément augmenter son bénéfice ; elle peut augmenter ses ventes sur la base d'une marge unitaire proche de zéro, gage de sa compétitivité, et ainsi réaliser de faibles résultats, ou bien fortement investir pour se développer et s'endetter jusqu'à réaliser un résultat négatif. L'entreprise peut, dans la perspective d'augmenter ses parts de marché, développer sa compétitivité sur certains segments (telle région du monde, tel segment de son marché), au risque de ne pas rentabiliser ses engagements. Par ailleurs, les objectifs de l'entreprise varient selon le terme : une contre-performance à court terme

---

1. Source : *La lettre de l'économie du sport*, depuis 1991.

2. Selon J.N. Kapferer, une marque est « un signe qui différencie les produits de ceux de la concurrence et qui certifie leur origine » (2000, p. 24).

3. *Source : Monitor Européen du Parrainage* (étude portant sur onze disciplines sportives : athlétisme, tennis, football, cyclisme, golf, jumping, gymnastique, patinage, rugby, ski, voile).

Encadré 1

Le sponsoring des cigarettiers dans la Formule 1

Contexte : les législations de lutte contre le tabac au nom de la défense de la santé publique tendent à se renforcer dans le monde, notamment en interdisant toute publicité.
En Europe : France (loi Evin), Belgique, Royaume-Uni, etc. À partir du 31 juillet 2005, plus aucune dérogation ne sera accordée au sein de l'Union Européenne qui totalise plus de la moitié de l'audience indirecte.
Ailleurs dans le monde : Canada, Brésil, Chine.

Riposte des sponsors :
- délocalisation des Grands Prix (Malaisie en 1999, Bahrein en 2004 ; Turquie, Russie et Inde en projets) ;
- dérogations : la Chine a exempté la F1 de sa loi anti-tabac, les autorités belges et brésiliennes ont assoupli leurs lois en 2004 ;
- compensations : les organisateurs du Grand Prix du Canada versent aux écuries 18,7 millions d'euros en dédommagement de l'interdiction de toute publicité pour le tabac.

Le poids des cigarettiers en F1 : cinq sponsors totalisant 220 millions d'euros en 2004 (contre 230 en 1997) :
- Malboro : Ferrari (70 millions d'euros) ;
- Mild-Seven : Renault (43 millions) ;
- Benson & Hedge : Jordan (?) ;
- Lucky-Strike : Bar-Honda (38 millions) ;
- West : McLaren-Mercedes (40 millions).

Source : La Tribune, 11 mai 2004.

peut être le moyen d'une accélération du chiffre d'affaires à plus long terme. Ainsi, construire une image de marque demande du temps : la démarche est rarement efficiente dans l'immédiat et ne porte ses fruits que beaucoup plus tard.

Dans cette perspective, le sponsoring est un outil qui vise à atteindre un objectif intermédiaire de notoriété des produits et/ou des marques, et de rapprocher leur image perçue par les clients de l'identité de marque décidée *a priori* – étant posée comme hypothèse qu'une notoriété accrue et une image valorisée permettent d'augmenter les ventes et, à terme, les bénéfices (Kapferer, 1998).

L'objectif commercial passe également par la négociation avec les partenaires. Obtenir d'un fournisseur de meilleures conditions d'approvisionnement, d'une centrale d'achats des commandes plus étoffées sur des assortiments plus larges, des pouvoirs publics un aménagement de l'impôt ou encore des banques et des sociétés d'assurance des contrats plus avantageux : toutes ces avancées économiques s'acquièrent patiemment en mettant en place une communication personnalisée sur la base, par exemple, de relations publiques autour d'événements sportifs.

Les entreprises du secteur non marchand, si elles n'ont pas d'objectifs commerciaux en tant que tels, n'en visent pas moins l'augmentation du volume de leurs prestations auprès des publics (usagers du secteur public, adhérents du secteur privé associatif). Augmenter la fréquentation d'une piscine municipale ou le nombre d'adhérents d'un club sportif sont des objectifs dont nous pouvons considérer qu'ils se rapprochent de l'objectif de chiffre d'affaires. De ce fait, le sponsoring d'une municipalité ou d'une association aura une finalité comparable à celui d'une entreprise à vocation commerciale. Par exemple, lorsque La Poste sponsorise une épreuve de VTT comme Roc d'Azur, aux côtés de collectivités locales et d'entreprises commerciales (Adidas, Look, Oasis), nous pouvons considérer que l'objectif d'améliorer son image auprès des usagers est très proche de celui des autres sponsors (encadré 2).

Encadré 2

Organisation de l'événement Roc d'Azur

Première épreuve de VTT en Europe ayant réuni 12 000 compétiteurs en octobre 2000, près de Fréjus et premier salon professionnel spécialisé en France. Organisé par la Fédération Française de Cyclisme (FFC – Organisation) avec le concours de la société de marketing sportif ISL (Havas Sports) – copropriétaires de l'événement.

Budget global : 1,07 million d'euros et 0,15 million de bénéfice (réparti entre FFC et ISL).

Droits de participation : 0,15 million d'euros (23 euros par participant).

Partenaires :

- La Poste (top sponsor – 0,46 million d'euros) ;
- Adidas (0,11 million d'euros d'équipements sportifs) ;
- Oasis (boissons), Look (cycles) ;
- Fun Radio et France Info : partenaires médias ;
- Collectivités locales.

Droits télévisés : l'objectif de la FFC est de percevoir des droits (actuellement : production gratuite).

1.1. Les objectifs d'image de marque

L'image d'une marque est constituée par toutes les associations liées à la marque et repose pour l'essentiel sur des représentations et non sur des éléments de la réalité des produits (Keller, 1993). Par exemple, une enquête réalisée en 2002 par la Sofrès [1] auprès de femmes montre un mélange d'éléments d'image jugés positifs (esprit d'équipe, popularité, performance, beauté du jeu) et d'éléments négatifs comme la présence de l'argent qui arrive en tête, la violence ou le machisme. Parmi elles, celles qui sont amatrices de football mettent plutôt en avant des valeurs sportives d'esprit d'équipe, de beauté du jeu ou de solidarité (tableau 1).

1. *Les femmes, le football et l'équipe de France,* TNS Sofrès, 2002 ; n = 526 femmes âgées de 18 ans et plus.

Tableau 1. – *Les représentations des femmes sur le football en 2002*

	Ensemble des femmes	Amatrices de football (32 %)
Argent	54,1	46,2
Esprit d'équipe	53,2	71,1
Populaire	40,3	37,3
Performance	23,4	33,5
Beauté du jeu	19,5	36,4
Violence	18,6	10,7
Solidarité	14,7	25,6
Bière	9,8	4,8
Machisme	6,9	2,9
Sans opinion	4	0

Source : TNS Sofrès, 2002.

Tous les deux à trois ans, l'Union des Annonceurs (UDA) réalise une enquête auprès des entreprises pour connaître notamment leurs objectifs de communication. Les trois quarts des réponses portent sur l'image, puis la notoriété (62 %), loin devant le développement des ventes (41 %) [1]. Il semble que les décideurs, conscients de l'incertitude de l'effet à long terme sur le chiffre d'affaires, ne visent prudemment, dans l'immédiat, qu'un seul objectif de communication : se faire connaître et améliorer leur image (les deux étant complémentaires : la poursuite de l'objectif d'image supposant un préalable de notoriété). Ils évoquent d'ailleurs un « sponsoring d'image » qui, dans un contexte de forte concurrence médiatique des marques, doit aboutir à un positionnement clarifié (Ganassali et Didellon, 1996). Il semble, en effet, que le transfert d'images positives provoqué par l'opération soit en mesure de modifier favorablement l'attitude envers le sponsor (Didellon-Carsana, 1997).

Par exemple, dans un secteur bancaire plutôt rébarbatif et indifférencié (les banques se ressemblent toutes et leurs prestations manquent singulièrement de couleurs), chaque groupe a choisi de sponsoriser une pratique sportive qui lui permette de s'attirer un capital sympathie (s'il est difficile d'aimer une banque en tant que telle, on peut éprouver de la sympathie pour le sponsor d'une équipe que l'on aime) et, surtout, de se positionner les unes par rapport aux autres. Ainsi, la BNP-Paribas, partenaire du tennis, a acquis de longue date une image mélange de fair play traditionnel et d'une certaine forme d'élitisme social (qui est mise en scène notamment

1. *Union des Annonceurs*, directrice des études : Françoise Renaud, Paris. Dernière enquête parrainage : 1998/1999.

lors du tournoi de Roland Garros [1]) que la Banque Populaire lui conteste en sponsorisant la voile (elle ajoute à l'élitisme nettement plus marqué de cette pratique, une référence à la nature qui fait défaut à l'univers bancaire et que le tennis n'apporte pas). Par ailleurs, le Crédit Lyonnais ayant la réputation d'être la banque des grandes fortunes a choisi le cyclisme et le judo pour démocratiser et rajeunir son image bourgeoise, alors que la Société Générale choisissait le rugby pour mettre en avant une culture de la solidarité. Il faut cependant insister sur le fait que le choix est souvent contraint : le nouveau sponsor « choisit », en général, le sport que les concurrents ont délaissé (mais il peut aussi décider de surenchérir) ou une activité émergente encore peu investie (encadré 3).

L'objectif d'image ne concerne pas seulement le sponsor. Il concerne aussi l'organisateur de l'événement sportif qui, dans sa décision de répondre favorablement ou non à l'offre de l'entreprise, prend en considération sa propre image (schéma 1). En effet, un événement de prestige comme un tournoi de golf gagne sans doute à être parrainé par un fabricant d'articles

Encadré 3

Les rando-raids SFR

L'opérateur SFR a choisi de miser sur un secteur en pleine expansion : celui des sports de pleine nature qui intéresse les consommateurs citadins de son cœur de cible. L'enquête de l'INSEP menée en 2000 révèle, en effet, que près de 23 millions de Français pratiquent la marche de randonnée ou sportive, 12,7 millions le cyclisme de route ou tous-terrains, 400 000 le canoë. Depuis 1998, SFR a ainsi investi 10 % de son budget médias dans le sponsoring titre d'un raid associant course d'orientation, VTT et canoë (1 500 à 2 000 participants, 3e raid nature en France). L'objectif est d'associer la marque aux valeurs de *liberté*, de *mobilité*, de *spontanéité*. En 2003, le score de notoriété assistée de l'événement est de 12 %.

Source : *Management*, décembre 2003.

Schéma 1. – *L'échange d'image à l'occasion d'une opération de sponsoring*

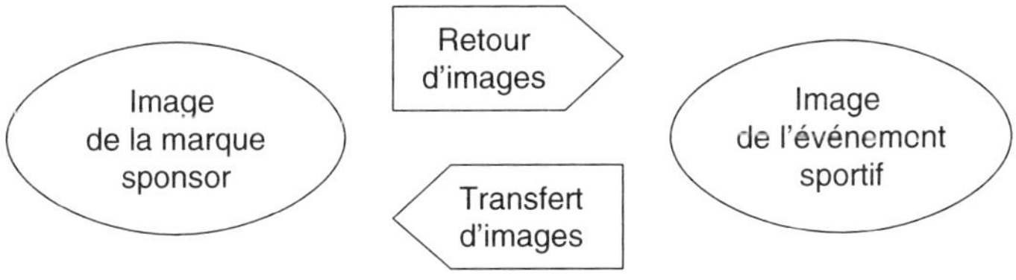

1. Le tennis a cessé d'être une pratique sportive élitiste dans les années quatre-vingt. Mais s'il est devenu un sport de classes moyennes, il n'en demeure pas moins que sa mise en scène médiatique vise à prolonger une image de standing social (qui peut mystifier les catégories moyennes).

de luxe (Lancôme jusqu'en 2003) plutôt que par un fabricant de produits alimentaires de grandes surfaces qui lui offrirait davantage. Le manque à gagner financier immédiat est compensé par un retour d'image : celle du sponsor qui va améliorer l'image de l'événement et ainsi contribuer à vendre l'événement dans de meilleures conditions aux médias.

Une opération de sponsoring pleinement réussie permet ainsi de réaliser un double effet de synergie d'images. Celle du sponsor se trouve bonifiée par celle de l'événement et, en retour, celle de l'événement profite de la bonne image du sponsor (1 + 1 > 2) ; cette association d'images trouvant son application directe dans la négociation des contrats de retransmissions télévisées notamment. Car le média est également partie prenante, sa propre image étant également concernée. Un organisateur peut d'autant plus convaincre une chaîne de télévision, une radio ou un journal d'assurer la couverture médiatique de son événement que le média peut y trouver son compte en termes d'image propre et donc en audience. Un des contrats classiques de couverture médiatique consiste en un échange-marchandises : le média couvre l'événement en échange de sa propre publicité sur le site. Si l'image de l'événement est bonne mais si celle du top sponsor est désastreuse, alors le média va hésiter à mêler sa propre image à l'événement. Ainsi donc, l'opération parfaite consiste à provoquer un triple effet de synergie d'images : celle de l'événement, celle du sponsor principal, celle du média (1 + 1 + 1 > 3). À noter que l'augmentation du nombre de sponsors et de médias tend à compliquer l'appréciation *a priori* de ces effets croisés d'images ; d'où la solution de ne retenir qu'un seul sponsor principal dont le nom peut être associé à l'événement (sponsor titre) et un média principal visible sur le site (les autres médias risquant alors de boycotter l'événement...) (schéma 2).

Une des conditions à réunir pour que l'effet de synergie joue à plein est que les publics soient proches. En effet, si le public de l'événement est plutôt féminin (patinage artistique, par exemple), si le sponsor a une image forte auprès des hommes (marque Adidas, par exemple) et si, de surcroît, le média a une audience plutôt masculine (Eurosport, par exemple), alors il est à craindre une pollution des images. Eurosport n'y trouvera pas son compte en termes d'audiences, la marque Adidas va brouiller son image

Schéma 2. – *Le co-sponsoring d'un événement*

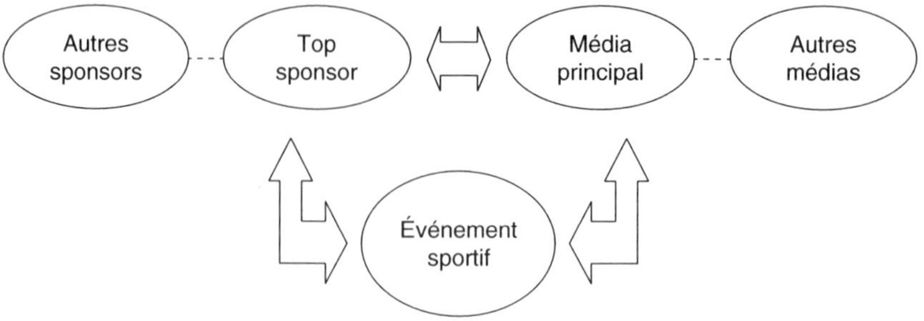

(construite autour de valeurs viriles) et l'événement perdra son public féminin – sauf à considérer que les uns et les autres souhaitent voir leurs images évoluer (Eurosport et Adidas : attirer les publics féminins, le patinage artistique : s'ouvrir aux publics masculins).

Relevons enfin un effet pervers lié à l'importance de l'événement sur l'image du sponsor. Il semble, en effet, que le sponsor d'un événement majeur et fortement médiatisé ne puisse communiquer que sur le registre commercial (Speed, 2000). Pour acquérir une image citoyenne, il lui faudra parrainer des opérations plus confidentielles. Citons l'exemple de la société de grande distribution Carrefour dont le groupe est numéro deux mondial et qui est sponsor officiel de l'équipe de France de football à l'occasion notamment de la Coupe du Monde de 2002. Ses dirigeants souhaitant légitimer l'opération auprès des clients et se rapprocher d'eux, ont étendu le partenariat en direction des équipes féminine et espoir, et développé un maillage géographique auprès des clubs locaux. Chaque hypermarché Carrefour équipe ainsi cinq clubs dans sa zone de chalandise. Par ailleurs, Carrefour parraine des compétitions peu connues du grand public et réservées aux adolescents (le « Foot à neuf », par exemple). L'objectif affiché est de démontrer que l'enseigne est citoyenne, qu'elle aime vraiment le football et que son engagement dépasse le seul calcul commercial ; ce qui n'exclut pas de profiter au maximum de l'image de l'équipe de France par des opérations de *retail* marketing (animations, produits dérivés, etc.), (Ohl et Tribou, 2004).

1.2. Les objectifs de notoriété

En 2003, la société de crédit Médiatis a signé un contrat de sponsoring pour quatre ans avec le navigateur Yves Parlier équipé d'un nouveau catamaran – l'hydraplaneur. Pour un montant de cinq millions d'euros, ses dirigeants visent à doubler le taux de notoriété spontané actuel de 16 %.

La recette est simple : faire en sorte que le maximum de personnes de la cible visée voient la marque (en audience directe et indirecte) et s'en souviennent le plus longtemps possible. Pour cela, trois conditions sont à réunir.

– La première est que l'événement soit fortement médiatisé car on ne peut pas se contenter des seuls spectateurs en audience directe [1]. Comme le montant de l'investissement sponsoring est plus ou moins proportionnel à l'envergure médiatique de l'événement, le sponsor est contraint de concentrer son action et de faire le bon choix. Répartir l'investissement sur

1. Certes, un événement comme le Tour de France cycliste réunit entre quinze et vingt millions de spectateurs le long des routes, mais le cas est exceptionnel. La Coupe du Monde de Football de 1998 a réalisé environ quarante milliards d'audience indirecte cumulée contre 2,5 millions de spectateurs directs. Nous le constatons, l'objectif de notoriété passe essentiellement par les médias.

plusieurs événements limite les risques mais à un coût tel que seuls les grands sponsors peuvent le faire (Coca-Cola, Nike, Adidas, McDonald's, etc.). Pour les autres, le pari comporte des risques liés à la nature de l'événement sportif : conditions météorologiques, événements concurrents se déroulant au même moment, scandales liés à l'éthique sportive – dopage, affairisme, etc.

– Deuxième condition : il faut assurer la visibilité du sponsor sur le site en fonction de la présence des spectateurs (gradins, loges, virages d'un stade) et surtout en fonction de l'organisation de la production télévisuelle (Desbordes et Falgoux, 2003). Dans le contrat figure une étude de balisage qui précise l'emplacement des caméras et des publics, les effets prévus de zooming et de travelling, les lieux d'interviews, de remise protocolaire des récompenses, d'animations diverses pouvant capter l'attention des publics. Par exemple, la visibilité de la BNP-Paribas lors du tournoi de Roland Garros est soigneusement conçue ; la taille du logo est déterminée afin de permettre une lisibilité parfaite et constante (plan large, effet de zoom sur le joueur en action et au repos, travelling sur les spectateurs). Le résultat est que, sur une minute de retransmission, le logo est perçu pendant quarante secondes en moyenne.

– Troisième condition : limiter le co-sponsoring. L'organisateur peut être tenté de multiplier les contrats de sponsoring afin d'augmenter ses recettes et de consolider l'image de son événement (qui fait la preuve de son succès auprès des sponsors). Or il a été relevé que le nombre de sponsors mémorisés et cités en spontané dépasse rarement le nombre de deux, que l'exposition dure quelques minutes ou plusieurs heures (1,88 en moyenne, fourchette allant de 1 à 2,62 – Walliser, 1995). Le nombre de sponsors reconnus sur une liste en assisté ne dépasse pas les huit (cinq en moyenne, fourchette allant de 2,28 à 7,78 – Anne, 1992).

Comment mesurer la notoriété ? Des sociétés d'études comme la Sofrès ou Démoscopie questionnent régulièrement des panels de consommateurs afin de repérer les évolutions de notoriété au fil des événements sportifs (encadré 4). La méthodologie repose essentiellement sur la stabilité de l'échantillon consulté avant et après les événements. Nous abordons cette question en détail dans le chapitre cinq.

1.3. Les interférences avec la publicité

À ce sujet, deux questions se posent.

– La redondance sponsoring et publicité est-elle inutile ? En d'autres termes, est-il rationnel d'augmenter les dépenses de communication en doublant les actions au lieu de les concentrer sur l'une ou l'autre forme de communication rendue de ce fait plus efficace ?

– Est-elle dangereuse pour l'image du sponsor ? La publicité ne risque-t-elle pas, en effet, de décrédibiliser le sponsor qui, d'une certaine façon, met bas le masque en affichant des objectifs « bassement » commerciaux ?

Encadré 4

Méthodologie utilisée par l'Institut Français de Démoscopie

Échantillon de 500 personnes interrogées chaque mois (6 000 par an à partir d'un fichier de 20 000 adresses et selon des quotas, dont celui d'habitat).
Cinq tentatives téléphoniques jusqu'à faire le plein des quotas, sinon redressement.
Quelques études qualitatives de complément : entre 10 et 30 interviews par an.

À ces interrogations, les réponses doivent être nuancées.

La publicité peut être inutile, voire dangereuse, si l'action de sponsoring est suffisamment forte et marquante pour se suffire à elle-même. La victoire de Florence Arthaud lors de l'édition 1990 de la Route du Rhum, devant les plus grands skippers masculins (Poupon, Bourgnon, Birch, Péan) a été pour son sponsor Groupe Pierre Premier une véritable aubaine. La personnalité de celle que les médias ont surnommée « la fiancée de l'Atlantique » et les conditions de course particulièrement dures ont créé une grosse émotion dans la société française et la couverture médiatique a été optimale (nombreux reportages télévisés et unes de magazines). À partir de ce constat, deux attitudes sont possibles : le sponsor peut se contenter de figurer discrètement dans les médias aux côtés de la championne et laisser les publics téléspectateurs ou lecteurs se construire une appréciation de son rôle et de son image. Il peut aussi redouter d'être vampirisé par la trop forte personnalité de la championne et décider de communiquer pour lui-même, au risque d'être soupçonné d'affairisme mesquin. Nous le constatons, le choix est complexe.

Inversement, un annonceur est en droit de penser que le sponsoring est inutile si, par ailleurs, il articule son plan médias autour de la publicité ; voire qu'il est nuisible à une communication globale en ce qu'il ampute le budget publicitaire alors même que son efficacité est aléatoire (Townley *et al.*, 1998).

La redondance est, en général, souhaitable. En effet, il semble que le sponsoring et la publicité présentent une complémentarité telle que l'un n'atteint ses objectifs que s'il est relayé par l'autre. L'action de sponsoring est ponctuelle. Si on veut en prolonger le souvenir, il faut y ajouter d'autres actions étalées dans le temps et notamment publicitaires. Par ailleurs, d'un point de vue technique, la qualité des messages du sponsor est souvent médiocre : très brefs, peu lisibles, incomplets et se limitant à la mention de son seul nom (sans qu'il y ait réellement de message – Pichot, 2001). Celle du message publicitaire de l'annonceur est nettement meilleure car tous les paramètres sont maîtrisés (les personnages sont des comédiens professionnels, le décor et la musique sont conçus pour servir le message, la présence de la marque est optimale).

Sponsoring et publicité sont donc complémentaires et utiles l'un à l'autre (Cégarra, 1994). La communication par l'événement donne une véracité à la marque qui ne triche pas (le bateau a vraiment traversé l'océan au milieu des dépressions). La publicité diffuse l'information et rappelle le message du sponsor. Sans opération de sponsoring, la communication globale de l'entreprise reste dans le registre de l'imaginaire (une publicité parmi d'autres) ; sans publicité, le message du sponsor apparaît difficilement au second plan de l'événement puis s'oublie très vite, actualité sportive oblige. En réunissant les deux à travers un plan médias d'ensemble, la communication se donne toutes les chances d'atteindre ses objectifs, notamment ceux de notoriété (Quester et Thompson, 2001).

Cette complémentarité peut aussi être justifiée par la nécessité d'associer deux axes de communication en direction de deux cibles distinctes. Par exemple, la marque Malboro qui a utilisé la Formule 1 pour adresser à ses prospects masculins un message axé sur l'innovation et la technologie appliquée à la vitesse, a diffusé parallèlement un autre message centré sur l'authenticité et la tradition (le *cowboy* Malboro).

Notons l'innovation réalisée en 2004 par l'annonceur Orange qui, à l'occasion de la finale de la Coupe d'Europe de l'UEFA – FC Valence/Olympique de Marseille – retransmise auprès d'environ dix millions de téléspectateurs sur France 2, a inauguré un couplage de l'événement et de ses messages publicitaires. En effet, la publicité diffusée à la mi-temps du match a intégré le premier but marqué six minutes avant la mi-temps, soit quasiment en temps réel. À la fin du match, le deuxième spot reprenait le résultat de la rencontre. Cette avancée technique a deux conséquences : d'une part, celle de donner de la puissance au message publicitaire en y intégrant l'actualité sportive et de se distinguer radicalement des autres annonceurs auprès des publics « sportifs » ; d'autre part, de profiter de l'état émotionnel du spectateur pour mieux faire passer le message. Il serait intéressant de connaître l'impact de ces films publicitaires en temps réel en termes de mémorisation et de persuasion. Il est peu probable que la marque Orange communiquant sur la défaite de l'équipe de l'OM soit gagnante en image auprès des publics français, sauf à prévoir deux scénarios : en cas de victoire, s'associer à la joie des supporters, en cas de défaite à leur tristesse.

1.4. La preuve-produit

Être l'équipementier d'une équipe qui gagne ou le fournisseur officiel d'un événement réussi sont autant de preuves que les produits du sponsor sont de bonne qualité (schéma 3). La firme Michelin a compris, dès 1891, tout l'intérêt commercial qu'il y avait à offrir des pneumatiques à des coureurs cyclistes et automobiles. À l'heure actuelle, c'est Perrier qui étanche la soif des joueurs

Schéma 3. – *La preuve-produit en sponsoring*

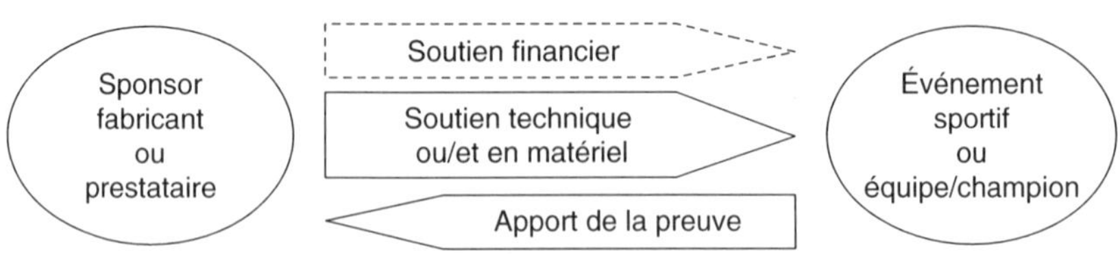

de tennis entre deux sets, Adidas qui chausse les champions du Monde de football, Festina qui assure le chronométrage du Tour de France, etc.

L'investissement n'est pas sans risque. La finale de la Coupe du Monde de Football 2002 est également celle des deux premiers fabricants d'articles de sport au monde : Adidas et Nike. La victoire de l'équipe du Brésil est aussi celle du leader Nike qui prend sa revanche après sa défaite de 1998. Les défaillances informatiques enregistrées lors des Jeux d'Atlanta ont altéré l'image du prestataire officiel IBM qui a cessé son partenariat après les Jeux de Sydney. Lorsqu'une automobile de la caravane du Tour de France fauche mortellement un enfant en 1999, le fournisseur officiel Fiat est touché. Le sponsor est ainsi condamné au sans faute.

La communication de la preuve est d'une grande efficacité à condition toutefois de l'exploiter au niveau du mix marketing. La référence au partenariat doit, en effet, se retrouver sur l'emballage du produit qui a fait ses preuves ou sur le catalogue du prestataire. Il peut être judicieux de donner le nom de l'événement au produit (par exemple, Peugeot a proposé aux amateurs de tennis un modèle Roland Garros de couleur verte, alors que Nike a dominé le marché de la chaussure de sport grâce au modèle Air Jordan) ou d'utiliser l'argument au niveau publicitaire (sur le thème « notre produit a fait ses preuves »), ou encore d'organiser une promotion du produit sur les lieux de vente (opérations de dédicaces des champions, animation, PLV rappelant l'événement, exposition d'un trophée, etc.). Parallèlement, la force de vente et les acheteurs des distributeurs peuvent être réunis dans le cadre d'opérations de relations publiques.

Notons que la preuve-produit est, en général, associée aux autres objectifs de la marque. Ainsi, lorsque Renault investit massivement dans la Formule 1, la marque fait certes la démonstration des qualités techniques de ses automobiles auprès des consommateurs mais augmente aussi sa notoriété mondiale (la F1 totalise plus de cinquante milliards d'audience cumulée), se positionne par rapport à ses concurrents Ford, Toyota, BMW et Honda, et mène des opérations de communication interne à destination de ses 150 000 employés dans le monde (encadré 5).

1.5. Licensing et vente de produits dérivés

Il s'agit de la vente, par un sponsor officiel, de produits faisant référence à un événement ou certains de ses compétiteurs (un athlète, une équipe, un club). L'objectif n'est pas seulement d'augmenter les chiffres d'affaires du sponsor et du club sponsorisé, mais aussi de développer leur notoriété car l'un et l'autre sont étroitement associés à l'opération. Il semble qu'une des conditions de la réussite du merchandising réside dans la mise en scène de vedettes sportives en mesure de susciter un élan affectif, voire un comportement d'identification (la présence des vedettes du football au sein des grands clubs européens). À défaut de stars, un club peut susciter collectivement un sentiment d'appartenance et de fierté à même de provoquer des comportements d'achats similaires (par exemple, le club de volley-ball

Encadré 5

Renault et la Formule 1 (interview de Patrick Faure, président de Renault F1)

Renault en F1 : onze titres de champion du monde – six titres de constructeur et cinq titres de pilotes.
Fin des années 70 : Renault *impose la technologie du moteur turbo en F1* et l'applique à ses modèles de série sur le marché.
Années 80 : Renault devient champion des constructeurs puis se retire (*à cause de la crise économique*).
1989 : Renault motoriste de Williams, multiplie les victoires.
1997 : se retire à nouveau (*nous n'avions plus rien à prouver comme motoriste..., à force de gagner, nous créions l'événement quand nous perdions*).
2000 : rachète l'écurie Benetton pour 120 millions d'euros et revient à la compétition en 2002. *Pour accompagner notre stratégie de vente dans le monde* (passer de 2,5 millions de véhicules par an en 2004 à quatre millions en 2010). *Pour vendre partout, il faut être connu partout. La F1 est un moyen de progression rapide de l'image et de la notoriété. À condition d'avoir des résultats.*
La F1 constitue un gros investissement dans l'absolu (de l'ordre de 700 à 800 millions par an) *mais une petite partie de nos dépenses publicitaires. En 2004, la F1 coûtera moins cher à Renault qu'à l'époque où nous étions simples motoristes. L'apport des sponsors* (par ex. Mild-Seven apporte 43 millions en 2004), *les primes de résultats et les droits TV* (environ 35 millions en 2004) *couvrent le coût de l'écurie et une partie des moteurs.*
Objectif 2005 : un titre mondial. *Nous voulons développer notre image de marque, notre notoriété, la fierté d'appartenir à l'entreprise pour nos 150 000 employés dans 200 pays ; mais nous avons aussi la volonté de battre les autres grands constructeurs engagés en F1* (Ford, Honda, Toyota, BMW, etc.).

Source : La Tribune, 11 mai 2004.

féminin RC Cannes). Les résultats sportifs du club y participent également, bien entendu, mais ils ne suffisent pas. En fait, si nous suivons l'avis de l'ancien directeur merchandising du club Manchester United, Edward Freedman, la réussite commerciale suppose que le club ait réussi à faire de son nom une véritable marque [1].

L'organisateur de l'événement, propriétaire de la marque (le club sportif ou sa fédération, nationale ou internationale, le comité olympique, la société d'événementiel commerciale, etc.), signe avec le sponsor un contrat de licence au terme duquel il perçoit une somme minimum garantie correspondant à l'exploitation de son image, plus un pourcentage sur les ventes variant entre 10 et 15 % (royalties) (encadré 6). Le sponsor, quant à lui, s'engage à commercialiser au mieux les produits. Par exemple, le fabricant Umbro [2] a

1. E. Freedman a quitté le club anglais en 1997 pour aller vendre son expertise aux plus grands clubs européens – AS Roma, Real de Madrid, etc. (*L'Équipe*, 10/02/2001).

2. La marque sponsorise aussi en 2001 les clubs anglais de Manchester et de Chelsea, et le club de Lens – soit des clubs dotés d'une forte culture de supporters et d'une histoire. Umbro France réalise un chiffre d'affaires de trente millions d'euros.

Encadré 6

Le licensing du Comité International Olympique en 2001-2004

La concession de licences officielles représente 2 % des revenus du CIO. Outre le CIO, les comités nationaux (CNOSF par ex.) et les comités d'organisation sont autorisés à négocier les contrats. Meridian Management SA, filiale du CIO, est chargée de la gestion sous l'autorité de la commission du marketing du CIO qui « veille à ce que la politique du marketing olympique soit en phase avec les tendances du marché actuel tout en respectant les principes fondamentaux de l'olympisme » (olympic.org – 2004).

Les entreprises versent une redevance entre 10 et 15 % en échange du droit d'utiliser les emblèmes olympiques dans leur communication ou sur leurs produits – marchandises (textile, bagages, etc.) et services (jeux vidéo).

Le montant des ventes est généralement deux fois supérieur pour les Jeux d'été que pour les Jeux d'hiver (Sydney 2000 = 500 millions de dollars US ; Salt Lake City 2002 = 245 millions).

Illustration. Les JO de Sydney 2000 ont généré une centaine de licences pour environ 3 000 lignes de produits vendus dans 2 000 points de ventes en Australie. L'assortiment de produits va de simples épinglettes, tee-shirts, casquettes, etc. à des articles de luxe (cristal avec Waterford, porcelaine de Chine avec Wedgwood). Chiffre d'affaires estimé à 500 millions de dollars US.

dépensé environ 160 000 euros en 2000/2001 pour le lancement du nouveau maillot du club de football de l'AS St Étienne (affichage et publicité presse). L'objectif commercial était de vendre 30 000 maillots à travers le réseau des boutiques Made in Sport du groupe Pinault. En échange, il versait au club une somme estimée à plus de 300 000 euros. Le calcul est simple : si les 30 000 maillots sont écoulés, à raison de 60 euros l'unité, le sponsor peut être gagnant (1,8 million d'euros de recettes moins les royalties négociées et les coûts d'exploitation et de distribution). En fait, l'objectif est, au minimum, de couvrir l'engagement financier par les ventes, ce qui correspond à un gain d'image gratuit. Au-delà, le solde constitue le prix à payer pour les éléments d'image (schéma 4). Du côté du club, les risques sont minces : le risque industriel est assumé par le sponsor qui se charge, en outre, du marketing, la distribution étant confiée à un groupe spécialisé [1].

Notons enfin que les ventes peuvent atteindre des montants remarquables. On estime, par exemple, que la Coupe du Monde de Football de 1998 a généré un chiffre d'affaires en produits dérivés supérieur à 150 millions d'euros ; les Jeux Olympiques de Sydney un chiffre d'affaires d'environ 460 millions d'euros ; ce qui correspond aux chiffres réalisés par des marques comme Yoplait ou Évian.

1. Le groupe Printemps-Pinault-La Redoute a plus ou moins spécialisé sa filiale Made in Sport dans la distribution des produits dérivés.

Schéma 4. – *Le financement de la communication du sponsor par les produits dérivés*

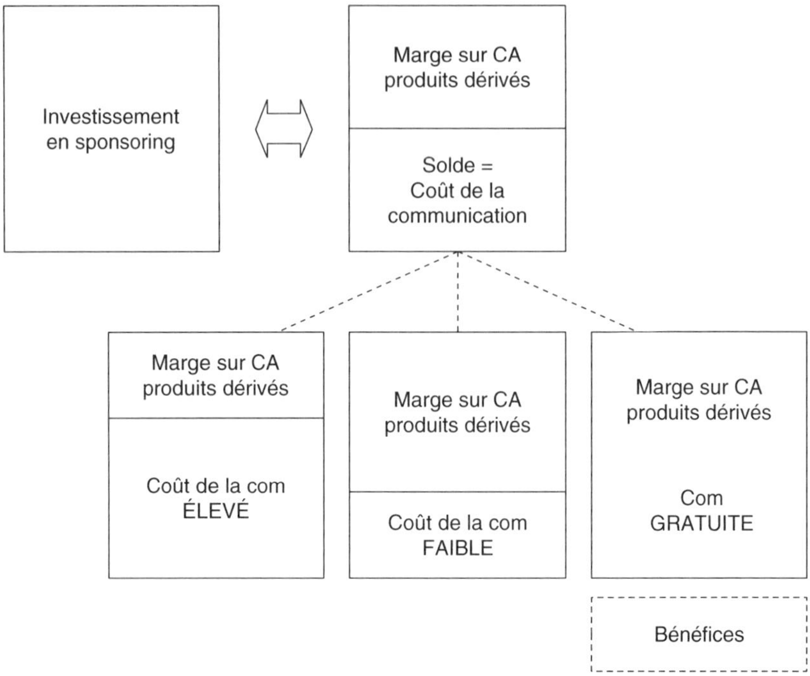

1.5.1. Le merchandising des clubs de football[1]

Adidas, la marque sponsor de l'équipe de France de football, a réalisé en 1998, année de la Coupe du Monde, un chiffre d'affaires en produits dérivés aussi important que celui obtenu avec ses produits en ligne. Ce résultat lui aurait permis de rentabiliser son investissement en sponsoring (évalué entre 45 et 80 millions d'euros). De 1998 à 2001, la marque a vendu plus de 600 000 maillots de l'équipe de France à un prix allant de 53 euros (enfants) à 60 euros (adultes) ; mais aussi des chaussures, casquettes, ballons, bagages, etc. Adidas vend également des maillots de clubs sous contrat (dont celui de l'Olympique de Marseille – 300 000 maillots vendus en 1999/2000) en concurrence avec Nike (en contrat avec le Paris Saint-Germain – 40 000 maillots vendus au cours de la même saison). Chaque club propose à ses supporters le maillot que porte le club à domicile et celui qu'il porte à l'extérieur, multipliant ainsi par deux le chiffre réalisé avec les plus motivés. Chaque maillot est ensuite décliné avec le nom des joueurs marqué au dos et s'ajoute à cela une politique de collection (on change régulièrement quelques attributs pour

1. *Sources :* L. Hetzel, *La gestion des produits dérivés dans les clubs de football professionnels*, rapport d'étude en management du sport, dir. G. Tribou, Université de Strasbourg II, juin 2001 ; *La Lettre du Sport*, 23/02 et 23/03/2001 ; *France Football*, 17/10/2000.

inciter au réachat). L'objectif commercial est de différencier au maximum les produits, de créer une concurrence *intra*-marque afin de provoquer une émulation et de multiplier les motifs d'achats.

Selon le chef de produit « bonneterie football » d'Adidas France, « le succès en Coupe du Monde a certainement véhiculé une culture de la victoire qui se traduit par un sentiment de fierté coïncidant avec le port du maillot tricolore » [1]. Mais les comportements ne sont pas encore ceux des supporters anglais qui portent des maillots de football dans le quotidien ou pour sortir le soir (hommes et femmes et toutes catégories sociales confondues, même si les motivations sont différentes : fanatisme sportif pour les uns, une certaine forme de snobisme par le détournement d'usage pour les autres). Pour provoquer un phénomène similaire en France, les sponsors du football ont particulièrement ciblé leur communication sur les femmes : les compagnes des joueurs mises en scène dans les tribunes et les médias, les femmes célèbres du cinéma ou de la chanson arborant un maillot à l'occasion de clips vidéo ou de rendez-vous mondains. Car, à raison d'un nouveau maillot de l'équipe de France tous les deux ans (en fonction du calendrier des coupes du monde et des championnats d'Europe), il convient d'entretenir le phénomène.

La logique d'association entre un sponsor équipementier et un club est une logique premièrement économique, secondairement d'ordre communicationnel. En 2003, seuls deux clubs européens ont réussi à faire de la vente de produits dérivés la source principale de leurs revenus : le club Manchester United et le Bayern de Munich. Sur le marché français, les grands clubs comme ceux de Marseille (Adidas) ou de Paris (Nike) sont inaccessibles aux marques réalisant des chiffres d'affaires moyens. Les autres clubs se partagent entre les fabricants d'articles de sport sur le mode de la surenchère : pour ravir St Étienne à son concurrent Asics, la marque Umbro a dû débourser plus de 300 000 euros ; Asics a alors signé avec Strasbourg [2] et Rennes pour un montant de l'ordre de 250 000 euros. Puma se donne les moyens de sponsoriser Toulouse et Metz, alors que la marque italienne Lotto se contente de Troyes et de Sedan. Le choix est donc fortement contraint par la capacité d'investissement. Mais à budget égal, il se fait aussi en fonction de l'image des clubs. Ainsi la marque Uhlsport dont le chiffre d'affaires en France ne dépasse pas douze millions d'euros a choisi de signer le club d'Auxerre pour son image de club sérieux et éducateur, mais également Bastia qui a une image de club combatif et un brin exotique. La marque alsacienne renaissante Le Coq Sportif a choisi le FC Nantes Atlantique pour sa réputation de beau jeu et d'esprit d'équipe (7 000 maillots vendus en 1999/2000).

Ainsi, en France, les droits dérivés sont relativement modestes, y compris dans le football malgré une fréquentation de stades en hausse (près de sept millions de spectateurs en 2001/2002). L'Olympique de Marseille qui

1. *Le Figaro*, 26/06/2000.
2. Le RC Strasbourg a vendu 1 700 maillots seulement en 2000/2001, malgré la présence du gardien international Chilavert.

rivalise avec Manchester pour ce qui est du nombre d'abonnés (autour de 40 000) et qui dispose également d'une chaîne télévisée pour sa promotion n'a réalisé que 8,7 millions d'euros en 1999/2000, contre 50 millions pour le club anglais (encadré 7) [1]. Les autres clubs français sont distancés : 6,86 millions

Encadré 7

Le merchandising de l'Olympique de Marseille

Société commerciale : *OM Exploitation SA.*
Chiffre d'affaires 2000 : 9,15 millions d'euros, dont bénéfice de 2,3 millions, 15,24 millions prévus en 2001/2002.

Produits (900 références) : maillots (300 000 en 1998/1999 contre 12 000 en 1996/1997), casquettes, écharpes, médailles ; collections de vêtements *sportswear* et urbains, hommes et femmes ; papier peint aux couleurs de l'OM (7,60 euros le rouleau) ; produits alimentaires (pizzas, boissons : la marque Fruité propose un jus de fruit « Soif de Foot » aux couleurs de l'OM et de sept autres clubs de D1), horlogerie (montres), jeu de société (la marque Hasbro propose une version football du Monopoly mettant en jeu huit clubs dont l'OM qui perçoit des royalties).

Distribution : deux boutiques en propre à Marseille (30 % du chiffre d'affaires) et huit boutiques en concession en région PACA (20 % du chiffre d'affaires), produits référencés dans 350 hypermarchés (GSA) et des magasins Made in Sport (groupe Printemps). Projet : corners dans les magasins de sport. Vente par correspondance (25 % du chiffre d'affaires, cinq catalogues par an) et site internet (30 % du chiffre d'affaires).
Promotion : par la chaîne OM TV et le site internet.

Clients : trois sur quatre ne sont pas de la région.
Quatre segments : 1) Supporters : textile sportif principalement simple et voyant 2) Sympathisants : produits moins marqués, siglés plus sobres 3) Enfants et adolescents : produits mascottes 4) Femmes : lignes de produits moins marqués par le football avec un logo adapté.
« Les gens achètent un produit dérivé pour marquer leur appartenance à un clan. C'est une forme de fétichisme (...) Les jeunes quittent de plus en plus tôt le jouet pour la musique et le sport » (Gérard Warin, directeur de GW. Licensing).
« Si les résultats du club (OM) sont médiocres, cela n'affecte pas trop les ventes car nous avons la chance d'avoir un public de passionnés » (Patricia Tramoni, responsable du merchandising de l'OM).
« L'équipe de football de l'OM est un moyen, pas un but. Le joyau, c'est la marque OM. C'est un diamant brut que nous devons travailler » (Yves Marchand, ancien président de l'OM).

Source : Sponsoring & Mécénat, 21/10/1999 ; Le Point, 13/10/2000 ; CB News, 10/07/2000.

---

1. L'OM est loin devant les autres clubs français (le PSG a vendu 40 000 maillots la même année, l'AS St-Etienne 20 000 et l'Olympique Lyonnais 10 000) mais derrière les grands clubs européens (Manchester United a vendu 450 000 maillots en 1999/2000 et possède des boutiques jusqu'en Asie). *Lettre RJES*, mai 1999 ; *Sponsoring & Mécénat*, 21/10/1999.

pour le RC Lens [1], 5,34 millions pour le Paris Saint-Germain [2]. Les explications sont multiples : statut juridique des clubs qui interdit la cotation en bourse, charges fiscales et sociales plus lourde que dans les autres pays européens [3], interdiction faite aux clubs de négocier et de percevoir directement les droits de télévision (la Ligue perçoit le total des droits puis les distribue entre les clubs) [4] et surtout comportement des spectateurs dont l'attachement aux clubs ne se traduit pas, comme dans les autres pays d'Europe, par des achats de produits marqués [5]. Les supporters français se déplacent moins que leurs homologues anglais, allemands ou italiens, signe également d'un intérêt moindre pour le spectacle du football. Par conséquent, les grands clubs français n'ont pas les capitaux nécessaires pour investir dans les produits dérivés (tableaux 2 et 3) et, s'ils les avaient, les consommateurs ne seraient sans doute

Tableau 2. – *Clubs de football de première ligue européens : données économiques*

	France	Angleterre	Italie	Allemagne	Espagne
Chiffre d'affaires moyen en 1998/1999 (millions d'euros) et taux de croissance (au cours des quatre dernières années)	21,8 (+ 13 %)	51 (+ 25 %)	39 (+ 17 %)	33 (/)	33 (+ 25 %)
Droits télévisés (millions d'euros)	245,4	899	457,3	306,8	300,4
Nombre de clubs cotés en bourse	0	19	2	1	0
Nombre de clubs propriétaires de leur stade	1	20	0	/	12

Source : Deloitte & Touche, communiqué de presse, 11/2001.

1. Le RC Lens est réputé posséder le public le plus fidèle de France ; ce qui se traduit par un chiffre d'affaires de 6,9 millions d'euros en produits dérivés dans son unique boutique à l'entrée du stade (quinze employés), dans les magasins Auchan (contrat d'exclusivité jusqu'en 2001, 2,3 millions) et en VPC (0,9 million).

2. Le club Paris St-Germain vise 7,6 millions d'euros en 2000/2001 dans ses boutiques des Champs Élysées et du Parc des Princes. 1 900 références et deux segments : les 6-12 ans et les 15-30 ans.

3. Le poids des charges fiscales et sociales sur le salaire brut des joueurs est d'environ 75 % en France contre 55 % en Allemagne, 50 % en Italie et en Angleterre, 48 % en Espagne. En 2004, un joueur qui coûte 100 000 euros par mois à un club anglais, espagnol ou italien, revient à 172 000 euros à un club français.

4. Une des raisons à ce système administratif réside dans le souci des dirigeants du football français de soutenir les clubs de seconde ligue en leur distribuant des droits auxquels ils n'auraient pas accès si chaque club était libre de négocier séparément. Un club relégué est donc assuré de percevoir une partie de ses anciennes recettes et conserve ainsi quelques chances de pouvoir « remonter » en première ligue.

5. Interviews des présidents de l'OM, du PSG et de l'OL (*France Foot*, 02/2001).

Tableau 3. – *Classement des clubs de football européens en 1999/2000 (selon les chiffres d'affaires en millions d'euros)*

1	Manchester Unit.	188	13	Leeds United	91,8
2	Real Madrid	166,7	14	Fiorentina	87,2
3	Bayern Munch.	147,3	15	Glasgow Rang.	83,1
4	AC Milano	144,2	16	Olym. Marseille	80,2
5	Juven. Torino	142,1	17	Tottenham Hots.	77,2
6	Lazio Roma	127,7	18	Parma	76,4
7	Chelsea	123,3	19	Liverpool	74,6
8	Barcelona	120,9	20	Newcastle Unit.	72,5
9	Inter Milano	110,8	21	Gir. Bordeaux	67,4
10	AS Roma	103	(26)	Lens	56,3
11	Arsenal	98,6	(27)	PSG	55,8
12	Bor. Dortmund	95,7	(32)	Olym. Lyonnais	47,0

Source : Deloitte & Touche, communiqué de presse, 11/2001.

pas au rendez-vous (Faure et Suaud, 1998). Ajoutons que la culture interne aux clubs reste marquée par une éthique de l'amateurisme qui provoque encore quelques réticences à aller vers des activités à 100 % commerciales. La vente du spectacle sportif permet, en effet, de ménager dans une certaine mesure la vocation de démocratisation du sport qui s'inscrit dans l'histoire associative des clubs au sein du mouvement sportif (par des tarifs différenciés en fonction des publics, par exemple). La vente de droits télévisés est, dans une certaine mesure, « moralisée » par la ligue du football professionnel qui en assure la redistribution, des clubs les plus riches vers les clubs économiquement faibles [1]. Par contre, la vente de produits dérivés, outre le fait qu'elle se fait dans une symbolique clairement marchande (dans des espaces commerciaux), peut être interprétée comme une transgression éthique. Elle signifie clairement que les marchands sont dans le temple. S'ajoute à cela le retard pris par les clubs français du fait du subventionnement public. En effet, le financement des clubs par les collectivités locales est souvent présenté comme ayant conduit à une certaine irresponsabilité financière, la manne publique suffisant à une gestion profitable. Nous pouvons aisément situer le changement d'attitude en 1994/1995, c'est-à-dire au moment de la mise en application du décret dit Pasqua obligeant les clubs à cesser progressivement de recourir au financement public jusqu'en 2000. La Coupe du Monde de 1998 a également contribué à démontrer la rentabilité des investissements en produits dérivés [2].

1. Ce système n'est pas propre à la France. Au Royaume-Uni, 50 % des droits sont répartis égalitairement entre les clubs, 25 % en fonction de leur classement, 25 % en fonction du nombre de matchs diffusés.

2. Selon Stéphane Dor, responsable merchandising de la LFP (*France Football*, 13/02/2001).

1.5.2. L'exemple des clubs de football anglais

Globalement, les revenus commerciaux des clubs anglais de première ligue ont atteint la somme de 412 millions d'euros en 2000, soit 2,5 fois plus que ceux des clubs français ou espagnols (tableau 4). Une des explications réside dans la ferveur et la fidélité des supporters anglais [1]. Par exemple, le site anglais *Premier League FA* est un des sites sportifs les plus fréquentés au monde. Autre exemple : en Angleterre, le billet pour un match de première ligue coûte en moyenne 38 euros et 18 euros pour un match de division quatre. En France, le prix moyen d'une place en première ligue varie entre 16 et 35 euros, soit une moyenne de 25 euros pour l'ensemble des clubs, et celui d'une place pour un match de niveau CFA (correspondant à la division quatre anglaise) dépasse rarement 10 euros. Le spectateur anglais est donc prêt à payer davantage pour assister à des matchs de football, notamment pour des matchs de championnat de niveau modeste. L'écart entre les tarifs des abonnements en L1 est tout aussi significatif : il est de 740 euros en moyenne en Angleterre contre 315 euros en France. En outre, le spectateur anglais est disposé à dépenser plus pour s'abonner à un club de division quatre (363 euros) que son homologue français en première ligue (315 euros) [2]. Cela signifie que le marché du spectacle du football en Angleterre ne se limite à quelques grands clubs comme c'est le cas en France où le public déserte souvent le stade en cas de relégation.

Par ailleurs, les stades anglais attirent davantage les femmes (en tant que spectatrices mais aussi en tant que journalistes ou gestionnaires de clubs) et on s'y rend fréquemment en famille. En conséquence, le spectateur anglais y consomme en plus grande quantité. Il accède à un *package* comprenant, outre le spectacle, un magazine, une boisson, un sandwich et

Tableau 4. – *Les revenus de clubs de football de première ligue en Europe en 2000*

	Angleterre	**Espagne**	**France**	**Italie**
Recettes totales (millions d'euros)	1 176,8	615,8	573,1	1 001,5
dont billetterie (%)	34 %	24 %	16 %	19 %
dont droits télévisés (%)	31 %	51 %	56 %	56 %
dont revenus commerciaux (%)	35 %	25 %	28 %	25 %

Source : Deloitte & Touche, 11/2001.

1. Une évolution est à relever cependant : celle qui tend à substituer aux supporters traditionnels des quartiers populaires des « clients » du club prêts à payer leur place au prix fort pour éviter le hooliganisme.

2. B. Tavenot, *Les clubs professionnels français et leurs publics : les déterminants des politiques tarifaires,* mémoire de licence management, dir. G. Tribou, UFR STAPS, Strasbourg, 1999.

un programme, pour un prix variant de 45 à 65 euros [1]. Les clubs, propriétaires de leurs stades [2], sont libres de les aménager et de les exploiter en fonction de leurs politiques marketing. On y trouve, en effet, des restaurants, des cafés, des musées, des agences de voyages et, bien entendu, des boutiques. Ainsi, les recettes sont garanties toute l'année, en saison sportive et hors saison (encadré 8).

1.5.3. La vente de produits dérivés des autres sports

Ce qui est en passe de réussir autour du football et d'autres disciplines très médiatisées comme le rugby [3] ou la Formule 1 [4] se heurte parfois à des obstacles d'ordre culturel dans les autres sports. C'est la difficulté rencontrée par la Société du Tour de France qui organise le troisième événement sportif au monde (après la Coupe du Monde de Football et les Jeux Olympiques) sans parvenir, pour autant, à en traduire la notoriété (96 % en spontanée en France) en recettes de merchandising. Selon son directeur marketing [5], « à la différence des maillots de football, les maillots du Tour, le maillot jaune en tête, n'ont pas la même valeur symbolique. Porter le maillot du Brésil, ça a un côté mode. Vous ne verrez personne vêtu du maillot jaune dans la rue, même sur un vélo. Cependant, la charge affective de ce maillot est totalement différente aux États-Unis et au Japon. Nous pourrions donc élaborer une politique merchandising propre à chaque pays ». En effet, si la part des produits dérivés vendus lors de l'épreuve ne dépasse pas 5 % du chiffre d'affaires, le site internet intéresse beaucoup les Américains, à hauteur de 60 % des visiteurs en 2000. En revanche, si les vêtements faisant référence au rugby ou à la Formule 1 se vendent bien, c'est parce que les symboles véhiculés par ces sports correspondent aux représentations du moment de certaines catégories de consommateurs : l'image du rugby est celle d'une pratique virile mais dotée d'une éthique solide ; celle de la F1 est composée autour de l'innovation et du risque ; alors que celle du cyclisme sur route – souffrance et endurance – ne fait plus rêver grand monde. C'est sans doute ce qui explique qu'un distributeur comme Made in Sport, spécialisé dans les articles fabriqués sous licence, consacre une large place au football (40 % du chiffre d'affaires en 2000), au rugby, à la F1 et au basket (15 % chacun), et dédaigne le cyclisme.

1. *Sport Finance & Marketing*, 15/02/2001.
2. En France, seul le club de l'AJ Auxerre est propriétaire de son stade.
3. Par exemple, le Stade Toulousain dont le budget de 12,3 millions d'euros en 2004 le place en tête des clubs de rugby français, réalise environ deux millions en produits dérivés. L'assortiment de produits est de mille références dont 50 % de textile *sportswear* (contrat avec Nike). La distribution se fait à travers trois boutiques (stade, centre-ville et périphérie urbaine), des *corners* dans les Relais H de l'agglomération, la VPC (10 %) et les magasins de sport en général.
4. L'écurie Prost Grand Prix proposait une ligne de produits en partenariat avec la société Louis Vuitton (jusqu'à sa disparition en 2002). Il semble que l'image de la F1 intéresse les consommateurs de produits de luxe.
5. Jean-François Richard, *CB News*, *op. cit.*

Encadré 8

Le cas du club de football anglais Manchester United

Cinquante millions d'euros de recettes de produits dérivés en 2000, soit 30 % environ de son chiffre d'affaires de 182 millions et le double de ce que le club a réalisé en 1994/1995.

L'assortiment est très large : du textile sportif certes mais aussi des chaînes hi-fi, des lampes, des jouets, de la papeterie, etc. et même des services financiers dont la « MU Mastercard ».

Seconde marque de club sportif au monde derrière le club de football américain des Dallas Cowboys [a], la marque est gérée dans une logique commerciale. Par exemple, les contrats de partenariat signés avec le club de base-ball des Yankees de New York et l'AS Roma ouvrent la distribution des produits dérivés de chacun des clubs à l'ensemble des réseaux des trois clubs, certaines opérations de promotion et de parrainage étant réalisées conjointement dans un souci d'économie d'échelle. La distribution est planétaire : en Europe, en Asie et sur le continent américain. La promotion est assurée par la chaîne de télévision du club et les tournées de matchs exhibition partout dans le monde à l'intersaison (notamment en Asie). Le site internet du club est à la fois un support de promotion et un outil de commercialisation. La composition même de l'équipe tend à répondre aux impératifs marketing : le recrutement des joueurs se fait aussi dans la perspective commerciale d'intéresser les publics des pays visés ; ce qui n'est pas sans poser problème au niveau sportif.

En 2003, le club a réalisé un bénéfice de 45 millions d'euros.

a. Parmi les dix premières marques au monde (classées selon les recettes), nous trouvons trois clubs de football européens (Manchester United – 2e, Real Madrid – 6e et Bayern de Munich – 7e). Les autres marques sont des clubs américains de football américain (trois sur dix), de basket (deux), de base ball et de hockey (un club).

Un autre exemple marquant de merchandising nous est fourni par la politique des organisateurs du tournoi de tennis de Roland Garros (Bayle, 2001). En effet, la griffe Roland Garros a permis de réaliser un chiffre d'affaires de 305 millions d'euros en 2000, ce qui en fait la première entreprise de produits dérivés en France (encadré 9). Le tournoi créé en 1928 (en partenariat avec Dunlop puis Lacoste), a connu son essor médiatique à la fin des années soixante-dix (autour du « phénomène » Bjorn Borg – premier contrat télévisé avec TF1 en 1976) [1] tout en développant une politique de sponsoring active (BNP et Adidas en 1973, Perrier en 1976, création du Village Relations Publiques en 1980). Mais il faut attendre 1987 pour que le tournoi devienne une marque véritable : la griffe Roland Garros. À partir de cette date charnière dans l'économie du tournoi, les dirigeants mettent en place une stratégie merchandising fondée sur deux grands principes [2].

1. En 1999, l'audience directe est de 400 000 spectateurs (25 % de cadres supérieurs et professions libérales, 44 % de femmes, 25 % d'étudiants) et l'audience indirecte est de 2,8 milliards de téléspectateurs (6 000 heures diffusées dans 170 pays).

2. Selon Gilles Bertoni, co-directeur de Roland Garros, interviewé par Emmanuel Bayle (2001).

Encadré 9

Le merchandising de Roland Garros

Société commerciale *Roland Garros Production* (EURL dont la FFT est actionnaire unique).
Chiffre d'affaires de 305 millions d'euros en 2000 (griffe lancée en 1987, 7,62 millions en 1993, 76,2 millions en 1997, 259 millions en 1999). Bénéfice de 82 millions d'euros en 2000.

Produits : création du premier tee-shirt du tournoi en 1980.
Actuellement 900 références. Automobiles (Peugeot, 11 000 modèles vendus en 2000), montres, parfums, jeux vidéo, serviettes éponges, collections de vêtements hommes et femmes, téléphones portables, etc. Les produits sont fabriqués sous licence par douze partenaires : Adidas, Airess, Carapace, Coty France, Descamps, Ericsson, Lanvin, Longchamp, Major Sport, Peugeot, Peugeot MTC, Rado.

Distribution : 10 500 points de vente dans soixante pays (20 % du chiffre d'affaires à l'exportation) ; site internet depuis juin 2000.
En France, la ligne Roland Garros est réalisée par Adidas et distribuée dans tous les magasins de sport (notamment la chaîne Made in Sport créée en 1998 – groupe Pinault-Printemps-Redoute – spécialisée dans les articles sous licence), les grands magasins (Printemps, Galeries Lafayette – même groupe) et des boutiques de luxe multi-marques.
En 2002 : une nouvelle boutique dans l'enceinte de Roland Garros (400 m^2 et *show room*) et une deuxième boutique à la Réunion (lieu de naissance de l'aviateur Roland Garros).

« La stratégie de la griffe Roland Garros repose sur trois objectifs. Un, nourrir l'image et la notoriété du tournoi. Deux, activer la présence à l'esprit de Roland Garros à des saisons dépassant la période de l'événement sportif. Trois, internationaliser l'image et le concept du tournoi » (Jérémy Botton, responsable marketing et développement).

Source : *Sport Finance*, 13/04/2000 ; *Libération*, 28/05/2001.

– Le merchandising est un outil de promotion fédérale du tennis ; accessoirement un moyen de financement [1]. En conséquence, il doit permettre de maintenir la présence de la marque durant toute l'année afin de fidéliser les adhérents et d'en attirer de nouveaux.

– Les produits dérivés commercialisés doivent présenter un lien avec le tennis et l'événement du tournoi (balles Roland Garros pour le jeu, tenues

1. Les recettes provenant de la vente des licences FFT sont en diminution au cours des années 90 (1,35 million de licences en 1988, 1,01 million en 1999) et s'améliorent au début des années 2000. Par ailleurs, le tournoi a permis à la FFT de réaliser des placements financiers à hauteur de plus de 45 millions d'euros et de s'assurer un revenu financier de 1,5 million. Les droits télévisés se sont montés à plus de 30 millions d'euros en 1999 (40 % des recettes). La billetterie représente près de 20 millions. Notons enfin que les subventions directes ministérielles ne représentent que 1 % du budget fédéral.

officielles Adidas portées par le personnel sur le court, eau Perrier pour désaltérer les joueurs et serviettes Descamps pour les éponger, lunettes de soleil Ray Ban pour le public spectateur, montres Seiko pour mesurer le temps sportif, etc.).

Si les premiers partenariats s'inscrivent dans cette éthique, très vite les contrats vont se conclure sur une base strictement financière. Ainsi, l'accord signé en 1988 avec la société Peugeot (205 cabriolet griffée Roland Garros), s'il préserve l'« esprit RG » (standing social et style sportif), n'en vise pas moins à alimenter les caisses de la fédération [1]. Un tel accord respecte cependant le premier principe de promotion du tennis en ce qu'il permet d'assurer la notoriété et la bonne image du tournoi. En effet, les campagnes de communication de Peugeot ont permis à la griffe de mieux se faire connaître et apprécier.

Un autre contrat est tout aussi contestable : celui signé avec la banque BNP en 1973. Le rapport avec le tournoi est purement financier et, d'un point de vue promotionnel, l'univers du tennis n'a pas grand-chose à gagner de celui de la finance. Pour pallier cette difficulté éthique, la BNP Paribas s'est engagée à mettre son réseau au service d'une opération de sélection des ramasseurs de balles.

Nous le constatons, le succès d'une politique de merchandising repose sur la valeur symbolique des sports auxquels il est fait référence. Il ne suffit pas qu'un sport soit populaire et retransmis dans les médias (comme le cyclisme) pour que les produits dérivés se vendent. En revanche, des sports dont les images sont valorisantes et en harmonie avec les tendances du moment permettent à certaines catégories sociales de mettre en scène des valeurs distinctives et identitaires (le skate pour les adolescents, le rugby pour les hommes adultes, etc.). La principale difficulté réside dans la segmentation des consommateurs car si les uns arborent les produits sportifs par passion de leur club, de leur idole ou de leur équipe nationale, d'autres peuvent le faire par dérision ou provocation, poussés par une sorte de distinction au second degré. Par exemple, on peut porter un maillot de « mauvais goût » populaire – en référence au « bon goût » dominant de sa catégorie – pour marquer sa différence vis-à-vis de la majorité conformiste [2]. Autre exemple, les femmes

---

1. Pour Peugeot, il s'agissait de relancer les ventes d'un modèle en fin de cycle de vie par une opération promotionnelle.

2. Cette question du « goût » est centrale dans la sociologie de Pierre Bourdieu (*La distinction… Critique sociale du jugement*, Paris, éd. de Minuit, 1979). Elle est présente également dans les approches de la consommation autour des phénomènes de « tribus » ou de réseaux (P. Weil, *À quoi, rêvent les années 90 ?*, Paris, Seuil, 1993 ; à la suite de M. Maffesoli, *Au creux des apparences*, Paris, Plon, 1990). D'un côté, le structuralisme critique postule une certaine forme de déterminisme social à travers des systèmes de valeurs et un capital culturel hérité ; de l'autre, est défendue l'idée d'une multi-appartenance des individus à des groupes informels et éphémères, au gré des modes. Le marketing puise dans l'un et l'autre de ces courants pour établir ses typologies de consommateurs.

qui choisissent de porter un maillot de football ou de rugby, c'est-à-dire un objet symbolique de valeurs viriles, le font sans doute pour prendre leurs distances vis-à-vis des canons dominants de la féminité ou pour narguer les défenseurs des territoires machistes, et ainsi se distinguer.

2. Les objectifs institutionnels

C'est l'entreprise en tant qu'institution qui communique à travers l'événement sportif, sans rechercher directement la promotion commerciale de ses produits. L'objectif est certes d'image mais d'image citoyenne.

2.1. Les objectifs de citoyenneté et de légitimité sociale

Le message du sponsor consiste à dire que l'entreprise n'est pas seulement un acteur économique producteur de richesses et accumulateur de capital, mais aussi une institution sociale qui participe à la vie communautaire. On dépasse ainsi l'éthique utilitariste pour accéder à une éthique sociale, d'utilité publique, et on adopte un mode de communication proche du mécénat. Il va sans dire que le soupçon pèse inévitablement sur l'entreprise devenue soudainement citoyenne : n'y a-t-il pas derrière la bonne intention de façade une tactique plus ou moins subtile de séduction commerciale ? Les exemples de Carrefour et de Coca-Cola illustrent parfaitement toute l'ambiguïté de ce type de communication (encadré 10).

Encadré 10

Le sponsoring « citoyen » de Carrefour et Coca-Cola dans le football amateur

Carrefour

Parallèlement au partenariat signé avec l'équipe de France de football, le groupe Carrefour consacre 20 % de son budget de sponsoring pour financer l'achat d'équipement à destination de plus de 1 500 équipes locales, soit 200 000 pratiquants. Chaque hypermarché équipe ainsi sept clubs (cinq masculins et deux féminins) afin de trouver une légitimité locale.

Cœur de cible de l'opération : les familles avec enfants, d'où la présence de la marque lors de compétitions de poussins et benjamins.

Communication : à partir du site internet d'actualité du football professionnel et amateur – le Football Club de Carrefour.

Coca-Cola

La société a créé un Collectif Foot de parrainage de 9 700 clubs amateurs (sur 22 000 en France), soit 1,3 million de licenciés, afin de les équiper en ballons et chasubles. L'opération n'est pas dénuée de visées commerciales puisque les produits sont remis en échange de preuves d'achat de boissons de la marque selon un système de points.

Source : *Management*, décembre 2003.

Le sport adapté aux handicaps physiques (handisport) est souvent présenté comme l'exemple type d'une activité de sponsoring « à visage humain », fondamentalement désintéressé car, dans notre société de la consommation et de la forme, mettre en avant l'exclusion sociale est loin d'être « vendeur » [1]. Les Jeux Olympiques handisports sont cependant l'occasion, pour les sponsors, de faire parler d'eux ; autour d'eux, dirons-nous, sur le mode interpersonnel plus que médiatique. On finit toujours par savoir que telle grande entreprise apporte discrètement son aide au sport handicapé et l'efficacité communicationnelle est d'autant plus grande. L'image qui se construit ainsi, d'indiscrétions en cartons d'invitation, est appelée à durer.

Les entreprises donatrices se retrouvent le plus souvent dans des secteurs d'activités qui connaissent des problèmes d'image. Les fabricants de tabac ou d'alcool qui coûtent tant à la société, développent à côté d'actions classiques de sponsoring, des actions plus feutrées. Le secteur de la chimie cherche à se débarrasser d'une image de pollueur. La banque, qui traîne la réputation de perpétrer le vieux péché d'usure d'exploitation des faibles, donne aussi à la société ; de même que les multinationales empêtrées dans une image d'impérialisme économique. Les objectifs sont ainsi des objectifs de réhabilitation.

2.2. Les objectifs de mobilisation du personnel

La communication de l'entreprise étant globale, les actions de sponsoring touchent autant le personnel en interne que les consommateurs en externe (Pichot et Tribou, 2004). Il existe toute une littérature de gestion qui tend à montrer l'importance de la culture d'entreprise pour la motivation au travail et la mobilisation pour l'action [2].

Le sport semble être un ingrédient particulièrement adapté à la culture de l'organisation parce que fédérateur et universel (Grimes et Meenaghan, 1998). Mais le sponsoring ayant un coût, son budget entre d'une certaine façon en concurrence avec la masse salariale dont les salariés peuvent penser qu'on ralentit la progression pour faire face aux dépenses sportives. De l'employé rémunéré au SMIC jusqu'au cadre dont le temps passé au travail est extensible, chacun peut considérer à juste titre que

1. Les activités de sponsoring/mécénat autour de l'exclusion comme la maladie (HIV), le quart-monde, le chômage, le handicap, etc. sont peu prisées des entreprises. Ces dernières redoutent un filtrage par les publics cherchant à se protéger des réalités sociales qui sont potentiellement des menaces pour eux. Selon l'UDA, ces domaines ne concernent que 15 % des actions de parrainage.

2. Entre autres auteurs : R. Reitter *et al.*, *Cultures d'entreprise*, Paris, Vuibert, 1991 ; à la suite d'E. Schein, *Organizational Culture and Leadership*, San Francisco, Jossey-Bass, 1985. Les sociologues du travail ont apporté leur contribution à l'analyse conceptuelle ; par exemple : R. Sainsaulieu (coord.), *L'entreprise, une affaire de société*, Paris, Presse de la FNSP, 1992.

l'argent dépensé pour soutenir une activité sportive aurait pu être utilisé pour améliorer ses conditions de travail – d'où la nécessité de communiquer en interne pour expliquer la démarche et, si possible, pour obtenir l'adhésion à l'action. Par exemple, la société de crédits Cofidis, sponsor d'une équipe cycliste, édite un journal d'entreprise relatant notamment les résultats sportifs de son équipe lors du Tour de France et des grandes courses classiques. Lorsqu'en 2000 le leader de l'équipe a porté le maillot jaune, la moitié des salariés ont endossé un vêtement de couleur jaune pour célébrer l'exploit et afficher leur fierté [1].

Les sponsors mettent en place, habituellement, des relais en interne pour associer directement le personnel qui le souhaite à l'événement sportif. Par exemple, le Crédit Lyonnais organise le suivi des étapes du Tour de France dans chaque agence et le personnel participe à la mise en place d'une PLV de valorisation. Autre exemple : à l'occasion des grandes courses au large, les sponsors peuvent inviter les skippers à venir débattre de leur projet sportif avec les salariés, à partager leur repas et signer des autographes. Durant la course, les salariés qui ont approché le marin se sentent beaucoup plus concernés par son exploit qui devient un peu le leur, par procuration.

2.3. Les objectifs des entreprises du secteur non marchand

Lorsqu'une administration locale ou centrale « sponsorise » un événement sportif (les fonctionnaires préfèrent parler de parrainage), elle vise un objectif qui n'est certes pas commercial, mais qui s'en rapproche en termes de notoriété et d'image.

Si l'objectif n'est pas explicitement commercial, il peut cependant avoir une dimension économique. En effet, lorsqu'une ville sponsorise un club sportif participant à une coupe européenne, elle a pour ambition d'attirer des investisseurs et des touristes. La liste est sans fin des villes moyennes ayant construit image et notoriété sur la réussite sportive d'une équipe et parfois même d'un seul champion. Le basket a sans doute davantage contribué à l'image de Limoges que la fabrication traditionnelle de la porcelaine. Des villes comme Sedan ou Geugnon doivent leur notoriété au football, Brive ou Dax au rugby, Sélestat au handball, etc. Des champions sont également associés à des villes : la nageuse Roxana Maracineanu et Mulhouse, le boxeur Brahim Asloum et Bourgoin (encadré 11).

Une collectivité territoriale – département ou région – peut également communiquer efficacement par le sport. Les régions ayant à gérer le tourisme misent de plus en plus sur des événements à portée internationale. Par exemple, la course au large « Route du Rhum » a vu le bateau de Paul Vatine (Région Haute Normandie) terminer à la deuxième place en 1994, celui de Lionel Péan (Saint Malo) terminer 5e en 1990. L'édition 1998 a vu la participation de Région Guadeloupe, d'Aquitaine Innovations, de Le Havre.

1. Interview de F. Migraine, directeur général de Cofidis (*Points de Vente*, 12/07/2000).

Encadré 11

Le cas de la ville de Mulhouse, sponsor des *Swim Games*

Mulhouse compte 13 500 licenciés et plus de 20 000 pratiquants (année 2000). Sa politique sportive tourne classiquement autour de deux axes :
– le sport spectacle (35 % des subventions municipales) ;
– le sport pour tous (65 %).
Objectifs de communication : « développer une image de ville dynamique et sportive » (selon G. Buttazzoni, adjoint au maire chargé des sports).

Événement créé en 1992 et conçu à chaque édition comme une revanche des Jeux Olympiques.
Organisateur : club *Mulhouse Olympique Natation.*
Sponsors de l'édition 2000 (« revanche de Sydney ») :
– deux top sponsors à dotations égales : Tyr (fabricant californien, n° 2 mondial de *swim wear*) et Ville de Mulhouse : dotations financières, fourniture d'infrastructures et de matériel, participation gratuite de nageurs sous contrat Tyr ;
– deux sponsors médias : *Canal Plus* et le journal local *L'Alsace* ;
– un deuxième sponsor institutionnel : le Conseil Général du Haut-Rhin.
Avantages contractuels obtenus par la ville :
– couverture médiatique (direct sur *Canal Plus* et couverture presse) ;
– visibilité du logo ville sur les supports de la manifestation, dix banderoles sur site ;
– citation du partenariat pendant l'événement ;
– espace relations publiques (accueil de 50 personnes).
Actions d'accompagnement (cible : décideurs économiques) :
– campagne d'affichage avant l'événement (aéroports d'Orly, de Strasbourg, d'Epinal) ;
– insertions dans la presse nationale (*Les Échos*, *Le Figaro Économie*, *magazines France TGV* et *France Aéroports*).

N.B. : Mulhouse est également ville étape du Tour de France 2000.

Source : P. Koerber, *Le sponsoring et ses retombées, études de cas,* mémoire de maîtrise STAPS management, dir. G. Tribou, Strasbourg, juin 2000.

Des champions sont également sollicités pour vanter les qualités d'accueil d'une région : c'est toute la région Alsace que l'on retrouve derrière Béatrice Hess multi-médaillée des paralympiques d'Atlanta et de Sydney ; Laura Flessel fait la promotion des Antilles aux côtés de Lilian Thuram et de Marie-Josée Perec.

Mais c'est au niveau national que l'utilisation du sport est la plus achevée. Nous pouvons dire, d'une certaine façon, que la France sponsorise ses équipes et ses athlètes afin d'assurer son rayonnement dans le monde.

– Rayonnement économique : des contrats commerciaux peuvent profiter d'un coup de pouce médiatique, la France qui gagne en sport pouvant venir aider celle qui exporte et qui s'implante à l'étranger.

– Rayonnement culturel : la culture française cinématographique, gastronomique, littéraire, etc. peut aussi être aidée à l'exportation par la culture sportive.

– Rayonnement politique : le rôle de la France dans les instances internationales peut se trouver conforté par son palmarès sportif.

Le sport a acquis une fonction politique de socialisation. Selon Paul Yonnet (2004), « la politique du sport, c'est de participer à la construction du lien social (...). D'une certaine manière, le sport joue un rôle autrefois tenu par l'Église, l'armée, le travail. Il participe à la structuration de la société ».

Les succès sportifs sont également un facteur de paix sociale. Au soir de la victoire française en Coupe du Monde de Football, ce sont quatre à cinq millions de Français qui ont fraternisé dans les rues et qui ont retrouvé, pour un temps, un moral de gagnant. L'image de la France multiculturelle « bleu-blanc-beur » a été largement utilisée dans les discours politiques. Les conversations quotidiennes se sont trouvées alimentées jusqu'à l'événement suivant : le Tour de France du renouveau (que fera Virenque ?), puis les JO de Sydney et l'« affaire Perec ». Sans aller jusqu'à dire que l'actualité sportive est une aubaine pour des responsables politiques en mal d'arguments électoraux, nous pouvons tout de même relever son utilisation dans la construction d'une identité nationale mollement consensuelle mais à la condition d'évidence que le résultat soit à la hauteur de l'investissement. De ce point de vue, la multiplication des disciplines et des épreuves offre, à chaque pays, chaque région, voire chaque ville, l'opportunité de pouvoir briller à un moment ou à un autre.

3. Le ciblage des actions de sponsoring

Définir une cible est inhérent à toute réflexion sur les objectifs, car il n'existe pas d'objectif global qui porterait sur la population dans son ensemble ; un des grands principes d'action du marketing étant justement de segmenter le marché.

Le sponsor vise une audience utile, c'est-à-dire la part de l'audience de l'événement entrant dans sa propre cible de communication (schéma 5).

Schéma 5. – *L'audience utile au sponsor*

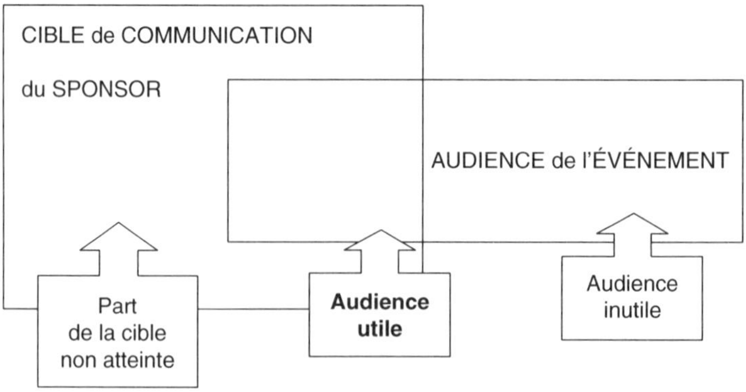

Cela signifie qu'une part de l'audience sera repérée comme inutile et qu'une part de la cible ne sera pas forcément atteinte. Deux conséquences à cela.

– Les sommes « inutilement » dépensées pour toucher la part inutile de l'audience augmentent d'autant le coût unitaire de chaque contact utile (chaque personne ciblée *a priori* et se trouvant dans l'audience) ; elles sont donc réparties sur l'audience utile.

– Une autre action de communication devra être mise en place pour toucher la part de cible non atteinte, d'où un budget complémentaire à prévoir.

Si nous admettons que le sponsor a une idée précise de ce qui constitue sa cible et son cœur de cible, il est moins évident que chaque organisateur d'événement sportif soit en mesure de fournir une identification fiable et attestée de son audience. Trop souvent, ils avancent une évaluation *de visu* des publics présents, sans pouvoir disposer de résultats d'études menées avec un minimum de rigueur. Seules quelques fédérations à l'occasion de championnats d'Europe ou du Monde et quelques grands clubs sportifs ont commandité de telles études à des sociétés spécialisées, qu'ils ont ensuite intégrées à leurs dossiers de recherche de sponsors.

Une étude des publics d'un événement comporte deux volets : un repérage des spectateurs présents et une étude de couverture médiatique.

L'identification des spectateurs peut se faire selon différentes méthodes. On peut placer en observation des enquêteurs aux entrées du site, en leur demandant de compter les spectateurs selon quelques critères simples : sexe, âge approximatif, accoutrement. D'autres enquêteurs peuvent compléter l'information en administrant des questionnaires rapides sur un échantillon tiré de façon aléatoire à partir des flux d'entrants (en utilisant une table de nombres au hasard) : profession, sport pratiqué, marque sportive préférée, etc. Une solution est souvent adoptée par les organisateurs parce que facile à mettre en œuvre : elle consiste à distribuer à l'entrée des bulletins de participation à un jeu concours où figurent les questions d'identification et que l'on demande de déposer dans des urnes en sortant. L'enquête peut se faire avant et après le spectacle et intégrer des questions relatives à l'image de l'événement et à la mémorisation des sponsors. L'étude de couverture médiatique et des audiences est, en général, réalisée par la société Médiamétrie.

3.1. Les publics ciblés par les sponsors

L'enquête menée par l'Union des Annonceurs en 1998/1999 nous apprend que les responsables d'entreprises menant des opérations de sponsoring sportif visent plutôt un public externe ou indifférencié ; 2 % seulement visent exclusivement un public interne à l'entreprise. La tendance montre que l'objectif est de plus en plus un objectif de communication globale (tableau 5).

Tableau 5. – *Publics visés par les sponsors dans le domaine du sport*

Publics surtout externes		**Publics surtout internes**		**Les deux indifféremment**	
1994	1998	1994	1998	1994	1998
61 %	54 %	3 %	2 %	36 %	44 %

Source : UDA, 1998/1999.

Ensuite, chaque sponsor décide d'une caractérisation de son cœur de cible en application de sa stratégie marketing. Par exemple, les fabricants d'articles de sport visent prioritairement les 12-18 ans ; les fabricants d'articles de sport de loisirs *outdoor* visent plutôt les 25-35 ans (par exemple, Columbia), certains plutôt les hommes (Adidas), d'autres les femmes (Reebok).

3.2. Les publics spectateurs des événements sportifs

Une des vertus du sponsoring est de permettre de toucher des audiences très larges et dispersées (Stipp et Schiavone, 1996). L'audience est principalement celle enregistrée par les médias mais une audience directe est un élément important d'une opération de sponsoring, en partie parce que les spectateurs dans les gradins participent à la qualité du spectacle.

3.2.1. L'audience indirecte en France

L'audience indirecte est celle de spectateurs qui assistent à l'événement en temps réel ou en différé par l'intermédiaire d'un média (télévision, radio, presse écrite, internet). Généralement, les organisateurs et les agences de marketing sportif mettent en avant une audience cumulée, c'est-à-dire une audience comptabilisant les individus autant de fois qu'ils assistent aux différentes phases de l'événement (par exemple, l'ensemble des matchs d'un championnat de sports collectifs et les émissions y faisant référence). Par conséquent, un chiffre d'un million de téléspectateurs en audience cumulé peut signifier une réalité de 100 000 téléspectateurs ayant assisté à un ou plusieurs matchs et émissions. Or, c'est cette donnée qui intéresse précisément les sponsors. En effet et du point de vue marketing, il est indispensable de connaître le nombre de prospects que l'événement a permis d'atteindre, à combien de reprises et sur quelle période.

Autre difficulté : l'impossibilité parfois de démêler l'audience de l'événement en direct dont on sait que l'impact émotionnel est fort, et l'audience de l'événement diffusé en différé à travers des résumés ou des émissions d'information sportive. Par exemple, on estime que, sur les 53 milliards de téléspectateurs de la Formule 1 en audience cumulée en 2003, seuls 10 % assistent aux courses en direct. Le retour sur investissement sponsoring doit donc être affiné en distinguant l'impact en général intense obtenu sur les 10 % (5,3 milliards, soit quelques millions d'individus seulement ayant assisté à plusieurs grands prix) d'un impact moindre sur les 90 % restants.

La société Démoscopie réalise régulièrement une étude visant à identifier les publics-médias des événements sportifs, téléspectateurs et auditeurs (2 000 enquêtés âgés de quinze ans et plus en face à face). Nous avons retenu quatre pratiques réalisant les plus gros scores d'audience : cyclisme, football, patinage et tennis (tableau 6).

Ces données, indispensables pour décider du choix d'une pratique à parrainer, sont à compléter par des données relatives à chaque événement (Roland Garros, Paris Bercy, tournois de province pour le tennis ; Tour de France, Tour de l'Avenir, Paris Roubaix, etc. pour le cyclisme ; championnats de France de première et deuxième ligues, coupes d'Europe pour le football ; Trophée Lalique et autres événements d'exhibition pour le patinage – s'ajoutent à cela tous les événements situés à l'étranger et retransmis en France).

La caractérisation des publics médias peut se faire approximativement selon l'âge, le sexe et la catégorie sociale. Les enquêtes révèlent, en général :

– une sous-représentation des 15-24 ans alors qu'il s'agit de la catégorie qui pratique le plus ;

– une sur-représentation des hommes et des cadres.

Relevons tout d'abord un effet de l'âge. Les 15-24 ans représentent 32 % du public média du basket à la télévision ou à la radio, 24 % du public du tennis, 20 % de celui du football, de l'athlétisme et des sports

Tableau 6. – *Les publics médias du cyclisme, du football, du patinage artistique et du tennis*

	Publics médias du cyclisme	**Publics médias du football**	**Publics médias du patinage artistique**	**Publics médias du tennis**
Sexe	64 % sont des hommes [a]	70 % sont des hommes [b]	70 % sont des femmes	56 % sont des hommes
Âge	52 % ont plus de 45 ans	21 % ont entre 15 et 24 ans	Toutes les cat. d'âge sont représentées	64 % ont moins de 45 ans
Catégorie sociale	31 % sont retraités	28 % sont ouvriers	Toutes les cat. sociales sont représentées	32 % sont cadres (14 % cadres supérieurs)
Diplôme	34 % ont au maximum un niveau d'études primaires	n.c.	Tous les diplômes sont représentés	25 % ont un diplôme d'études supérieures
Habitat	33 % habitent en zones rurales (19 % dans l'Ouest)	19 % dans des villes de moins de 20 000 hab. (20 % dans le Sud-Est)	Plutôt en région parisienne	65 % dans des villes de plus de 100 000 hab. (22 % en région parisienne)
Synthèse	Le public du cyclisme est plutôt masculin, âgé et rural	Le public du football est plutôt masculin, jeune, de condition modeste et citadin	Le public du patinage est plutôt féminin et sans autre signe marquant	Le public du tennis est plutôt composé de cadres, mixte, citadin

a. Selon les organisateurs, les femmes montrent de l'intérêt pour la dimension touristique des courses cyclistes, les paysages notamment (Sobry, Cambier, 2001, p. 98).

b. Les femmes sont réputées plus attentives à l'environnement du jeu et donc, paradoxalement, à la présence des sponsors.

Source : d'après Démoscopie.

automobiles. Les catégories plus âgées dominent certaines disciplines : le public radio et télévision du cyclisme, par exemple, est composé de 58 % de personnes âgées de plus de 45 ans et de 31 % de retraités. La finale de la Coupe du Monde de Football de 1998 a été suivie par 25,8 % des enfants de quatre à dix ans ayant une télévision chez eux (selon Médiamétrie), alors que les dessins animés les plus populaires ne rassemblent, en général, que 10 % d'entre eux. Cet intérêt des enfants pour le spectacle sportif constitue un phénomène nouveau en France car, jusqu'à présent, ils manifestaient une relative indifférence.

S'ajoute à cela un effet de catégorie sociale. Les cadres (professions intermédiaires et cadres supérieurs) sont, en effet, sur-représentés dans les publics de six disciplines : 34 % du public média du tennis et de la voile, 32 % du public de l'athlétisme, 31 % de celui du golf, 29 % de celui de la Formule 1, 28 % de celui du rugby ; ils représentent, en outre, 30 % de l'audience d'Eurosport France (contre 26 % de la population française). Par contre, 28 % du public médias du football est composé d'ouvriers [1].

Nous avons relevé également des différences relatives au niveau d'instruction : 34 % des auditeurs/téléspectateurs du cyclisme possèdent un diplôme qui ne dépasse pas le niveau d'études primaires (conséquence de l'âge sans doute), alors que 25 % de ceux du tennis possèdent un diplôme de l'enseignement supérieur.

Le public médias du sport est plutôt masculin (environ 80 % de l'audience d'Eurosport France est masculine), mais il varie selon les disciplines. En effet, si le spectacle du tennis présente une structure d'audience équilibrée (44 % de femmes et 56 % d'hommes), nous relevons, par exemple, que 70 % des auditeurs/spectateurs du patinage sur glace sont des femmes alors que 70 % de ceux du football sont des hommes. Selon la société d'études Crédome (Publicis), près de 88 % des hommes de 15 à 49 ans ont vu au moins un quart d'heure d'un match de football à la télévision entre septembre 1999 et juillet 2000 [2]. Les femmes sont cependant de plus en plus nombreuses à s'intéresser à des sports jusque-là réputés masculins. L'exemple du football est significatif. Selon la société d'études Carat Expert, la part des femmes qui était de 28,8 % lors de l'Euro 1996 (32 % quand l'équipe de France jouait) est passée à 33 % en moyenne lors de la Coupe du Monde de 1998 (40 % pour les matchs de l'équipe de France). Les femmes ont été aussi nombreuses que les hommes à suivre la finale sur TF1 (49 %). Selon le sociologue Christian Bromberger (1995 et 1998), le football dont l'image était bourgeoise à la fin du XIXe siècle et le public mixte, est devenu populaire au début du XXe siècle, et s'est virilisé au détriment de son public féminin. Actuellement, il relève une forme de « familiarisation » des publics : les femmes sont plus nombreuses à fréquenter les stades, sou-

1. Notons cependant que le pourcentage de CSP+ ayant suivi les finales de la Coupe du Monde 98 et de l'Euro 2000 est passé de 30,3 à 38,7 (*CB News*, 10/07/2000).
2. *Stratégies*, 25/08/2000.

vent en couple ou en famille. Par exemple, elles représentaient 23 % du public de l'Olympique de Marseille en 1999 contre moins de 10 % en 1985 (un record en France à cette époque) [1]. L'explication se trouve, selon lui, dans la médiatisation des joueurs dont certains mêlent leurs images à des campagnes de publicité pour des marques de cosmétiques ou de vêtements dans les magazines féminins (Zidane pour Dior par exemple).

3.2.2. Le comportement des pratiquants vis-à-vis des médias

Certains sponsors visent tout particulièrement les sportifs pratiquants – 36 millions de quinze ans et plus selon l'INSEP – et s'intéressent par conséquent à leurs rapports aux médias. En effet, la décision de prolonger une opération de sponsoring par une campagne de communication, passe par un médias-planning fonction des cibles retenues. Par exemple, si tel équipementier vise les jeunes sportifs hommes et femmes âgés de quinze à vingt ans, il devra choisir les médias correspondant à cette catégorie.

On peut être étonné de l'intérêt porté par les pratiquants aux médias du sport (tableau 7). Près de 80 % regardent le sport à la télévision et un quart sur le câble. Si près de la moitié lisent la rubrique sportive d'un quotidien,

Tableau 7. – *Comportement des sportifs pratiquants (âgés de 15 à 75 ans) vis-à-vis des médias*

	Sport à la TV	**Sport sur chaînes câblées**	**Rubrique sport d'un quotidien**	**Quotidien sportif**	**Magazine spécialisé sport**	**Livres sur le sport**	**Vidéos sur le sport**	**Sites sportifs sur internet**
Ensemble des sportifs	79	25	48	38	38	34	23	6
Hommes	86	33	64	53	52	46	30	10
Femmes	72	15	31	22	23	20	16	3
Selon leur tranche d'âge								
15-19 ans	83	29	49	44	46	42	36	12
30-34 ans	77	26	47	39	39	37	22	7
45-75 ans	79	21	49	34	36	32	22	3
Selon leur niveau d'étude								
Sans diplôme	79	29	40	33	36	34	31	7
Inf. au bac	82	25	52	44	42	38	26	4
Bac	80	30	50	37	37	31	16	8
Sup. au bac	72	22	47	30	31	28	17	12

Source : les pratiques sportives en France, INSEP et ministère des Sports, 2002.

1. Interview dans *CB News, op. cit.* Si la pratique féminine du football est en augmentation (+ 14,7 % entre 1998 et 1999 contre + 5,4 % pour les hommes), elle n'en demeure pas moins très confidentielle : 1,5 % des licenciés de la FFF en 1999 (*La Lettre de l'Économie du Sport*, n° 522, 12 avril 2000).

ils sont moins de 40 % à consulter un quotidien sportif ou un magazine spécialisé. Par contre, l'internet reste un média marginal. Globalement, les hommes sont deux fois plus nombreux que les femmes à consulter les médias du sport. Les jeunes âgés de 15 à 19 ans le sont également, notamment sur l'internet mais également pour la lecture de magazines ou l'accès à la télévision. Les diplômés du supérieur sont globalement moins présents.

3.2.3. Les audiences des chaînes de télévision

Chacune des chaînes de télévision ayant choisi de centrer son programme sportif sur quelques sports en particulier à des fins de positionnement, il peut être intéressant pour un sponsor de mettre en relation les sports diffusés en priorité sur les chaînes et les profils des téléspectateurs.

Selon Médiamétrie, les Français âgés de quatre ans et plus ont regardé la télévision 3 h 20 en moyenne en 2002, soit 20 minutes de plus qu'en 1992. Cela concerne notamment les ménagères de moins de cinquante ans (+ 36 mn) et les 35-49 ans (+ 42 mn). Les enfants âgés de quatre à quatorze ans la regardent moins que la moyenne (2 h 18 mn) ainsi que les CSP+ [1] (2 h 37 mn) ; les plus de cinquante ans la regardent davantage (plus de 4 h et 30 mn). Ainsi, contrairement aux idées reçues, les enfants ne sont pas les premiers consommateurs de télévision. Le point culminant d'audience est atteint à 21 h 15 avec 45 % des individus équipés d'un téléviseur contre 25 % à 13 h et entre 4 et 7 % en début de matinée à 8 h (tableau 8).

Les records d'audience sont fréquemment réalisés par des émissions sportives. Par exemple, en 2002, la finale de la Coupe du Monde de Football constitue le record de TF1, la finale de la Coupe Davis de tennis, celui de France 3.

Tableau 8. – *Durée d'écoute en minutes de la télévision en France en 2001 et 2002*

	2002	2001		2002	2001
Ensemble des foyers	331 mn	329 mn	Individus âgés de 4 ans et plus	200 mn	198 mn
Ménagères de – de 50 ans	203 mn	204 mn	Enfants de 4 à 14 ans	138 mn	136 mn
Individus CSP+	157 mn	153 mn	Individus âgés de 15 à 34 ans	161 mn	162 mn
			Individus âgés de 15 à 49 ans	179 mn	177 mn

Source : Médiamétrie – Médiamat, 2003.

1. Les CSP+ regroupent trois catégories d'actifs de l'INSEE : les indépendants (artisans, commerçants, chefs d'entreprises), les cadres et professions intellectuelles supérieures et les professions intermédiaires (anciennement cadres moyens).

La structure d'audience des chaînes révèle des spécificités. Les CSP+ se retrouvent davantage dans la programmation de France Télévision que dans celle de TF1 ; inversement pour les « ménagères de moins de cinquante ans ». Canal + et M6 attire des catégories d'âge plus jeunes que France Télévision (tableau 9).

Les abonnés du câble sont plutôt des hommes, soit très jeunes (moins de quatorze ans), soit adultes actifs (25-49 ans) et exercent une activité professionnelle supérieure (CSP+) (tableau 10).

Toutes chaînes confondues, le profil du téléspectateur français présente deux caractéristiques : les femmes et les seniors (plus de cinquante ans) sont sur-représentés ; les CSP+ sont sous-représentées (tableau 11).

Si nous comparons les temps d'antenne consacrés au sport sur les chaînes hertziennes, nous relevons pour l'année 2001 :

– qu'ils dépassent les 2 300 heures (soit huit fois moins que sur les chaînes sportives) ;

Tableau 9. – *Structure d'audience des chaînes de télévision généralistes en 2001*

	TF1	**France Télévision**	**M6**	**Canal +**	**Arte**	**Autres**
4 ans et plus	32,7 %	40,1 %	13,5 %	3,6 %	1,6 %	8,5 %
15-24 ans	31,0 %	29,3 %	23,4 %	5,5 %	1,1 %	9,7 %
25-59 ans	33,4 %	36,4 %	15,2 %	4,5 %	1,6 %	8,9 %
Ménagère < 50 ans	35,5 %	33,2 %	19,1 %	3,7 %	1,2 %	7,3 %
CSP+	27,5 %	39,6 %	13,7 %	5,8 %	2,5 %	10,9 %

Source : Médiamétrie – Téléport, 2001.

Tableau 10. – *Profil des abonnés câble et satellite en 2002*

Indices base 100 ensemble des 4 ans et plus	**Câble et satellite**
Hommes	**111**
Femmes	90
Selon l'âge	
4-14 ans	**106**
15-24 ans	80
25-34 ans	**106**
35-49 ans	**112**
50 ans et plus	94
Selon la catégorie sociale	
CSP+	**107**
CSP–	95

Source : MédiaCabSat, février 2002.

Tableau 11. – *Profil des téléspectateurs français en 2000 (indices, base 100 : quinze ans et plus équipés d'un téléviseur)*

	Catégories sous-représentées	**Catégories sur-représentées**
Sexe	Hommes : 92	**Femmes : 107**
Âge	**15-24 ans : 80** 25-34 ans : 89 35-49 ans : 90	50-64 ans : 109 **65 ans et plus : 130**
CSP	Agriculteurs : 77 Artisans-commerçants : 79 **Cadres et prof. intell. sup. : 64** Professions intermédiaires : 77 Employés : 98 Ouvriers : 99	**Inactifs : 114**
Habitat	Communes rurales : 98 **Paris : 93**	Moins de 20 000 hab. : 102 20 à 100 000 hab. : 105 Plus de 100 000 hab. : 103
Région UDA (Union des Annonceurs)	**Parisienne : 90** Sud-Est : 92 Est : 99 Ouest : 100 Bassin parisien Ouest : 100	**Nord : 116** Bassin parisien Est : 108 Sud-Ouest : 102 Méditerranée : 105
Taille du ménage	**Trois personnes et plus : 93**	Une personne : 107 Deux personnes : 109

Source : étude 75 000 Médiamétrie, 9/10/2000 (quart d'heure moyen, ensemble journée, lundi-dimanche).

– qu'ils sont concentrés sur des sports dits médiatiques [1] (dans l'ordre : football, rugby, basket, cyclisme, tennis, boxe, sports mécaniques et hockey sur glace dépassent les cent heures par année ; contre moins d'une heure pour l'escrime, le tir à l'arc et la planche à voile).

Un sponsor est ainsi amené à choisir un sport qui lui assure une visibilité maximale (soit le football, puis le rugby, le basket, etc.). Mais encore faut-il que l'audience du diffuseur corresponde qualitativement à sa cible. D'où la nécessité de devoir affiner le choix en mettant en relation les temps d'antenne et les profils de téléspectateurs (tableau 12).

1. Un sport est dit médiatique s'il bénéficie d'un fort temps d'antenne supposé répondre à une audience potentielle forte. Or il peut se trouver qu'un sport omniprésent récolte une audience sportive faute de programmes sportifs alternatifs. D'une certaine façon, l'offre télévisuelle sportive façonne la demande.

Tableau 12. – *Profil de l'audience des chaînes de télévision françaises en 2000 (indices, base 100 : quinze ans et plus équipés d'un téléviseur) et sports diffusés (en 2001)*

	Sports diffusés	**Hommes/femmes**	**Catégories d'âge**	**CSP**	**Habitat**
TF1	274 heures en 2001 **1) football (160 h)** 2) sports mécaniques (48 h)	Hommes : 96 **Femmes : 103** Ménagère < 50 ans : 109	15-24 ans : 98 **25-34 ans : 104** **35-49 ans : 103** 50 ans et + : 98	CSP+ : 87 **CSP– : 108** Inactifs : 99	Urbain : 93 **Rural : 105**
France 2	522 heures en 2001 **1) cyclisme (111 h)** 2) tennis (101 h) 3) rugby (69 h) 4) athlétisme (47 h) 5) football (15 h) 6) patinage (14 h) 7) sports mécaniques (13 h)	Hommes : 95 **Femmes : 104** Ménagère < 50 ans : 82	15-24 ans : 78 25-34 ans : 74 35-49 ans : 88 **50 ans et + : 118**	CSP+ : 99 CSP– : 82 **Inactifs : 110**	Urbain : 101 Rural : 99
France 3	343 heures en 2001 **1) cyclisme (49 h)** 2) tennis (48 h) 3) sports mécaniques (41 h) 4) football (40 h) 5) athlétisme (34 h) 6) patinage (24 h)	**Hommes : 102** Femmes : 98 Ménagère < 50 ans : 75	15-24 ans : 61 25-34 ans : 71 35-49 ans : 83 **50 ans et + : 124**	CSP+ : 91 CSP– : 80 **Inactifs : 113**	Urbain : 94 **Rural : 105**
Canal +	1 139 heures en 2001 **1) football (436 h)** **2) rugby (182 h)** **3) basket (109 h)**	**Hommes : 131** Femmes : 75 Ménagère < 50 ans : 109	**15-24 ans : 141** **25-34 ans : 168** **35-49 ans : 125** 50 ans et + : 60	**CSP+ : 158** **CSP– : 127** Inactifs : 70	**Urbain : 123** Rural : 82

Tableau 12. – *Profil de l'audience des chaînes de télévision françaises en 2000 (indices, base 100 : quinze ans et plus équipés d'un téléviseur) et sports diffusés (en 2001)*

	Sports diffusés	Hommes/femmes	Catégories d'âge	CSP	Habitat
Canal +	4) foot américain (107 h) 5) hockey/glace (101 h) 6) golf (86 h) 7) boxe (53 h)				
Arte	Quelques émissions d'analyse du phénomène sportif	**Hommes : 111** Femmes : 91 Ménagère < 50 ans : 72	15-24 ans : 65 25-34 ans : 77 35-49 ans : 88 **50 ans et + : 119**	**CSP+ : 144** CSP– : 75 Inactifs : 101	**Urbain : 115** Rural : 88
La 5e	/	**Hommes : 106** Femmes : 95 Ménagère < 50 ans : 77	15-24 ans : 74 25-34 ans : 85 35-49 ans : 81 **50 ans et + : 118**	CSP+ : 100 CSP– : 83 Inactifs : 109	**Urbain : 118** Rural : 86
M6	28 heures en 2001 Sports mécaniques – hors F1 : (6 h), voile (3 h), football (2 h)	Hommes : 96 **Femmes : 103** Ménagère < 50 ans : 151	**15-24 ans : 185** **25-34 ans : 156** 35-49 ans : 128 50 ans et + : 54	CSP+ : 112 **CSP– : 131** Inactifs : 80	**Urbain : 110** Rural : 92
Autres [a]		**Hommes : 114** Femmes : 89 Ménagère < 50 ans : 97	**15-24 ans : 114** **25-34 ans : 113** **35-49 ans : 113** 50 ans et + : 87	**CSP+ : 126** CSP– : 108 Inactifs : 89	**Urbain : 105** Rural :96

a. Autres : chaînes du câble et du satellite, chaînes locales, chaînes étrangères – dont Eurosport : hommes (77,9 %), 15-49 ans (43,4 %), 15-34 ans (27,8 %), CSP+ (30 %).

Source : Médiamétrie (ensemble journée, lundi-dimanche, 1997) in Guide T M6, 2001.

Canal Plus, chaîne sportive s'il en est avec plus de 1 100 heures, propose des sports collectifs (football, rugby et basket) ainsi que des sports plus confidentiels comme le hockey sur glace ou la boxe (à des fins de positionnement). Son audience type est active (moins de cinquante ans), très masculine, urbaine et appartient à une CSP+ ; ce qui semble en adéquation avec ses choix sportifs.

TF1, la chaîne du football et de la Formule 1, possède une audience télévisée classique : plutôt féminine et composée d'actifs âgés entre 25 et 50 ans et appartenant à des CSP–. Soulignons que ses choix sportifs peuvent apparaître en décalage avec son audience : football et Formule 1 étant peu appréciés des femmes (alors que le patinage artistique, spectacle réputé féminin, a disparu des programmes).

Les chaînes publiques France 2 et France 3, chaînes du cyclisme, du tennis et du rugby (les programmes sont conçus en complémentarité horaire), possèdent une audience plutôt âgée et, de ce fait, inactive. Si le cyclisme correspond bien à un public de plus de cinquante ans, il semble que les autres sports soient en décalage. Par contre, les deux chaînes se complètent relativement aux autres critères : si France 2 est plutôt féminine et urbaine, France 3 est plutôt masculine et rurale.

M6, la chaîne de la moto, a certes une audience jeune mais composée plutôt de « ménagères » et de CSP– ; ce qui n'est pas sans poser problème.

Enfin Eurosport qui couvre l'ensemble des sports (en direct, les sports délaissés par les autres chaînes) a une audience très nettement masculine (78 %), composée d'actifs et notamment de cadres. Elle est en concurrence avec RTL9 dont l'audience est féminine à hauteur de 54 % (la chaîne la plus féminine étant Téva qui compte 73 % de femmes) [1].

Par conséquent, un sponsor qui viserait, par exemple, la catégorie des CSP+ serait en droit d'hésiter entre TF1 (28,6 % des CSP+) et France 2 (22,8 %), mais écarterait les autres chaînes en raison du faible impact sur sa cible (France 3 : 15,3 %, M6 : 13,3 %, les autres chaînes entre 4 et 10 %) ; sauf à vouloir privilégier un autre critère de choix : France Télévision s'il s'intéresse aux seniors, M6 pour des publics jeunes. Autre exemple : un sponsor intéressé par un public masculin actif (15-49 ans) opterait encore pour TF1 qui capte un tiers de cette catégorie.

Le profil du téléspectateur est également à considérer en fonction des tranches horaires de la journée (tableau 13). Globalement, l'audience des « quatre ans et plus » atteint son maximum entre 20 h 30 et 22 h 30 (25 % de l'audience de la journée) ; puis entre 19 h-20 h 30 avec 15,4 %, entre 12 h-14 h (13,1 %), 14 h-17 h (12,6 %), 17 h-19 h (10,4 %), 22 h 30-24 h (9,4 %), 7 h-12 h (8,8%), 0 h-7 h (4,8 %). En effet, la fréquentation de la télévision est directement fonction du mode d'organisation de la journée de travail : les Français la regardent peu au lever (environ 5 % d'audience), sont près de un sur quatre à la regarder au moment de la pause de midi et 40 % à 20 h 30.

1. *Source : Audicabsat*, 11/12/1999.

Tableau 13. – *Audiences des tranches horaires des télévisions françaises en 2000*

	Hommes	**15-34 ans**	**50 ans et plus**	**Ménagère < 50 ans**	**CSP+**
7-12 h					
12-14 h					
14-17 h					
17-19 h					
19-20 h 30					
20 h 30-22 h					
22 h-24 h					

Source : Médiamétrie (ensemble journée, lundi-dimanche), 2000.

Pour mettre au point son plan médias, le sponsor doit tenir compte de qui regarde la télévision et à quel moment de la journée. Par exemple, pour toucher la cible des CSP+, il n'y a d'autre choix que de diffuser le spectacle sportif à partir de 20 h 30 (résumé en différé par exemple). Un événement retransmis en direct entre 12 et 17 h touchera en priorité les seniors. Etc.

Pour être complet, notons que les audiences sont saisonnières. Par rapport à une audience moyenne de 194 mn, les mois d'été (de mai à septembre) sont en dessous (audience minimum en août avec 157 mn). Les mois de novembre et décembre constituent des records (avec respectivement 214 et 211 mn). Cette saisonnalité de l'audience doit, bien entendu, être mise en relation avec le calendrier sportif.

3.2.4. Les audiences des autres médias

3.2.4.1. La radio

En 2002, la radio est écoutée quotidiennement par 83 % des Français de quinze ans et plus (plutôt les 15-24 ans et les cadres actifs), le matin au lever, à l'heure des repas, pendant les trajets en automobile [1]. L'écoute atteint son maximum entre 7 h et 9 h (25,8 % d'audience moyenne contre 13,9 % pour la journée entière) et fléchit nettement durant le week-end (11,1 %). Le classement des audiences place largement en tête RTL et NRJ [2] (avec plus de douze points d'audience) devant France Inter et France Info (autour de dix points) ; RMC étant largement distancée (3,5 points) (tableau 14).

1. Il s'agit d'audience cumulée, c'est-à-dire du pourcentage des Français de quinze ans et plus ayant écouté au moins une fois la radio entre 5 h et 24 h du lundi au vendredi (données Médiamétrie, 1er trimestre 2002 – *Libération*, 16/04/2002).

2. Le groupe NRJ rassemble la radio NRJ (première radio en Europe), Nostalgie, Chérie FM, Rires & Chansons ; des sociétés de diffusion (Towercast et Numericast), une société de production (Spot Machine), une chaîne de télévision (NRJ TV).

Tableau 14. – *Classement des chaînes de radio en fonction de l'audience (septembre-octobre 2003)*

Rang	Station	Points d'audience [a]	Durée d'écoute	Nbre d'auditeurs (millions)
1	**NRJ**	**12,2**	1 h 31	6,04
2	**RTL**	**12,1**	**2 h 21**	5,99
3	**Indépendants (89 stations)**	**12,1**	1 h 40	5,99
4	**France Info**	**10,6**	1 h 02	5,25
5	**France Inter**	**10,5**	**2 h 04**	5,21
6	Europe 1	9,1	1 h 57	4,51
7	Skyrock	8,3	1 h 26	4,11
8	Nostalgie (NRJ)	7,9	1 h 39	3,91
9	France Bleu	6,9	1 h 58	3,42
10	Europe 2	6,8	1 h 29	3,37
11	Fun Radio	6,2	1 h 20	3,07
12	Chérie FM (NRJ)	6,0	1 h 42	2,97
13	RFM	4,8	1 h 31	2,38
14	RTL 2	4,5	1 h 30	2,23
15	Rire et Chansons (NRJ)	4,1	1 h 15	2,03
16	RMC Info	3,5	1 h 46	1,73
17	France Musique	1,7	1 h 35	0,84
18	MFM	1,5	1 h 45	0,79
19	France Culture	1,4	1 h 35	0,74
20	Radio Classique	1,1	1 h 28	0,54

a. Pourcentage de personnes âgées de 13 ans et plus ayant écouté la radio au moins une fois dans la journée (du lundi au vendredi, 5 h-24 h). Un point = 495 820 personnes.

Source : Médiamétrie, étude « 75 000 + radio », 12/2003.

Si nous mettons à part la radio thématique sportive Sport O'FM [1], nous pouvons noter que certaines radios sont davantage impliquées dans le sport que d'autres : RTL plus que France Inter, ou NRJ plus que Skyrock (tableau 15). RMC semble avoir misé plus que ses concurrentes sur le sport. Elle diffuse cinq heures de sport par jour en semaine et jusqu'à treize heures le week-end, souvent en direct des événements. Son émission « Luis attaque » consacrée au football chaque jour à 18 h, avec la participation de l'entraîneur Luis Fernandes, réalise près de 20 % d'audience en 2004.

1. En 2000, *Sport'O FM* n'émettait qu'à Paris et en Île de France : 135 000 auditeurs par jour, des hommes principalement, âgés de 25 à 45 ans, de CSP+. En 2002, la chaîne n'a toujours pas obtenu l'autorisation d'une couverture plus large du territoire, ce qui la place en grande difficulté économique (faute d'annonceurs).

Tableau 15. – *Implication des stations de radio dans le sport*

	Radios généralistes	Radios musicales	Radios sportives
Forte implication dans le sport	*RMC* (Intégrale Sports 2 fois/jour), *RTL* (Megafoot), *France Info* (2 chroniques sportives toutes les heures), *Sud radio* (Grand Stade), *Europe 1* (Multiplex)	*NRJ* *Europe 2*	*Sport'O FM*
Faible implication dans le sport	*France Inter* (Interfoot)	*Skyrock* *Chérie FM* *RFM*	/

Le profil des auditeurs de chaque station est analysé par Médiamétrie. L'affinité manifestée à l'égard des radios généralistes augmente avec l'âge (l'indice est multiplié par sept des 15-24 ans aux plus de 65 ans) et inversement pour les radios musicales. Les seniors écoutent RMC et Europe 1 ; les 15-24 ans Fun Radio et Skyrock.

Par ailleurs, certaines radios sont réputées de fréquentation très masculine (Rires & Chansons, France Info, Fun Radio, Europe 1), d'autres sont plutôt écoutées par les femmes (RTL, Nostalgie).

3.2.4.2. La presse écrite

En 2003, 45 % des personnes âgées de plus de quinze ans lisent régulièrement au moins un titre de la presse quotidienne. Le quotidien sportif *L'Équipe* arrive en tête devant *Le Monde* (avec respectivement 2,26 millions et 2,16 millions de lecteurs), loin devant les autres quotidiens (*Libération* – 0,88 million, *Les Échos* – 0,76 et *La Tribune* – 0,45) [1].

Quelles sont les caractéristiques des lectorats ?

Sur 6,5 millions de cadres actifs, 8,5 % lisent *L'Équipe* contre 13,6 % qui lisent *Le Monde*, 10,6 % *Les Échos* (7,2 % *Le Figaro*, 5,8 % *Libération*, 4,4 % *La Tribune*) [2].

La structure du lectorat de L'Équipe laisse apparaître une moindre représentation des diplômés du supérieur et une sur-représentation d'étudiants et de lycéens (tableau 16).

Tableau 16. – *Structure des lectorats des quotidiens nationaux français en 2003*

	Le Monde	*Le Figaro*	*Libération*	*Les Échos*	*La Tribune*	*L'Équipe*
% de lecteurs de niveau d'études sup.	66,6	54,1	66,3	72,8	67,5	34,0
% d'actifs	57,5	49,0	71,6	79,7	77,3	67,7
% d'étudiants et lycéens	15,4	9,5	12,0	7,9	8,6	15,1
% d'autres inactifs	27,1	41,5	16,4	12,4	14,1	17,2

Source : EuroPQN 2002-2003.

1. Euro PQN, 2002-2003 (population de 48,064 millions).
2. IPSOS – Cadres actifs 2003.

Par ailleurs, on estime qu'il y a environ trois fois plus d'hommes que de femmes qui lisent les magazines sportifs et âgés de moins de 25 ans. Les magazines sportifs arrivent toutefois loin derrière les magazines de télévision et les magazines dits féminins.

Notons le lancement, en 2004, d'un magazine gratuit hebdomadaire de quarante pages consacré au sport : *Sport – le magazine free attitude*. Il est tiré à 600 000 exemplaires distribués dans la région parisienne et dans dix grandes villes (Bordeaux, Lille, Lyon, Marseille, Montpellier, Nantes, Nice, Rennes, Strasbourg, Toulouse). Des accords ont été passés avec des partenaires comme Auchan (distribution à l'entrée et au rayon sport), les Galeries Lafayette (rayon hommes), les hôtels Ibis (réception), les magasins Celio (entrée), Air-France (salons et salles d'embarquement) et la SNCF (gares). Les annonceurs bénéficient d'un format 26 × 35 – celui des grands magazines comme France Football – et d'une qualité remarquable (couleur). Le contenu rédactionnel porte sur l'actualité sportive et des sujets de société.

3.2.4.3. L'internet

Quant au média internet, son utilisation à des fins commerciales connaît une nette accélération depuis 1998 (de 110 milliards de dollars en 1998 à plus de mille milliards estimés en 2001). Or, le développement du cybercommerce s'accompagne de celui de la publicité. En 2000, l'investissement en *e.pub* sur l'internet français a atteint 184 millions d'euros [1].

Concernant l'audience, on estime à 440 millions le nombre d'internautes dans le monde en 2000, dont 60 % aux États-Unis, 25 % en Europe, 13 % en Asie, 1 % en Afrique ; et le rythme de progression serait de 80 % l'an. En France, on en compte près de vingt millions au troisième trimestre 2003 (27 % de plus qu'en 2002), dont 11,4 % d'enfants de 2 à 14 ans. [2]

Jusqu'à très récemment, le public internaute était majoritairement masculin. Une étude parue en 2003 révèle sa féminisation accélérée (tableau 17). Les femmes sont devenues majoritaires aux États-Unis (52 % de femmes) mais demeurent minoritaires dans des pays européens comme l'Italie, l'Allemagne ou l'Espagne (autour de 40 % cependant).

Tableau 17. – *Pourcentage de femmes dans la population internaute en 2003*

États-Unis	52 %	Suisse	43,4 %
Suède	47 %	Espagne	41,5 %
Grande-Bretagne	45,5 %	Allemagne	41 %
Pays-Bas	44 %	Italie	37,5 %
France	43,5 %		

Source : Nielsen – Net Rating Panel Domicile, mai 2003.

1. *Libération*, 26/01/2000 et 7/04/2001.
2. *La Tribune*, 5/07/2000 ; *Libération*, 4/04/2001.

Enfin, notons que les sites sportifs sont en fréquentation croissante. En France, 21,5 % des internautes ont visité un site sportif en 2003 (soit 2,8 millions), principalement L'Équipe.fr et YahooSport (tableau 19). Les sites des clubs de football ont rassemblé, quant à eux, 633 000 visiteurs, notamment ceux de l'Olympique de Marseille et du Paris-St Germain, mais loin derrière les sites des autres grands clubs européens – Bayern de Munich et Inter de Milan (tableau 18). Une étude Nielsen révèle que 60 % des connexions en Grande-Bretagne sont motivées par le sport et qu'aux États-Unis les sites sportifs arrivent en troisième position de fréquentation. Par ailleurs, on estime qu'en 2005 les sites sportifs seront parmi les plus lucratifs avec neuf milliards de dollars de vente en ligne et plus de six milliards de recettes publicitaires [1].

Tableau 18. – *Classement des sites « sportifs » en 2003*

Sites	Nombre de visiteurs	Taux de pénétration (% de l'ensemble des internautes)
Total des sites « sportifs »	2,846 millions	21,5 %
L'Équipe.fr	0,680 million	5,1 %
Yahoo Sport	0,454 million	3,4 %
Wanadoo Sport	0,294 million	2,2 %
Football365	0,270 million	2,0 %
Sport24.com	0,264 million	2,0 %
Site de la ligue de football professionnel (Footpro) et sites des clubs de ligues 1 et 2	0,633 million	4,8 %
– dont olympiquedemarseille.com	0,141 million	
– dont psg.fr	0,123 million	

Source : Médiamétrie, Nielsen – Net Rating, panel Home & Work, août 2003.

Tableau 19. – *Classement des audiences des clubs de football européens sur l'internet en 2003*

Clubs de football	Audience dans le pays du club (en milliers)	Nombre de visites par internaute	Temps passé par internaute
FC Bayern de Munich	342	4,38	14 mn 28
Inter de Milan	326	6,65	38 mn 33
Manchester United	273	3,11	15 mn 02
AC Milan	218	6,28	11 mn 16
Liverpool	184	4,23	15 mn 54
Ajax	160	3,48	14 mn 33
Olympique de Marseille	124	9,42	30 mn 28

Source : Nielsen – Net Rating, panel Home & Work, juillet 2003.

1. *Le Monde*, 4/12/2000 ; cité par C. Sobry et G. Cambier (2001, p. 91).

3.2.5. L'audience directe en France

On estime qu'un Français sur quatre assiste au moins à un spectacle sportif chaque année : plutôt des hommes, jeunes et diplômés. Une enquête réalisée en 2004 auprès des abonnés d'un club de football français de deuxième ligue (encadré 12) confirme la dominante masculine, en montrant toutefois une structure d'âge relativement équilibrée. Par ailleurs, elle révèle que les spectateurs sont une majorité à ne pratiquer aucun sport mais qu'ils fréquentent assidûment les médias. La moitié n'ont pas de marque sportive préférée (pour 12 % d'entre eux, la marque du sponsor équipementier du club) et un sur dix seulement adhère à un club de supporters, ce qui exprime un engagement limité.

Le comportement des spectateurs se caractérise par une fréquentation fluctuante. Les événements à enjeu sportif fort peuvent se dérouler « à guichet fermé » (derby local, finale, rencontre européenne). Mais le même club peut enregistrer une désaffection brutale de ses publics s'il se retrouve en bas de classement ou s'il est rétrogradé en division inférieure. Par exemple, le Racing Club de Strasbourg « descendu » en ligue 2 de football en 2000/2001,

Encadré 12

Caractérisation des abonnés du club de football AS Nancy-Lorraine

Les 1 113 abonnés se composent de 93 % d'hommes et de 7 % de femmes.

• Toutes les catégories d'âge sont représentées avec une légère sur-représentation des 46-55 ans : [9-15 ans : 14 %, 16-25 ans : 16%, 26-35 ans : 15%, 36-45 ans : 12%, 46-55 ans : 19%, 56-65 ans : 13%, 66 ans et plus : 11 %]. Le plus jeune a neuf ans, le plus vieux 75 ans.

• 10 % sont membres d'un club de supporters, une seule femme.

• 61 % ne pratiquent aucun sport. Les sports pratiqués par 39 % des abonnés : pour moitié le football en clubs, pour 15 % la randonnée pédestre.

• Rapports aux médias.

– 62 % lisent un quotidien régional, 42 % la presse spécialisée dans le football, 37 % le quotidien L'Équipe.

– 62 % écoutent la radio locale France Bleu à l'occasion d'un match disputé à l'extérieur, 52 % une radio nationale qui retransmet du football.

– Un abonné sur deux consulte internet : 26 % le site du club ASNL, 12 % les autres sites du football, 4 % les sites des médias.

– 98 % regardent le football à la télévision, dont les 3/4 sur les chaînes hertziennes, 45 % sur la chaîne payante Canal +, 39% sur les autres chaînes du câble et satellite (notamment Eurosport qui retransmet les matchs de ligue 2). Leur fréquence d'audience : 32 % recherchent de l'information sur le football tous les jours à la télévision, 46 % s'intéressent aux matchs.

• Leur rapport aux marques : 48 % n'ont pas de marque préférée. Classement des marques : Adidas (45 %), Nike (12 %), Baliston – équipementier du club (12 %), Puma (10 %), Le Coq Sportif (4 %), Reebok et Asics (2 %), autres (5 %).

Source : P. Dreyer, *Transfert d'image entre un club sportif et ses sponsors. Le cas de l'ASNL*, dir. G. Tribou, mémoire de maîtrise en Management du sport, Strasbourg, 2004. Enquête auprès d'un échantillon de 150 abonnés en avril-mai 2004.

a vu le nombre de ses spectateurs divisé par deux et il a été contraint de réduire le prix des places de 23 %. Globalement, l'affluence moyenne par match de ligue 1 est de trois à quatre fois supérieure à celle de ligue 2 sur la période 1998-2004. Mais la fréquentation en L2 tend à rattraper celle de L1 avec plus de 14 % d'augmentation sur la période contre 2,4 % (tableau 20).

Tableau 20. – *Fréquentation des clubs de football français de 1998 à 2004*

	Saison 2003/2004	Saison 2001/2002	Saison 1998/1999	Évolution
Affluence totale en ligue 1	7 653 262	6 651 533	5 448 573	+ 40,5 %
Affluence totale en ligue 2	2 526 304	2 062 179	1 606 378	+ 57,2 %
Affluence moyenne par match de L1	20 140 380 matchs	21 737 306 matchs	19 670 277 matchs	+ 2,4 %
Affluence moyenne par match de L2	6 648 380 matchs	5 456 378 matchs	5 820 276 matchs	+ 14,2 %

Source : Ligue de Football Professionnel.

Au cours d'une même saison, on peut passer d'un record de fréquentation (à l'occasion de l'accueil d'un club où évoluent des joueurs prestigieux) à un stade désert si l'enjeu sportif est faible. On ne retrouve pas chez les spectateurs français l'attachement qui lie les spectateurs anglais, italiens ou espagnols à leurs clubs et, de ce fait, leur fidélité de fréquentation.

3.2.6. Les audiences internationales

Une autre caractérisation est indispensable pour les sponsors dont l'activité est tournée vers l'international : celle des publics selon leur nationalité. En l'absence de données d'audiences, nous avons retenu des données relatives à l'intérêt porté aux différents sports et à leurs pratiques. Nous posons l'hypothèse qu'un sport qui est aimé et de surcroît pratiqué connaît davantage d'audiences qu'un autre sport laissant indifférent.

Si nous considérons les résultats d'études menées en 2001 et 2002 et portant sur l'intérêt manifesté en Europe à l'égard des sports (tableau 21),

Tableau 21. – *Sports « les plus appréciés » par les populations de six pays d'Europe*

	Classé en 1	Classé en 2	Classé en 3	Classé en 4	Classé en 5
France (2001)	Football	Tennis	Patinage artist.	Natation	Formule 1
Royaume-Uni (2001)	Football	Rugby	Tennis	Athlétisme	Cricket
Espagne (2002)	Football	Basket-ball	Tennis	Natation	Cyclisme
Allemagne (2001)	Football	Formule 1	Athlétisme	Tennis	Ski
Italie (2001)	Football	Tennis	Athlétisme	Formule 1	Natation
Pologne (2001)	Football	Patinage artist.	Athlétisme	Volley-ball	Basket-ball

Source : McCann Governance/Gaz de France/TNS Sport, 2002/Carat Sport 2001 (cité par M. Desbordes, 2004).

nous relevons la consécration du football dans les six pays. Derrière cette unanimité, apparaissent des spécificités nationales :

– la Formule 1 plaît particulièrement aux Allemands (Schumacher est un héros national) mais aussi aux Italiens (supporters de l'écurie Ferrari) et aux Français (le souvenir de Prost ou la présence d'une écurie Renault ?) ;

– les Britanniques apprécient le rugby et expriment leur originalité en classant le cricket ;

– le ski distingue les Allemands, le volley-ball les Polonais.

Nous disposons également de données relatives aux choix des pratiquants en 2000, 2001 et 2002 (tableau 22). Même si ces derniers ne constituent pas le cœur des audiences de toutes les pratiques (celles de la F1 mais aussi celle du football), leurs déclarations nous permettent d'approcher les audiences directes et, dans une certaine mesure, indirectes. En effet, les spectateurs des sports collectifs indoor (handball, volley-ball, basket-ball), ceux des arts martiaux, ceux du cyclisme, etc., sont souvent composés sur la base d'un noyau de pratiquants compétiteurs pour certains sports (sports collectifs, judo), de loisirs pour d'autres (cyclisme, tennis).

Ces données relatives aux pratiques, même si elles font apparaître des pratiques à forte audience comme le cyclisme, le tennis ou le football (que l'on ne se contente pas de regarder dans son fauteuil, contrairement aux idées reçues), associées à des pratiques moins « sportives » comme la natation ou la randonnée qui sont rarement diffusées à la télévision (se baigner à la mer, se promener le dimanche, est-ce vraiment faire du sport ? [1]), peuvent permettre de repérer des spécificités de cultures nationales.

– La natation rassemble les Européens : Espagnols, Britanniques, Italiens et Polonais la classent en 1 ; Allemands et Français en 2.

Tableau 22. – *Sports pratiqués dans six pays d'Europe*

	Classé en 1	Classé en 2	Classé en 3	Classé en 4	Classé en 5
France (2000)	Randonnée	Natation	Cyclisme	Course à pied	Gymnastique
Royaume-Uni (2001)	Natation	Football	Golf	Tennis	Cyclisme
Espagne (2002)	Natation	Football	Randonnée	Cyclisme	Tennis
Allemagne (2001)	Cyclisme	Natation	Randonnée	Football	Gymnastique
Italie (2001)	Natation	Football	Gymnastique	Tennis	Cyclisme
Pologne (2001)	Natation	Football	Gymnastique	Tennis	Cyclisme

Source : McCann Governance/Gaz de France/TNS Sport, 2002/INSEP 2002 (cité par M. Desbordes, 2004).

1. Cette question récurrente de ce qui est vraiment du sport et ce qui n'en est pas, ne se pose pas avec la même pertinence en marketing qu'en sociologie du sport. Dès lors que la personne achète l'article de sport ou la prestation, nous considérons qu'il s'agit d'un achat sportif et peu importe l'usage qu'elle va en faire. Par conséquent, un promeneur du dimanche « sportif », c'est-à-dire qui considère sa pratique en tant que telle à travers ses consommations (chaussures de trekking, veste d'alpinisme, etc.), sera retenu comme un pratiquant de sport-loisirs (Tribou, 2000).

– Le golf est une pratique courante au Royaume-Uni, la randonnée et la course à pied en France, le cyclisme en Allemagne.

Notons que ces comportements de spectateurs sont marqués par deux phénomènes sociaux.

– La place des femmes dans le sport. Un pays dont les traditions sportives sont discriminatoires à l'encontre des femmes, prive le spectacle sportif d'une grande partie de sa population. Par exemple, en France, on se rend aux matchs de football entre copains ou bien le père accompagne son fils. Au Royaume-Uni, la démarche est plus familiale, ce qui génère une fréquentation plus forte. Au Japon, pour démentir la réputation d'un pays profondément machiste (dans le monde du travail notamment), le spectacle du football est très prisé par les femmes qui vont supporter leurs idoles au stade [1].

– La célébration d'un champion national. Par exemple, l'émergence du joueur de tennis thaïlandais Paradorn Srichapan en 2003 à Wimbledon a provoqué un phénomène d'engouement soudain qui s'est traduit par une augmentation de 50 % de la diffusion du tournoi en Thaïlande. Inversement, les Allemands suivent de moins en moins le tennis après la retraite de leurs champions Steffi Graf et Boris Becker. La présence d'un champion national semble donc générateur d'audience.

Concrètement, cela signifie qu'un sponsor nord-américain décidé à entrer sur le marché européen par le biais du sponsoring devra choisir, pour chaque marché national, le sport qui lui donnera le plus de notoriété et d'image positive. Si son budget lui interdit d'opter pour le football, il pourra choisir la natation dont la pratique est répandue mais qui intéresse plutôt les Espagnols, les Italiens et les Français ; le cyclisme pour entrer sur le marché allemand, le golf ou le rugby pour le marché anglais.

3.3. Les audiences d'un événement sportif : le Tour de France cycliste

3.3.1. Audience directe

L'audience directe du Tour de France varie entre quinze et vingt millions de spectateurs le long des routes. Elle est en augmentation constante : dix millions en 1996, quinze millions en 1998 et 1999, vingt millions en 2000. Le public présente quatre caractéristiques [2] :

1. La moyenne de spectateurs par match de la *J-League* (le championnat de football japonais) tend cependant à baisser depuis une dizaine d'années : 19 598 spectateurs en 1994, 10 131 en 1997, 11 065 en 2000. L'explication est liée à la baisse brutale de la fréquentation féminine qui assurait jusqu'à 80 % du remplissage des stades. En effet, les femmes allaient au stade voir leurs idoles et depuis le départ de stars comme Nakata, elles semblent s'être désintéressées du football (*L'Équipe,* 22/03/2001).

2. *Source :* étude Sofrès, septembre 2000.

– plutôt âgé (39 % ont plus de cinquante ans) ;
– familial et convivial (73 % viennent en famille, 28 % avec des amis, par groupes de quatre personnes en moyenne) ;
– fidèle (en moyenne, ils ont déjà assisté sept fois au passage du Tour – par ailleurs, un tiers des Français se sont déplacés au moins une fois au cours des cinq dernières années) ;
– particulièrement motivé (ils se déplacent dans un rayon moyen de 75 km, passent en moyenne 4 h 40 sur place, moins lors d'étapes de plaines, davantage lors d'étapes de montagne – leurs motivations sont dans l'ordre : « voir passer les coureurs » puis la caravane publicitaire).

Il est exceptionnel pour un sponsor de pouvoir bénéficier d'une telle audience autour d'un événement sportif. La caravane publicitaire réunit ainsi quarante partenaires (200 véhicules et 600 personnes) pour organiser des opérations promotionnelles au tarif de 23 500 euros pour trois véhicules, plus 4 700 euros par véhicule supplémentaire (tarifs 2004).

3.3.2. Audience télévisée

En 2001, 118 heures ont été retransmises en France sur les chaînes publiques France 2 et France 3 (contre 115 heures en 1996). Les audiences cumulées ont été de 180 millions en France et de 400 millions en Europe [1]. L'audience moyenne a été de quatre millions pour les étapes en direct (en augmentation : 3,7 millions en 1998, 3,8 millions en 1999). Comme les années précédentes, le record a été atteint à l'occasion d'une étape de montagne – Briançon Courchevel – avec six millions de téléspectateurs. Les pics d'audience ont été relevés lors des arrivées : 8,2 millions pour l'arrivée à Courchevel, 6,6 millions pour l'arrivée sur les Champs Élysées. Les différés (quatre magazines quotidiens) ont rassemblé entre 0,475 et 2,3 millions de téléspectateurs (*Le Journal du Tour*).

En 2003, 44 % des Français manifestent de l'intérêt pour l'événement. On note même un regain d'intérêt après les dommages causés par les affaires de dopage en 1998 et malgré les procès qui n'ont pas cessé (jusqu'à l'« affaire » Cofidis en 2004). On est ainsi passé de 32 % de Français assez ou très intéressés avant le départ de l'édition 2003 à 44 % après le Tour, soit une augmentation de douze points – alors qu'on avait enregistré une baisse de dix points en 1998 (tableau 23).

3.3.3. Audiences internationales

La couverture varie fortement d'une région du monde à l'autre, de mille heures en Europe de l'Ouest à treize heures en Europe de l'Est, en passant par les Amériques (119 heures), l'Asie et l'Afrique (155 et 160 heures) (tableau 24). Le phénomène semble donc avant tout européen. Par exemple, la Belgique, considérée isolément, a retransmis davantage d'images

---

1. *Source : Sports Marketing Surveys*, 2001 (étude dans six pays d'Europe : Allemagne, Belgique, Espagne, France, Italie, Grande-Bretagne).

Tableau 23. – *Intérêt pour le Tour de France de 1998 à 2003 (en % de la population française, mesuré après l'épreuve)*

	1998	1999	2000	2001	2002	2003
Pas du tout intéressé	38	41	35	38	32	32
Peu intéressé	28	25	27	25	30	24
Assez intéressé	24	24	27	25	26	27
Très intéressé	10	10	11	12	12	17

Source : Crédit Lyonnais, direction de la communication, 2003.

Tableau 24. – *Couverture télévisée internationale du Tour de France 2000*

1. Europe : 1 000 h	**2. Amériques : 119 h**	**4. Afrique : 160 h**
dont Belgique : 165 h	dont États-Unis : 39 h	dont Afrique du Sud : 18 h
France : 127 h	Canada : 12 h	(*Supersport* – 30 pays) : 67 h
Danemark : 82 h	Amérique du Sud : 45 h	(*CFI TV* – 41 pays) : 75 h
Pays Bas : 77 h	(*ESPN* – 48 pays) : 23 h	**5. Europe de l'Est : 13 h**
Suisse : 76 h	**3. Asie : 155 h**	Estonie : 5 h
Allemagne : 66 h	dont Japon : 63 h	Tchéquie : 8 h
Espagne : 65 h	Australie : 35 h	
Italie : 42 h	Nouvelle-Zélande : 31 h	
Portugal : 42 h	Autres pays : 4 h	
Grande-Bretagne : 36 h	(*ESPN Star* – 19 pays) : 16 h	
(*Eurosport* – 46 pays) : 119 h	(*CFI Pro* – Sud Est asiatique) : 6 h	

Source : ASO, 2001.

que toute l'Afrique réunie. Si nous allons dans le détail des données avec le souci de repérer les pays présentant un fort potentiel économique et intéressant directement les sponsors, nous pouvons relever que le Japon se place devant les États-Unis (63 h contre 39 h) malgré l'absence de coureurs japonais et la victoire de l'américain Armstrong de l'équipe US Postal. La couverture des pays d'Amérique latine est également à mettre en relation avec la présence de coureurs sud-américains.

Si nous pondérons les couvertures télévisées par les audiences, nous pouvons constater que des couvertures plutôt faibles (États-Unis, Italie, Allemagne) sont compensées par de fortes audiences (tableau 25). Cela signifie pour les sponsors que la couverture est de qualité (quelques heures à forte audience sont préférables à davantage d'heures peu suivies – c'est le cas de la Belgique : première couverture et 9e audience).

Relevons enfin quelques particularités d'audiences. Les Japonais se sont mobilisés pour l'arrivée sur les Champs Élysées. Les Allemands ont été nombreux à suivre l'étape empruntant leur territoire. De façon générale, les audiences varient en fonction d'enjeux sportifs nationaux : un coureur bien classé au général ou victorieux d'une étape, relance l'audience de ses compatriotes (encadré 13).

Tableau 25. – *Classement des pays selon les audiences moyennes en 2000 (en millions de téléspectateurs)*

1	France	4	9	Belgique	0,68
2	Allemagne	2,87	10	*(Eurosport)*	0,60
3	Italie	2,18	11	Danemark	0,25
4	États-Unis	2,08	12	Suède	0,16
5	Espagne	1,67	13	Portugal	0,14
6	Japon	1,03	14	Canada	0,06
7	Hollande	0,82	15	Australie	0,03
8	Grande-Bretagne	0,76			

Source : Médiamétrie/Eurodata TV.

Encadré 13

Records d'audiences internationales lors du Tour 2000

– Étape Briançon-Courchevel : 6 millions de Français, 4,3 millions d'Italiens (50 % d'audience), 3,7 millions d'Allemands, arrivée de l'étape : 8,2 millions de Français, 62 % d'audience aux Pays-Bas.
– Étape Courchevel-Morzine : 70 % d'audience en France, 41 % en Belgique.
– Étape Friburg-Mulhouse : 40 % d'audience en Allemagne.
– Étape Carpentras-MtVentoux : 3,9 millions d'Espagnols (à l'arrivée : 36 % d'audience).
– Étape Limoges-Villeneuve/Lot : 2,9 millions d'Américains.
– Arrivée du Tour à Paris : 1,6 million de Japonais (23 % d'audience, 54 % au Danemark).

Source : ASO, 2001.

3.3.4. Audiences ventilées selon les médias en France

Pour un sponsor, il est indispensable de connaître l'audience moyenne de chaque média à l'occasion de l'événement, afin de pouvoir évaluer l'efficacité de son engagement (x % ont pu l'apercevoir à la télévision lors des retransmissions, y % entendre citer son nom lors des reportages radiodiffusés, etc.) et décider des supports de ses opérations de communication parallèles (un encart publicitaire dans la presse ou un spot télévisé). Ainsi, en 2003, près de trois Français sur quatre ont déclaré avoir suivi le Tour, 70 % à la télévision (50 % en direct), un sur cinq dans la presse (pages sportives des quotidiens : 14 % dans la PQR, 3 % dans la PQN, 4 % dans *L'Équipe*) [1] et un sur dix à la radio (tableau 26).

Si nous considérons l'évolution des audiences, nous relevons que le Tour 2003 semble avoir retrouvé une partie de son public après la chute

1. PQR = Presse Quotidienne Régionale ; PQN = Presse Quotidienne Nationale.

Tableau 26. – *Audiences du Tour de 1992 à 2003 selon les médias (en %)*

	1992	1994	1996	1998	2000	2001	2002	2003
Déclarent avoir suivi le Tour de France	74	68	73	73	71	71	72	72
A suivi le Tour de France **à la télévision**	64	61	67	68	65	67	69	70
A suivi les retransmissions en direct	42	41	46	43	44	47	49	50
A suivi les résumés d'étapes	42	40	48	48	46	46	44	41
A suivi directs et résumés	20	20	27	24	25	26	24	21
A suivi le Tour en lisant **la presse**	18	16	23	21	20	21	21	19
en lisant les pages sportives des quotidiens	15	13	20	20	19	20	20	17
en lisant *L'Équipe*	5	4	6	5	6	6	5	4
A suivi le Tour en écoutant les reportages à **la radio**	14	13	14	16	10	13	12	9
A suivi le Tour par l'**internet**	/	/	/	/	/	1	1	1
A suivi le Tour en spectateur le **long des routes**	3	4	3	4	3	3	4	5
N'a pas vraiment suivi le Tour de France	26	32	27	27	29	29	28	28

Source : SOFRES Sponsoring, Taylor Nelson SOFRES/données internes, Crédit Lyonnais.

enregistrée entre 1997 (année record avec 78 % de suivi) et 1999 (moins quinze points) et faisant suite aux affaires de dopage. Le média télévision reste le mode privilégié alors que le média radio confirme son déclin. La presse maintient son score. Notons la percée de l'internet (1 % des plus de quinze ans).

Le choix du média est fonction de l'intérêt manifesté pour le Tour (tableau 27). Les personnes qui s'intéressent au Tour privilégient nettement les retransmissions en direct à la télévision (96 % de ceux qui sont très intéressés en 2000). Par contre, celles qui sont peu ou pas intéressées s'orientent davantage vers les résumés d'étapes (61 % de celles qui sont peu intéressées, 20 % et c'est remarquable, de celles qui déclarent ne pas être du tout intéressées). La presse fait un score de 50 % parmi ceux qui sont très intéressés par le Tour ; elle n'est pas lue par ceux qui s'en désintéressent. Il s'agit d'indications précieuses pour les sponsors qui visent de façon plus ou moins exclusive des publics sportifs : des publics passionnés peuvent être touchés en cascade (du direct jusqu'à la presse du lende-

Tableau 27. – *Choix du média selon l'intérêt pour le Tour en 2000 (en % de chaque catégorie)*

	Pas du tout intéressé		Peu intéressé		Assez intéressé		Très intéressé	
	1999	2000	1999	2000	1999	2000	1999	2000
Direct TV	3	6	39	41	72	**76**	91	**96**
Résumé TV	16	**20**	56	**61**	62	59	64	57
Presse	0	2	16	19	33	31	40	50

Source : SOFRES Sponsoring.

main), des publics indifférents au cyclisme, voire hostiles, peuvent tout de même être atteints par l'intermédiaire des différés télévisés.

Enfin, le temps passé devant la télévision à regarder le Tour varie sensiblement selon l'âge, le sexe et la catégorie sociale (tableau 28). Si, en moyenne, 40 % des Français âgés de quinze ans et plus ont passé plus de dix heures devant leur téléviseur, cela concerne surtout les plus de 65 ans (52 % contre un quart seulement des 15-24 ans), davantage les hommes que les femmes (48 % contre 30 %), la moitié des inactifs, 40 % des PCS– et seulement 29 % des PCS+. Ces données sont particulièrement précieuses pour les sponsors et les annonceurs dont les cœurs de cible correspondent à ce profil de téléspectateur assidu (un homme plutôt âgé et inactif).

Tableau 28. – *Durée d'exposition devant la télévision à regarder le Tour de France 2003*

	Moins d'1 h	**Entre 1 h et 5 h**	**Entre 5 h et 10 h**	**Plus de 10 h**
Ensemble	15	29	15	40
Hommes	12	25	14	**48**
Femmes	17	35	16	30
15-24 ans	23	44	9	24
25-34 ans	18	37	10	34
35-49 ans	16	28	17	39
50-64 ans	11	27	18	43
+ de 65 ans	9	20	16	**52**
PCS–	18	38	14	29
PCS+	16	29	14	40
Inactifs	10	23	16	**49**

Source : SOFRES Sponsoring, Taylor Nelson SOFRES.

3.4. Les cibles de la communication institutionnelle

Les actions de sponsoring institutionnel visant à polir l'image de l'entreprise des aspérités qu'une communication commerciale trop agressive aurait pu produire, ne s'adressent pas, généralement, aux clients et prospects – sauf à vouloir corriger une erreur de communication ou à vouloir les séduire en douceur. Elles visent, en interne, le personnel et, en externe, tous les partenaires entrant dans l'environnement « utile » (pour faire un parallèle avec l'« audience utile ») et avec qui l'entreprise est en négociation quotidiennement (tableau 29).

Le personnel est retenu dans son ensemble si l'entreprise souhaite rassembler autour de l'action, mais peut être segmenté si elle vise à mobiliser plus finement catégorie par catégorie. En direction des cadres, des messages adaptés à leur culture et leurs goûts supposés (encore convient-il de distinguer les jeunes cadres diplômés des écoles et les plus anciens dont

Tableau 29. – *Cibles du sponsoring institutionnel et apports en image*

Cibles	Apports positifs en image	Apports négatifs en image
Personnels	Valeurs du sport bénéficient à l'entreprise qui s'ouvre et donne à la société Cimente la culture d'entreprise et lui donne une couleur éthique	Dépenses somptuaires au détriment des revenus des salariés et de leurs conditions de travail
Partenaires économiques dont associés	La valeur sentimentale de l'action est bonifiée	L'entreprise sponsor manque de rigueur financière
dont banques et assurances	Image citoyenne L'entreprise est digne de confiance dans la négociation	
dont distributeurs et fournisseurs		
dont pouvoirs publics	Entreprise citoyenne, participe à la vie sociale	Soupçon d'une attitude de façade masquant des objectifs mercantiles
Partenaires culturels dont journalistes	L'entreprise ajoute à sa dimension économique un attrait citoyen	
dont universitaires		
Clients et prospects	Image de donateur généreux, à qui on peut faire confiance sur le marché	Soupçon de machiavélisme et d'immoralité

l'ascension professionnelle s'est faite à l'ancienneté) ; en direction du personnel d'exécution, des messages prenant en compte une certaine forme de goût populaire [1]. Pour les uns, sponsoring artistique (art contemporain, musique baroque, etc.) ou sponsoring de sports distinctifs (escrime, équitation, golf, etc.) ; pour les autres, sponsoring de sports de masse et notamment collectifs.

Une telle politique de mobilisation différenciée du personnel, outre le fait qu'elle crée des clivages là où elle pourrait rassembler (le football, par exemple, a cessé d'être un sport exclusif de catégories populaires et intéresse actuellement toutes les catégories sociales), doit s'appuyer sur des supports de communication interne également différenciés (journal des cadres et journal des employés).

Dans le micro-environnement de l'entreprise, nous trouvons tout d'abord les associés actuels et potentiels, ceux que l'on veut fidéliser d'une part car ils pourraient céder à l'offre publique d'achat d'un concurrent, ceux que l'on veut attirer, d'autre part, à l'occasion d'une ouverture du capital. Comment faire ? Trop de sponsoring peut signifier pour l'actionnaire ou l'associé de SàRL directement intéressé au bénéfice, un gaspillage et un manque à gagner. Par contre, ne pas en faire alors que les concurrents en font peut les amener à se détacher de l'entreprise dont l'image manque d'éclat. Le cours de l'action constitue un bon indicateur de leur attitude. À

1. Cette question sociologique du « goût » culturel en général et sportif en particulier est traitée par Pierre Bourdieu, notamment dans *La distinction. Critique sociale du jugement*, Paris, éd. de Minuit, 1979, p. 31-36.

l'opposé, une entreprise qui souhaite lancer une offre publique d'achat ou simplement émettre des titres sur le marché financier doit soigner son image et le sponsoring y participe.

Les autres partenaires proches de l'entreprise sont les banques et les sociétés d'assurance, les acheteurs (des distributeurs) et les fournisseurs (et sous-traitants), les pouvoirs publics (de l'État aux collectivités locales). L'entreprise en négociation permanente avec ses partenaires trouve intérêt à mêler à la relation contractuelle des éléments affectifs liés à son image et le sponsoring sportif institutionnel peut y contribuer. Le principe est universel : un contractant placé en situation de donataire (celui qui reçoit sans avoir donné) se trouve contraint à restituer tout ou partie du don sous la forme que le donateur en situation de domination lui suggère (en l'occurrence, des conditions contractuelles avantageuses) [1].

Enfin, à côté de ces partenaires économiques, il faut citer ceux qui appartiennent à ce que l'on peut appeler la communauté culturelle et notamment médiatique. Les journalistes, bien entendu, qui vont évoquer avec plus ou moins de conviction l'actualité sportive à laquelle se trouve mêlé le sponsor. Les responsables de formations universitaires ou d'écoles de commerce, dont l'attitude vis-à-vis du sponsor peut influencer celle de leurs étudiants (futurs décideurs économiques et déjà gros consommateurs de produits sportifs). De façon générale, tous ceux qui ont un rôle d'interface entre le sponsor et la société.

Le sponsor peut être tenté d'ajouter à ces cibles celle de sa clientèle actuelle et potentielle, en émettant des messages ambigus du point de vue éthique. Pour ce faire, il peut communiquer à travers les grands médias sur ses actions de sponsoring institutionnel mais au risque de ternir son image de « mécène » de qui on attend plus de discrétion. Par exemple, communiquer sur le soutien au handisport peut être interprété comme un accroc au principe éthique fondamental de désintéressement et venir alimenter une contre-image de sponsor prêt à tout pour développer ses ventes.

4. Application : le sponsoring des Jeux Olympiques [2]

Les Jeux Olympiques vont de records en records, records sportifs certes mais aussi records économiques si on considère les recettes des opérations de marketing [3]. Chaque édition surpasse la précédente : de Séoul (1988) à

1. Voir, par exemple, M. Mauss, « Essai sur le don : forme et raison de l'échange dans les sociétés archaïques », *L'année sociologique*, 1923-1924 ; plus récemment : E. Goffman, *Les rites d'interaction*, Paris, éd. de Minuit, 1974.

2. J. Rosenstiehl, C. Claerr, O. Rinck, D. Guillon, O. Edme, A. Michaux, *JO de Sydney : sponsoring et médias*, dir. G. Tribou, EA en Sciences du Sport, Université Marc Bloch, Strasbourg, mai 2001.

3. Le CIO a redistribué 93 % des recettes : 70 % au Comité d'Organisation des JO de Sydney (SOCOG) et au Comité Olympique Australien (AOC), le reste aux autres comités nationaux (CNO) et aux fédérations sportives internationales.

Barcelone (1992), de Barcelone à Atlanta (1996), d'Atlanta à Sydney (2000), les sponsors officiels ont dû verser, à chaque nouvelle olympiade, entre 1,5 et deux fois plus de droits d'utilisation de la symbolique olympique (tableaux 30 et 31). À cette inflation des droits correspond un engouement croissant des publics qui se traduit en termes d'audiences tout aussi galopantes (d'Atlanta à Sydney le spectacle a conquis 700 millions de téléspectateurs de plus et approche désormais les quatre milliards). Le retour sur investissement semble donc justifier la dépense.

Cette démesure marketing des JO mérite une analyse. Qui sont les sponsors et quels sont leurs objectifs ? La rentabilité de leurs investissements est-elle véritablement assurée ?

4.1. Les sponsors du mouvement olympique

Il y a plusieurs niveaux de sponsoring du mouvement olympique selon que les sponsors souhaitent associer leur nom à une délégation nationale, au comité d'organisation (celui de Sydney en l'occurrence, le SOCOG) ou aux instances internationales (le Comité International Olympique). Les enjeux économiques sont différents ; les droits financiers sont à la hauteur des enjeux bien évidemment.

Entrer dans le cercle très fermé des sponsors du CIO (*The Olympic Partners*) donne le droit d'utiliser les symboles olympiques (anneaux, torche, mascotte) et la mention « partenaire officiel des Jeux Olympiques » pendant

Tableau 30. – *Part du sponsoring dans les recettes du mouvement olympique à l'occasion des Jeux de Sydney (CIO et COJO – en millions de dollars US et en pourcentage)*

Recettes globales	2 618	100 %
Droits de radiotélévisions	1 331	51 %
Recettes de sponsoring (*The Olympic Partners*)	550	21 %
Billetterie	356	13,5 %
Parrainage local	315	12 %
Licences et divers	66	2,5 %

Source : olympic.org, 09/2000.

Tableau 31. – *Évolution des recettes de sponsoring des programmes TOP*

Partenaires (*The Olympic Partners*)	**Millions d'euros**	**Coefficient multiplicateur**
TOP I (1988 – Calgary et Séoul) : neuf partenaires	99	/
TOP II (1992 – Alberville et Barcelone) : douze partenaires	152,5	× 1,54
TOP III (1994 – Lillehammer et 1996 – Atlanta) : dix partenaires	304,9	× 2
TOP IV (Nagano – 1998 et Sydney – 2000) : onze partenaires	457,3	× 1,5

Source : olympic.org, 09/2000.

toute la durée d'une olympiade (quatre ans). Le statut impose aussi des devoirs comme celui de ne pas associer une marque à des champions pendant toute la durée des Jeux. La publicité reste, en effet, proscrite dans les stades. En échange, le sponsor apporte son concours financier sous forme de prestations ou de marchandises. Les clauses varient d'un contrat à l'autre. Nous pouvons estimer la contribution financière à un montant compris entre quarante et cent millions d'euros. En ce qui concerne l'échange marchandises, le CIO demande au fabricant ou au prestataire de prendre en charge une tâche précise de l'organisation : fourniture de matériels informatiques ou de télécommunication, restauration des athlètes, transports, production d'images, etc.

Nous sommes face à trois logiques de sélection des sponsors :

– une première logique du plus offrant : est retenu celui qui propose la contribution financière la plus élevée ;

– une logique fonctionnelle qui conduit le CIO à rechercher des partenaires à même de remplir chacune des tâches d'organisation de l'événement. Une fois la totalité des fonctions pourvues, le CIO arrête la liste ;

– une logique concurrentielle qui amène à garantir à chaque sponsor une présence exclusive dans son secteur d'activité. Par exemple, si Coca-Cola est retenu, tous les autres fabricants de *soft drinks* seront exclus.

C'est la combinaison des trois logiques qui conduit au choix. En effet, dans un souci de simplification, le CIO pourrait limiter la procédure à la désignation des sponsors offrant le plus d'argent ; puis, dans un second temps, riche de ces contributions, il pourrait alors lancer des appels d'offre pour remplir toutes les tâches d'organisation. Or, le risque de cette mauvaise méthode est qu'un sponsor comme IBM apporte une somme d'argent servant ensuite à acheter des ordinateurs chez ses concurrents (qui bénéficieraient, en outre, de la publicité faite aux fournisseurs). La solution retenue – le subventionneur est aussi partenaire technique – permet d'une part, de négocier globalement l'ensemble des termes de l'échange (apporter moins financièrement et davantage en échange marchandises ou inversement selon la nature des apports) et, d'autre part, de pérenniser les partenariats. Chaque sponsor est ainsi assuré d'être le seul de son secteur d'activité à pouvoir bonifier son image grâce aux Jeux, directement et indirectement.

Nous sommes placés face à une situation économique d'offre et de demande qui, classiquement, tend à trouver un équilibre par le prix. Car nous pourrions imaginer une procédure de désignation sur la base de l'éthique associative (les instances olympiques sont des associations, rappelons-le) : le choix des sponsors pourrait, en effet, dépendre de leurs comportements socio-économiques en regard des Droits de l'Homme (restructurations et licenciements, exploitation dans le Tiers-Monde, démocratie dans les entreprises, atteintes à l'environnement, etc.). C'est pourquoi seules les multinationales intéressées par la couverture médiatique mondiale des Jeux sont candidates et en mesure de participer à la surenchère (tableau 32).

Au niveau national, être sponsor d'une délégation aux Jeux donne l'opportunité de communiquer sur le registre du patriotisme, voire du

Tableau 32. – *Les partenaires olympiques officiels du CIO (The Olympic Partners)*

Coca-Cola (1886, États-Unis) : un milliard de boissons vendues chaque jour dans le monde (200 pays) sous les 230 marques du groupe : Coca-Cola, Sprite, Fanta, Minute Maid, etc.	Associé aux JO depuis 1928. Membre du TOP depuis 1986. Marque omniprésente lors des JO d'Atlanta de 1996. Autres partenariats : Coupe du Monde de Football et Championnat d'Europe, Tour de France cycliste, Coupe du Monde de Rugby. Contrat renouvelé.
John Hancock (1862, États-Unis) : société financière et d'assurance internationale.	Partenaire depuis 1994. Autres partenariats : ligue de base ball, marathon de Boston, NBA, Tom Collins patinage artistique. Contrat renouvelé jusqu'en 2008.
Kodak (1889, États-Unis) : société internationale de matériel photographique (santé, cinéma, etc.).	Partenaire depuis 1986. Partenaire technique (production d'images, fourniture d'appareils, de badges, etc.). Autres partenariats : Tour de France à la voile ; événements culturels comme le festival de Cannes, le Prix Niepce. Contrat renouvelé jusqu'en 2008.
IBM (1924, États-Unis) : société internationale de matériel informatique.	Partenaire depuis 1960. Partenaire technique (traitement, affichage et diffusion des résultats ; traque du piratage sur l'internet et réalisation du site officiel des JO – *Olympics.com*). N'a pas renouvelé son partenariat (remplacé par Atos Origin-Schlumberger-Sema).
UPS (1913, États-Unis) : société de transport de courrier et colis dans le monde entier, 2 400 succursales dans plus de 200 pays.	Partenaire depuis 1994. Partenaire technique (acheminement des films auprès des médias, des invitations, etc.). Programme ATAP (aide à l'entraînement de treize athlètes salariés d'UPS). N'a pas renouvelé son partenariat.
Panasonic (1918 – Japon – groupe Matsushita) : société d'équipement électrique et électronique présente dans 30 pays.	Partenaire depuis 1987. Partenaire technique (caméras vidéo, centre de régie, écrans géants, etc.). Contrat renouvelé.
Samsung (1938 – Corée) : électronique grand public, téléphonie, chimie, services financiers, etc., cinquante filiales dans le monde.	Partenaire depuis 1998. Partenaire technique (matériels et systèmes de communication sans fil). Contrat renouvelé jusqu'en 2008.
Xerox (1938 – États-Unis) : reprographie, présent dans plus de vingt pays.	Partenaire depuis 1993 (sponsor des Jeux d'Innsbruck en 1964). Partenaire technique (imprimantes, copieurs, télécopieurs). Contrat renouvelé.
McDonald's (1954 – États-Unis) : société de restauration rapide présente dans 120 pays avec plus de 30 000 restaurants.	Partenaire depuis 1997 (sponsor à Montréal en 1976). Partenaire technique (restauration) ; a organisé un concours « Destination Sydney » permettant de remporter des billets pour les JO. Contrat renouvelé.
Sports Illustrated Time (États-Unis) : groupe de communication avec un magazine sportif et la chaîne de télévision CNN.	Partenaire depuis 1987. Partenaire technique (couverture médias). Contrat renouvelé.
Visa (États-Unis) : services bancaires dans 300 pays.	Partenaire depuis 1986. Carte de crédit officielle et exclusive des Jeux. Associé également aux Jeux Paralympiques. Contrat renouvelé jusqu'en 2012.
Nouveaux adhérents (TOP V – 2002 à 2008) : – *Swatch* (fabricant et distributeur de montre – Suisse). Partenaire technique des Jeux d'Atlanta 1996 et Sydney 2000. Contrat signé jusqu'en 2010. – *Atos Origin* (prestataire de services informatiques – en 2004, a pris le contrôle de Sema-Schlumberger qui devait succéder à IBM). Contrat signé jusqu'en 2008.	

Source : *Management*, octobre 2000. Actualisé.

nationalisme parfois [1]. Le sponsor ne délivre plus un message universel à la planète entière, il parle aux habitants d'un pays et à ses prospects. Si on sait que plus de neuf Américains sur dix regardent les JO à la télévision, dont 51 % de femmes et qu'ils sont plus de 70 % à s'y intéresser ; si on souhaite par ailleurs développer sa part de marché aux États-Unis, alors investir dans le soutien du comité olympique américain pour s'attirer la sympathie des consommateurs est un choix rationnel.

Prenons l'exemple du partenariat avec le Comité National Olympique et Sportif Français (CNOSF). Les termes des contrats signés sont semblables à ceux du CIO : ils prévoient un soutien financier et un échange marchandises (tableau 33).

Par exemple, la société Adidas a versé 1,5 million d'euros au CNOSF en échange du droit d'utiliser le logo CNOSF, c'est-à-dire précisément le mot « France » accompagné des anneaux olympiques. Par contre, il lui est interdit d'utiliser les anneaux seuls ou de faire référence au CIO (réservé aux seuls partenaires du CIO). Autre exemple : France Télévision a versé plus de quatre millions d'euros de droits de retransmission en direct et en différé, avec en outre le droit à l'image CNOSF.

Les sponsors du comité d'organisation australien visent, quant à eux, le marché australien. Il est significatif de relever que les marques sont pour la plupart peu connues en France. Par contre, elles se répartissent entre les principaux secteurs d'activité en bénéficiant de clauses d'exclusivité (tableau 34).

4.2. Les objectifs du sponsoring olympique

Considérons les déclarations solennelles des responsables des sociétés sponsors (encadré 14) [2].

Tableau 34. – *Les partenaires du comité d'organisation des JO de Sydney (SOCOG)*

Recettes de 700 millions de dollars US (28 % du marketing olympique) dont 315 millions issus du parrainage local (12 %).
1) Partenaires (*Team Millenium Olympic Partners*) : 15. Prestataires en télécommunications, services bancaires, commerciaux, d'assurances, de transports aériens, d'horlogerie, de médias, d'automobiles, etc. Soutien financier et échange marchandises.
2) Supporters : 18.
3) Fournisseurs divers : 25 (par exemple : Avis) et fournisseurs d'équipements sportifs : 19 (dont Mizuno, Taraflex, Yonex, Molten, etc.).

1. Le sentiment patriotique d'amour de son pays est à distinguer de l'intolérance nationaliste fondée sur une hiérarchie des nations. Les JO qui sont autant une mise en scène de la fraternité entre les peuples que de la compétition entre les nations, peuvent provoquer des dérapages nationalistes.

2. Les citations ont été relevées sur les sites officiels des sponsors en septembre 2000.

Tableau 33. – *Les partenaires et les fournisseurs officiels du Comité National Olympique et Sportif Français*

ADIDAS (groupe Adidas-Salomon AG, Allemagne) : distribué dans 160 pays. – Partenaire de 26 disciplines olympiques sur 28 (excepté voile et équitation). – Partenaire officiel du CIO depuis 1997 (même si Adidas est présent aux JO depuis 1936 avec Jessie Owens). – Fournisseur officiel textile de la délégation française (ligne olympique lors des compétitions, bleu blanc rouge, et ligne *Village Wear* hors stade, bleu beige). – Partenaire de 10 fédérations olympiques sur 27. – Soutient à la fois des « stars du sport » qui rayonnent au niveau international (Zidane, Kournikova, Flessel, Beckham, etc.) et d'obscurs athlètes de discipline peu médiatisées (la lutte par exemple) « qui ne rapportent rien en terme de business mais qui sont l'expression de notre volonté d'être partenaire de tous les sports » (G. Steyeart, DG d'Adidas France, *Marketing Magazine*, n° 46, 01/2000).
Carte Bleue Visa (groupement de banques françaises associé au groupe Visa, États-Unis, partenaire du CIO) : – Partenaire du CNOSF et de l'équipe de France Olympique depuis 1986. – Action de parrainage du programme de communication du CNOSF « Parcours olympique » (42 films diffusés sur les chaînes françaises pendant 2 ans). – Actions de communication : « Challenge Bleu Blanc Or » (animation commerciale et compétitions avec la championne Laura Flessel – objectif : vendre 3 millions de cartes Visa en 18 mois) ; « Le futur choisit Carte Bleue » (promotion commerciale avec concours dans 20 000 agences).
La Française des Jeux (société d'économie mixte détenue à hauteur de 72 % par l'État français pour l'organisation des jeux de loterie – plus de 180 millions d'euros sur les 1 750 millions prélevés par l'État, vont au Fonds National de Développement du Sport) : – Partenariat avec le CNOSF autour de programmes télévisés en hommage aux grands gestes sportifs. – Conception d'un jeu aux couleurs de l'olympisme.
Accor (leader européen dans le secteur du voyage, du tourisme et du service aux entreprises, présent dans 140 pays – numéro un en Australie) : – Partenariat avec le CNOSF autour d'une opération de cartes postales promotionnelles dans les hôtels du groupe (présentant le slogan « On va tous se prendre aux Jeux ») : 1,8 million de cartes distribuées et jeux concours. – Hôtellerie et restauration pour les athlètes.
France Télévision (chaînes de télévision publiques françaises) : – France 2 et France 3, seuls diffuseurs en direct et en clair des Jeux (15 h de direct par jour). – Différés dans Stade 2, Tout le Sport et Magazine Olympique. – Diffusion de la campagne promotionnelle du CNOSF « On va tous se prendre aux Jeux ».
Les fournisseurs officiels : – *Air France* : transport des athlètes français. – *Sport Travel* : agence de voyages accréditée. – *Elis* (États-Unis) : tenue officielle protocolaire de la délégation française. – *Avenir Télécom* : partenariat technique (télécommunications). – *Haribo* (Allemagne) : parrainages TV, concours, opérations promotionnelles.
Nouveaux partenaires 2004-2008 : – *Orange* (filiale de France Télécom – téléphonie mobile, complète son partenariat dans le football). – *EDF* (producteur d'électricité – entreprise publique qui devrait ouvrir son capital en 2005). – *Creyf's Intérim* (se faire connaître sur le marché de l'intérim). – *France Télévision* quitte le groupe des partenaires officiels.

Encadré 14

Déclarations des dirigeants des sociétés sponsors du CIO

Notre société a depuis longtemps reconnu la capacité des Jeux à dépasser les frontières nationales, à rassembler les individus et à célébrer les vertus humaines (...). La possibilité d'associer nos marques tant aux valeurs fondamentales qu'à l'image puissante et convaincante des JO dans la quasi totalité des 200 pays où nous sommes présents reste le point central de notre partenariat avec les jeux. (Scott McCune, Vice-Président de la société Coca-Cola).

Les JO sont véritablement un événement mondial qui dépasse le cadre du sport. Aucune autre action de parrainage ne permet simultanément de toucher une audience internationale, de bénéficier d'un large public et d'une grande diversité de manifestations, et de susciter un tel intérêt à l'échelle mondiale (Malcom Williamson, PDG de la société Visa).

Nous sommes convaincus que notre parrainage rappelle à nos clients notre sens de l'excellence et à nos équipes que c'est l'excellence de nos produits et de nos services qui fonde la satisfaction des clients (George M.C. Fischer, Président d'Eastman Kodak Company).

Les JO ont constitué une vitrine marketing exceptionnelle pour présenter la technologie IBM à l'échelle mondiale (...) IBM démontrant de façon impressionnante sa capacité à gérer la technologie déployée pour l'événement sportif le plus complexe et le plus important au monde (Eli Primrose-Smith, Vice-Président d'IBM).

Le fait d'imprimer la photo d'un employé-athlète UPS sur nos emballages spéciaux livrés par exprès est une façon de faire participer directement notre personnel et notre clientèle au rôle que nous jouons en tant que partenaire olympique mondial. Grâce à ces nouvelles enveloppes, UPS fait partager la fièvre olympique à ses clients. (...). Nous avons aussi tenu à nous rallier à la politique énoncée par le SOCOG et à faire de ces Jeux une manifestation respectueuse de l'environnement : l'enveloppe conçue tout spécialement par UPS pour les invitations est « réutilisable » (Rosemary Windsor, Vice-Présidente d'UPS) [a].

Les Jeux de Sydney seront les premiers Jeux entièrement numériques. Fuji Xerox vient d'ouvrir un centre d'impression numérique au siège du SOCOG. Ce centre fournit des services d'impression en direct et sur demande, capables de répondre aux exigences internes en matière d'édition grâce à la toute dernière technologie (...) Xerox n'a jamais remis en question son engagement envers les idéaux du mouvement olympique et de ses athlètes. Xerox est convaincu que de soutenir le SLOC est une occasion de réaffirmer ce en quoi elle croit (Terry Dillman, directeur des relations publiques de Xerox).

Nous sommes extrêmement fiers de soutenir le mouvement olympique ainsi que les idéaux et valeurs suprêmes que représentent les meilleurs athlètes au monde (...). En tant que sponsor, nous pouvons communiquer la joie et la passion du plus grand événement sportif au monde aux 43 millions de clients que nous recevons chaque jour (Jack Greenberg, PDG de McDonald's) [b].

a. UPS s'est vu décerner le titre de la « société la plus admirée au monde dans le secteur du transport de courrier et de colis » par le magazine *Fortune* en 2000.

b. Les valeurs mises en avant dans la charte McDonald's sont « Qualité, Propreté, Service, Valeur ».

Dans le secteur alimentaire où les consommateurs éprouvent le besoin d'être rassurés en permanence (dans un contexte de crise de confiance : maïs transgénique, additifs cancérigènes, etc.), Coca-Cola milite pour « dépasser les frontières nationales et rassembler les individus » des 200 pays où la marque est présente ; McDonald's souhaite « communiquer la joie et la passion » à ses 43 millions de clients. Le discours est sentimental et emprunte aux valeurs de l'olympisme. C'est également celui de la société UPS : « UPS fait partager la fièvre olympique à ses clients » – discours fédérateur et sans nuance.

Dans les secteurs industriels, le discours est empreint de technicité. IBM démontre « de façon impressionnante sa capacité à gérer la technologie déployée pour l'événement sportif le plus complexe et le plus important au monde ». Rank Xerox se dit « capable de répondre aux exigences internes en matière d'édition grâce à la toute dernière technologie ». Kodak tient un discours similaire d'« excellence technique ».

Nous avons affaire à deux axes majeurs de communication du sponsoring olympique : l'axe du sentiment et de l'éthique, l'axe du savoir-faire technique et économique. Tous insistent sur l'effet de vitrine de l'événement au niveau mondial. « Aucune autre action de parrainage ne permet simultanément de toucher une audience internationale, de bénéficier d'un large public et d'une grande diversité de manifestations, et de susciter un tel intérêt à l'échelle mondiale », reconnaît le PDG du groupe Visa.

Les sociétés sponsors du CNOSF, qui visent un public national rappelons-le, puisent également dans les valeurs de l'olympisme à des fins commerciales (encadré 15). Les banques appartenant au groupement Carte Bleue Visa sont « très fières de pouvoir associer la marque aux valeurs d'universalité et de performance liées aux JO ». Les dirigeants du groupe Accor font également référence à ces valeurs sportives (« recherche de la performance, esprit d'équipe, fierté d'appartenance, respect de l'autre et des règles du jeu ») à usage de management interne (« valeurs partagées par les 130 000 collaborateurs Accor ») et de promotion commerciale (« un rendez-vous exceptionnel avec la jeunesse mondiale devant plus de trois milliards de téléspectateurs »). La société Haribo ajoute au message sur les valeurs, un axe clairement promotionnel : « changer l'image du sucre afin de démontrer ses aspects énergétiques et indispensables à la croissance ».

4.3. La couverture médias des Jeux de Sydney

Les objectifs d'image des sponsors doivent être mis en relation avec la couverture médiatique de l'événement. En effet, pour être opérationnelle et suivie d'effets, une opération de sponsoring doit être vue par les personnes composant l'audience utile du sponsor. « Chaque jour, 1,5 milliard de téléspectateurs regardent les épreuves [1]. La Coupe du Monde de Football

1. En 2004, les JO d'Athènes devraient générer quarante milliards d'audience cumulée en quinze jours.

Encadré 15

Déclarations des dirigeants des sociétés sponsors du CNOSF

L'engagement d'Haribo dans le sport a pour but de changer l'image du sucre afin de démontrer ses aspects énergétiques et indispensables à la croissance. Les athlètes de haut niveau sont les meilleurs représentants en la matière. L'accession aux JO, avec toutes les valeurs qu'ils regroupent, est le meilleur porte-drapeau de cette stratégie (communiqué de presse Haribo) [a].

Les JO sont empreints de valeurs partagées par les 130 000 collaborateurs Accor : recherche de la performance, esprit d'équipe, fierté d'appartenance, respect de l'autre et des règles du jeu (…) un rendez-vous exceptionnel avec la jeunesse mondiale devant plus de trois milliards de téléspectateurs (Benjamin Cohen, membre du Directoire du groupe Accor) [b].

Les banques membres de carte Bleue sont très fières de pouvoir associer la marque aux valeurs d'universalité et de performance liées aux JO ; ces opérations de promotion sont un réel succès d'un point de vue commercial et de plus très fédératrices en terme de communication. (Luc André, Président du comité de direction du groupement Carte Bleue Visa).

a. comite.olympique.asso.fr (09/2000).

b. J.J. Butteau, Directeur de la Communication, Accor, Paris (site internet). L'axe publicitaire d'Accor en 2000 était « Nous fabriquons du sourire ». Accor a été également partenaire officiel de la Coupe du Monde de Football 1998.

n'atteint ce score que le soir de la finale » précise le directeur marketing du CIO, sans doute pour justifier que les droits de télévision des JO sont six fois plus élevés que ceux du football (180 chaînes ont ainsi retransmis 3 500 heures de compétition). L'audience est, en outre, intéressante pour les sponsors : un tiers de l'audience des pays occidentaux est féminine (51 % aux États-Unis pour les Jeux d'été) [1] et les cadres supérieures passent deux fois plus de temps devant leurs télévisions qu'à l'ordinaire. « Les Jeux sont le dernier programme familial capable de réunir, tous sexes et générations confondues, l'ensemble de la population devant un même écran de télévision » (Dick Ebersol, producteur, NBC [2]). Pour garantir aux sponsors et aux annonceurs des audiences « utiles », les chaînes de télévision tendent à peser sur l'organisation des Jeux, notamment sur les horaires : les sports à fort impact passent en *prime time*, les sports plus confidentiels sont relégués à des heures de faible écoute. Par exemple, la chaîne NBC, gros bailleur de fonds des Jeux (un tiers des droits) et disposant même d'un représentant au

1. Les femmes américaines représentent 38 % de l'audience du sport en général aux États-Unis.

2. La chaîne américaine *NBC* possède l'exclusivité des retransmissions aux États-Unis jusqu'en 2008, pour la somme de 4,2 milliards d'euros. Elle a réalisé 960 millions de recettes publicitaires lors des Jeux de Sydney mais nous ignorons le montant de ses autres recettes (notamment la revente des droits à d'autres chaînes).

CIO, a obtenu que les épreuves des sports prisés par les publics américains (VTT, natation synchronisée, basket, gymnastique, plongeon) se déroulent à des heures correspondant à un fort taux d'audience aux États-Unis (compte tenu du décalage horaire) (tableau 35).

En France, la société France Télévision a versé un montant de 36,6 millions d'euros pour le droit de retransmettre les Jeux à des heures de faible audience. Les chaînes publiques ont enregistré des recettes publicitaires de 19 millions d'euros [1], soit une perte sèche d'environ 17 millions d'euros – c'est précisément ce que leur coûte le gain d'image apporté par le partenariat olympique.

L'audience des JO dans le monde est exceptionnelle puisqu'ils atteignent plus de 92 % des personnes ayant accès à un téléviseur (62 % de la population mondiale) et elle progresse d'une olympiade à l'autre (plus 700 millions par rapport aux Jeux d'Atlanta). Un sponsor dont la stratégie de communication est internationale peut ainsi toucher plus de neuf Américains sur dix et plus de huit Européens sur dix. Seul le continent africain échappe, pour les trois quarts de sa population, au média télévision (d'où l'obligation de recourir aux autres médias : radio et presse essentiellement) (tableau 36).

Par ailleurs, une analyse pays par pays permet de repérer quelques particularités locales (tableau 37). Une enquête [2] réalisée avant les Jeux montre le grand intérêt manifesté par les Asiatiques (notamment les Japonais, les Coréens, les Chinois) et la tiédeur de certains Européens (notamment Belges ou Autrichiens). Ce type de donnée est cruciale pour un sponsor des Jeux souhaitant décliner sa politique de communication en fonction des cultures olympiques locales.

En France, l'audience de France Télévision a oscillé entre 41 et 43 % de part nationale, avec plus de quinze heures de diffusion chaque jour (dont

Tableau 35. – *Taux moyens d'audiences sportives aux États-Unis en 2000 (en % de téléspectateurs)*

Entre 15 et 20 % : 1) gymnastique, 2) natation, 3) cyclisme, 4) plongeon, 5) athlétisme, 6) canoë, 7) équitation, 8) natation synchronisée.
Entre 10 et 15 % : 9) volley, 10) basket, 11) tennis, 12) lutte, 13) boxe.

1. 80% de l'espace publicitaire a été couvert mais à des tarifs de braderie (1 675 euros, par exemple, le spot diffusé à 3 heures du matin). Par contre, les chaînes sportives diffusant du différé ont gagné de l'argent (recettes de 14 millions d'euros pour *Eurosport International*).

2. Enquête réalisée par IPSOS-REID dans 39 pays en juin et juillet 2000 (« Comme vous le savez, les JO d'été 2000 auront lieu à Sydney, Australie, en septembre prochain. Vous sentez-vous intéressés à l'idée de regarder les prochains JO à la télévision ? »).

Tableau 36. – *Répartition de l'audience télévisée des JO de Sydney dans le monde*

Régions du monde	**Population (millions)**	**Personnes ayant accès à un téléviseur (en millions et en % de la population totale)**		**Téléspectateurs des JO (estimation en millions)**	**Taux de pénétration (téléspectateurs JO/population)**
Afrique	778	248	32 %	208	27 %
Amérique du Sud	515	402	78 %	357	69 %
Amérique du Nord	304	303	99 %	282	93 %
Asie	3 569	2 365	66 %	2 180	61 %
Europe	783	681	87 %	653	83 %
Océanie	30	24	80 %	22	74 %
Total	5 979	4 014	67 %	3 702	62 %

Source : *La Lettre du Sport*, 16/08/2000.

Tableau 37. – *Intérêt suscité par les Jeux de Sydney (juin et juillet 2000)*

Pourcentage de personnes assez ou très intéressées par les JO à la télévision, dans 39 pays							
Japon :	88 %	Grèce :	79 %	Ukraine :	69 %	Russie :	63 %
Corée du Sud :	81 %	Australie :	78 %	Brésil :	68 %	Belgique :	57 %
Finlande :	80 %	Canada :	75 %	France :	68 %	Autriche :	50 %
Irlande	80 %	États-Unis :	72 %	Allemagne :	66 %	Total :	71 %
Chine :	79 %	Danemark :	69 %	Royaume-Uni :	63 %		

Source : enquête IPSOS-REID, juin et juillet 2000.

83 % de direct), mais à des heures de faible audience pour le direct et de forte concurrence lors des différés en *prime time*. Si nous considérons une journée type de télévision : de 6 h 30 à 9 h 30, France 3 a réuni moins de 1,5 million de téléspectateurs en direct et en moyenne (avant de se rendre au travail) ; de 9 h 30 à 13 h, France 2 en a attiré 2,1 millions (pendant les horaires de travail et à la pause de midi) ; de 20 h 15 à 20 h 45, France 3 a rassemblé 3,4 millions de personnes pour son magazine quotidien (après le travail mais en concurrence avec Eurosport) [1].

Les autres médias (radio, presse, internet) n'ont pas fait l'objet d'études comparatives dans le monde à notre connaissance. Concernant le continent africain et les pays pauvres en général, la radio a certainement joué un rôle de premier plan étant donné le faible taux d'équipement en téléviseurs (moins d'un Africain sur trois a accès au média télévision).

Le média internet doit être mis à part puisqu'aucun réseau n'a pu négocier de droits d'image ni d'accréditation de journalistes (les chaînes de télévision

1. *Eurosport* a augmenté son audience cumulée : de 30,3 millions lors des Jeux de Nagano à 34 millions lors de ceux de Sydney.

s'y étant opposé) [1]. Le site du CIO (olympic.com) a enregistré plus de sept milliards de connexions (38 % d'Américains, 17 % d'Australiens, 7 % de Canadiens, 5 % de Britanniques, 3 % de Japonais – soit les deux tiers d'Anglo-Saxons). Les autres sites sportifs ont cependant communiqué sur les JO faute de pouvoir diffuser des images en direct : france.sports.com (site officiel du CNOSF) a réalisé cinquante millions de pages vues en septembre 2000 et un chiffre d'affaires publicitaires de 0,3 million d'euros (soit quatre fois plus qu'habituellement) ; le réseau sportal.com quarante millions dans onze pays ; eurosport.com quarante-cinq millions (dont 4,5 en France). Les petits sites ont réalisé en moyenne dix fois moins de connexions : le site du groupe Amaury (lequipe.fr) a réalisé 4,5 millions de pages vues, sport24.com 3,5 millions, sporever environ un million. Les connexions ont eu lieu en général en fin de matinée (de 11 h à 13 h, ce qui correspond à la fin de la journée à Sydney et à la pause déjeuner en France) [2]. À l'heure actuelle et compte tenu du très faible volume d'annonces publicitaires sur l'internet [3], il semble que le sponsoring ne s'y intéresse que de loin ; sauf à vouloir toucher des publics très ciblés (anglo-saxons, jeunes, diplômés).

Les objectifs étant posés, le sponsor va sélectionner les activités sportives qui vont lui permettre de les atteindre au mieux dans un contexte de concurrence par l'image particulièrement exacerbé. Nous allons voir que le choix d'une pratique est déjà en soi un message et que ce dernier est perçu différemment selon les publics.

1. Excepté, bien entendu, le site du CIO *(olympic.com)* et ceux des chaînes de télévision partenaires (seules *NBC* et *Channel 7* ont diffusé des séquences vidéo).

2. Parts de marché des sites sportifs français lors des JO : 1) *france.sports.com* avec 71 % 2) *eurosport.com* avec 6,4 %, *lequipe.fr* avec 6,1 % 3) *sport24.com* avec 5 % 4) *sporever* avec 1,4 % (moins de 10 % pour tous les autres sites).

3. L'investissement en *e.pub* sur l'internet français a été de l'ordre de 110 millions d'euros en 2000 (soit 2 % seulement du marché publicitaire total). Au niveau mondial, 612 millions de dollars ont été dépensés en publicité liée au sport en 2000 ; 6 milliards sont prévus en 2005 (*La Tribune*, 3 et 5/07/2000).

Chapitre 3

AXES DE COMMUNICATION ET CRITÈRES DE CHOIX SPORTIFS

Les messages empruntent aux valeurs du sport mais différemment selon qu'ils servent un sponsoring commercial ou plutôt institutionnel.

1. Les axes du sponsoring commercial

Les objectifs sont à la fois cognitifs (étendre la notoriété) et affectifs (faire aimer la marque), accessoirement conatifs si nous considérons les produits dérivés. Mais par rapport à la communication publicitaire qui poursuit les mêmes objectifs, le sponsoring vise une efficacité supérieure grâce notamment aux valeurs sportives sur lesquelles il fonde son message. En effet, certains tests de mémorisation montrent une efficacité jusqu'à trois fois supérieure [1].

Par exemple, le contrat signé par le groupe d'électroménager But avec les fédérations de football, de rugby, de basket-ball et de handball afin d'apparaître sur le maillot des arbitres, permet aux 230 magasins du groupe de pouvoir communiquer sur des valeurs rassurantes pour le consommateur : « Respect, rigueur et équité : But soutient les valeurs de l'arbitrage ». La diffusion d'un spot publicitaire avant et après l'émission dominicale Téléfoot (trois millions de téléspectateurs, 40 % d'audience) permet de faire passer le message.

Le recours au sport spectacle, réputé universel et d'une grande efficacité sémiotique, permet au sponsor de revendiquer une certaine légitimité

1. Il s'agit du « sponsortest » mensuel de la société d'études *Sponsorship Research International* (novembre 1999) et qui porte au niveau international.

que la publicité ne lui permet pas d'obtenir. Le message publicitaire est une fiction conçue selon un scénario, produite en studio dans un décor factice, interprétée par des comédiens. Il s'inscrit dans un imaginaire inaccessible sinon par le rêve. À l'opposé, le spectacle sportif est un spectacle vrai qui se déroule dans un stade, sec ou boueux selon la météo du jour, joué par des compétiteurs qui ne font pas semblant, qui souffrent, qui explosent de joie, qui se blessent et qui peuvent gagner ou perdre de façon fondamentalement imprévisible. Il y a une authenticité, une vérité et une émotion du sport que la publicité ne peut pas aborder.

Mais le spectacle sportif n'est pas un spectacle sauvage et complètement incontrôlable pour autant car ce serait, pour le sponsor, comme le résultat d'une sorte de roulette russe : le pire (une rencontre morne dans un stade désert battu par la pluie) ou le meilleur (un spectacle haletant apprécié par un public enthousiaste dans un environnement coloré). Par conséquent, les organisateurs tendent à réduire au maximum l'incertitude liée à l'environnement (météo capricieuse, ambiance morose dans les gradins, gymnase de béton poussiéreux, paysage sans intérêt, etc.) par des artifices de mise en scène à l'instar des producteurs de spots télévisés (éclairage de plateau, ambiance musicale et animations, habillage et décoration du site, etc.). La qualité du spectacle sportif peut également être améliorée en modifiant quelques règles (moins de temps morts par exemple) ou en demandant aux compétiteurs d'adopter un comportement plus télégénique (porter des tenues originales, manifester des sentiments, communiquer avec le public, tenter l'exploit sportif, etc.). Car le spectacle sportif a des règles non seulement sportives mais aussi médiatiques qui ont parfois la rigueur d'un scénario : il doit impérativement démarrer à l'heure de la prise d'antenne et se terminer *juste à temps* pour laisser place à l'émission suivante, libérer du temps pour les annonces publicitaires, permettre une bonne visibilité des sponsors sur le terrain, alterner des actions fortes et des moments moins intenses et donner la possibilité aux acteurs « têtes d'affiche » attendus du public de se mettre en valeur. Par exemple, la tenue excentrique de la championne de tennis dont les commentateurs ne se lassent pas de célébrer la grâce plus que le geste technique [1] a autant d'importance pour le sponsor que le déroulement sportif du match et il accordera une grande attention aux moments non sportifs de la rencontre (échauffements, pause entre deux sets, salut du public, coups de colère ou manifestations de joie) et en dehors (conférence de presse, vie mondaine, flirts, etc.). D'une certaine façon, le sportif doit ainsi apprendre son texte et jouer le rôle que le sponsor attend de lui, car le public s'intéresse à lui aussi pour cela.

Le champion cycliste Richard Virenque, surmédiatisé et largement rémunéré par ses sponsors successifs (Festina, Polti, Quick Step), illustre parfaitement cette tendance du sponsoring qui demande au sportif non seulement

1. Allusion faite à des joueuses comme Anna Kournikova ou les sœurs Williams dont les tenues excentriques et parfois très sexy apportent un surcroît d'audience et d'intérêt pour les tournois.

des résultats mais aussi et surtout une conduite qui le rapproche du public. Ce sont sans doute davantage ses faiblesses, ses défaillances, ses mensonges, ses larmes et son parler populaire qui font sa célébrité que ses exploits sportifs sur un vélo. Car pour que l'identification au champion soit possible, il faut que celui-ci manifeste sa part d'humanité. Un champion extraterrestre, inaccessible et sans faille, n'intéresse ni le public, ni les médias, ni les sponsors. Pete Sampras, élu meilleur joueur de tennis du XXe siècle, présente aux médias une personnalité lisse qui retient peu l'attention.

Ainsi, l'événement sportif pour peu qu'il soit bien mis en scène – car il s'agit d'un spectacle, il convient de le rappeler – apporte au sponsor une légitimité qu'il ne peut pas atteindre par la publicité. Redoutant la manipulation commerciale, le consommateur est rassuré par l'éthique sportive dont le sponsor se pare. Si nous rappelons que huit Français sur dix déclarent s'intéresser au sport et que 85 % des consommateurs ne sont pas hostiles au sponsoring, nous pouvons estimer que le message a de fortes chances de bien passer (Anne, 1992).

Mais quels sont les éléments de ce message empreint d'éthique ?

Cinq valeurs fondamentales du sport sont réputées intéresser les sponsors (Erhenberg, 1991).

– La valeur de juste compétition, c'est-à-dire d'une compétition fondamentalement égalitaire et sans privilège (tous égaux sur la ligne de départ), dans un esprit de loyauté, de fair-play, est une valeur sûre pour les sponsors. En effet, dans une société économique minée par l'affairisme, le trucage et la corruption, cette valeur fait office d'antidote et accorde au sponsor la sympathie des passionnés de sport.

– Autre valeur faisant recette : celle de fraternité sportive dans l'effort collectif. Dans un monde de l'individualisme et de l'anonymat, l'entreprise qui cherche à motiver ses troupes et à fédérer ses consommateurs dispose d'une seconde valeur antidote d'une grande utilité.

– Troisième valeur : celle de l'amateurisme, de l'effort gratuit, désintéressé. Il faut que le sponsor économique fasse preuve d'un certain aplomb pour mettre cette valeur olympique [1] en avant car, dans notre société de la « marchandisation » à outrance [2], le désintéressement est une valeur fondamentalement antiéconomique.

1. Il s'agit du noyau dur de l'idéal olympique élaboré par le baron Pierre de Coubertin (« L'amateurisme, admirable momie » déclarait-il en 1931). Pour une présentation orthodoxe des valeurs de l'olympisme, voir Nelson Paillou, ancien président du CNOSF, *Les trois enjeux du sport français*, Paris, Dalloz, 1986. Pour une approche contestataire de l'« idéologie olympique », voir Jean-Marie Bröhm, *Les meutes sportives, critique de la domination*, Paris, L'Harmattan, 1993.

2. Nous entendons par « marchandisation » le processus qui intègre dans la sphère économique des activités qui, jusque-là, y échappaient, étant auto-produites et auto-consommées par chacun. Le sport est directement concerné : par exemple, remplacer une randonnée librement organisée entre amis par la consommation d'un trekking auprès d'une agence spécialisée.

– La valeur de performance sportive, de dépassement de soi et des autres, dans le cadre de ce que Norbert Elias appelle une juste violence [1], contrôlée et ritualisée par l'autorité politique, plaît aux sponsors qui en font un antidote à la mentalité d'assisté que les libéraux dénoncent dans nos sociétés aseptisées. Être performant dans son entreprise, à l'instar du champion sportif [2] ou l'être dans son rôle de consommateur, voici un message clair et sans équivoque.

– La valeur de l'aventure et du risque peut être ressentie comme la version actuelle de celle de performance. L'engouement pour les raids en tous genres et les investissements très lourds en sponsoring qui l'accompagnent montrent à l'évidence que cette valeur présente une efficacité de communication.

2. Les axes du sponsoring institutionnel

Le sponsoring institutionnel que l'on nomme encore souvent mécénat (voir *supra*) a une connotation morale évidente. Le sponsor se présente ici comme un donateur fondamentalement désintéressé, ce qui suppose une démarche feutrée et pudique. Mais s'il est discret, il ne doit cependant pas être muet car sa visée quoique symbolique suppose une reconnaissance, un retour sentimental. Les salariés touchés par sa générosité, bien qu'ils puissent regretter qu'elle ne s'exerce pas à leur profit direct, auront une meilleure image de lui. Ses partenaires en feront un interlocuteur respectable, digne de confiance.

Les valeurs du sport dont souhaite se parer l'institution sont au nombre de trois.

– Loyauté. Les partenaires comme les salariés ont confiance dans l'entreprise citoyenne qui a su montrer son éthique communautaire et, comme la confiance est un ingrédient rare des relations contractuelles et de négociation, l'entreprise sponsor peut les envisager avec un avantage psychologique non négligeable.

– Fraternité. La valeur de fraternité qui fait référence à la morale chrétienne de l'amour de son prochain est un atout précieux car elle tend à désamorcer toute contestation de la bonne foi posée *a priori* de l'entreprise. Faire face à un négociateur qui apporte son aide aux handicapés n'est pas faire face à une multinationale sans foi ni loi et, ici encore, la négociation peut se trouver facilitée.

– Désintéressement. Nous retrouvons bien entendu cette valeur de l'amateurisme dont le sens étymologique (*amator*, celui qui aime) renvoie aussi à la morale chrétienne. L'entreprise peut en user mais modérément au risque d'être soupçonnée d'hypocrisie.

1. N. Elias, E. Dunning, *The Quest of Excitement, Sport and Leisure in the Civilizing Process*, London, Basil Blackwell, 1986.

2. « L'athlète de haut niveau symbolise, on ne peut mieux, l'idée d'entreprendre et de gagner. C'est une image valorisante qui ne pouvait qu'intéresser les entreprises » (Nelson Paillou, *op. cit.*).

Il faut souligner, d'une part, le fait que la finalité ultime de ce type de sponsoring reste de nature économique : motiver au travail, obtenir des conditions de crédit ou d'approvisionnement avantageuses, obtenir une subvention ou une autorisation administrative d'une municipalité, etc. ; d'autre part, qu'il s'agit d'actions risquées sur le plan éthique. En effet, si la signature du sponsor/mécène apparaît de façon trop voyante, l'effet peut s'inverser et le donateur passer pour un simulateur. D'où la précaution à prendre d'une médiatisation très modérée et cela constitue le paradoxe de ce type d'action : le sponsor doit s'effacer pour s'attirer la sympathie mais doit impérativement le faire savoir pour pouvoir atteindre ses objectifs de citoyenneté. Car ce type de sponsoring entre dans le calcul économique même si c'est selon des modalités particulières [1].

3. La crise éthique du sport et ses incidences sur le sponsoring sportif

Les valeurs sportives constituent le socle idéologique du mouvement sportif et ce dernier fait preuve de combativité pour en préserver sinon la réalité, du moins la diffusion auprès des pratiquants. Ainsi, le Comité International Olympique s'est doté d'une commission éthique, le CNOSF a créé, en 2000, une fondation – « Sport Santé » – pour lutter contre le dopage et l'Association Française pour un Sport sans Violence et pour le Fair-Play (AFSVFP) milite sans relâche pour la sauvegarde de l'esprit sportif (encadré 1).

Mais toutes ces valeurs que les sponsors utilisent pour marquer leurs messages d'une certaine éthique se retrouvent rarement dans la réalité de l'événement sportif.

– La valeur olympique de désintéressement n'a aucune réalité sinon dans le mouvement associatif au niveau local [2]. Les scandales à répétition qui éclaboussent les grands clubs (caisses noires, transferts de joueurs dans

1. Nous pouvons voir dans le mécénat la forme actuelle de la charité chrétienne du riche bourgeois du XIXe siècle qui, en donnant aux pauvres de manière suffisamment ostentatoire pour s'attirer la sympathie de ses congénères, « achetait » en quelque sorte son salut dans l'au-delà. La conscience blanchie par cette action rédemptrice, il pouvait ensuite se livrer à la pire exploitation de son prochain. Lorsqu'une multinationale de la chimie « donne » pour la sauvegarde de l'environnement, son intention semble similaire : acquérir une respectabilité sociale, voire davantage (quelques marchés publics) et pouvoir continuer à polluer, l'esprit apaisé.

2. Même au niveau local, le bénévole donateur de son temps vise une rétribution symbolique qu'il peut ensuite transformer en capital économique. C'est l'épicier du village président du club de football local qui fidélise sa clientèle d'amateurs, c'est l'élu municipal qui s'attire la sympathie de ses électeurs, le médecin celle de ses patients, etc. Les responsables de clubs sportifs amateurs sont souvent des notables en mal de légitimité.

Encadré 1

Code du sportif

édité par l'Association Française pour un Sport sans Violence et pour le Fair-Play (AFSVFP)

Se conformer aux règles du jeu
Respecter les décisions de l'arbitre
Respecter adversaires et partenaires
Refuser toute forme de violence et de tricherie
Être maître de soi en toutes circonstances
Être loyal dans le sport et dans la vie
Être exemplaire, généreux et tolérant

des conditions occultes, etc.) [1], les fédérations (celles de ski, des sports de glace, d'haltérophilie, etc.) et jusqu'au Comité International Olympique (les affaires de pots de vin pour l'attribution des JO aux villes candidates, par exemple), peuvent laisser pantois le sportif amateur. Les rémunérations fabuleuses des sportifs professionnels [2], si elles sont justifiées par l'enjeu économique du spectacle sportif (laissons jouer la loi du marché), pourraient également condamner à terme le principe éthique.

– La valeur olympique de loyauté (*fair-play*) a beaucoup de mal à résister, elle aussi, emportée dans la tourmente médiatique des affaires de dopage qui se succèdent et des soupçons de truquage qui pèsent sur certains sports spectacles (le football notamment) [3]. Par ailleurs, la croyance en la juste compétition tend à s'étioler car, si nous utilisons la métaphore de la ligne de départ : tous ne sont pas égaux dans les starting blocks ; certains sont mieux équipés que d'autres, mieux préparés physiquement (mieux dopés parfois), mieux rémunérés au départ et à l'arrivée quel que soit le résultat.

– Enfin, la dernière valeur refuge – la fraternité sportive – est bousculée d'incidents sur les terrains (violence des joueurs) en incidents dans les gradins (violence des supporters et hooliganisme).

Une des explications à ces « dérives » réside dans le constat que le sport est devenu un secteur d'activité économique à part entière. Pour un joueur salarié d'une entreprise de spectacles sportifs, le dopage est un moyen

1. Par exemple, les clubs de football de première ligue italiens seraient endettés à hauteur de deux milliards d'euros en 2004.

2. Les exemples abondent entre légende et réalité : en 2004, les revenus du pilote de F1 Michael Schumacher atteindraient 70 millions d'euros, ceux du footballeur David Beckham 24 millions, etc.

3. En 2004, à la veille des championnats d'Europe des nations se déroulant au Portugal, le président de la ligue portugaise a été mis en examen pour une affaire de corruption d'arbitres – affaire dite « des sifflets d'or ».

rationnel d'être performant (certes à court terme, semble-t-il) et de mener au mieux sa carrière professionnelle ; tout comme il est rationnel d'agresser un adversaire pour gagner à tout prix un match qui va rapporter beaucoup d'argent. Les actes délictueux sont à la hauteur des enjeux économiques. Pour un club, figurer en Coupe d'Europe ou ne pas descendre en division inférieure est une question de survie et tous les moyens sont bons pour parvenir à cet objectif, y compris truquer la compétition (peser sur l'arbitrage, influencer les joueurs de l'équipe adverse, etc.) [1]. Toute l'ambiguïté tient au fait que l'on mélange souvent l'éthique sportive et l'éthique utilitariste. La morale de l'entreprise est machiavélienne ; une non-morale justement qui veut que la fin justifie les moyens [2]. Si le dopage est un bon moyen de faire un spectacle de qualité et d'augmenter les recettes télévisées du club, on continuera à l'utiliser et à l'améliorer. Si le coût du dopage augmente (procès, amendes, méfiance du public, problèmes d'image, etc.), alors on choisira un autre moyen jugé plus efficace (des matchs moins longs permettant aux joueurs qui ne se dopent pas de pouvoir tenir leur place, par exemple).

Par ailleurs, l'inflation constatée et dénoncée des droits financiers demandés aux médias par le mouvement sportif (Ligue du Football Professionnel en France, FIFA, CIO au niveau international) contribue à éloigner un peu plus encore des valeurs de l'amateurisme. De notre point de vue économique, ce n'est pas le montant de ces droits qui pose problème car nous pouvons raisonnablement faire confiance à la régulation par le marché. En effet, si une chaîne de télévision verse un montant Dtv de droits de retransmission, c'est qu'elle anticipe une audience et des recettes publicitaires Rpub à la hauteur de ces droits, plus une marge bénéficiaire (Rpub = Dtv + marge). Si son calcul économique laisse prévoir une perte sèche, elle laissera ses concurrents acheter les droits à sa place. Si personne n'est preneur, alors l'organisateur reverra à la baisse son offre jusqu'à trouver une chaîne intéressée. Ce qui pose problème, c'est qu'un tel système de régulation tend à exclure certains publics de spectacles sportifs qui leur appartiennent et auxquels ils estiment avoir droit. Ils leur appartiennent historiquement car leurs parents et leurs grands-parents en suivaient la diffusion ; culturellement aussi car ils font partie d'une sorte de patrimoine culturel national, voire universel. Le jour où la Coupe du Monde de Football ou les Jeux Olympiques ne seront plus accessibles que sur des chaînes à péage parce que seules ces chaînes auront réuni les moyens d'en payer les droits, alors le sport sera devenu complètement une marchandise (au même titre qu'une émission de variétés) et les sponsors n'auront plus aucune raison de s'y impliquer.

---

1. L'« affaire OM-Valencienne » qui a conduit le Président de l'Olympique de Marseille, Bernard Tapie, à quitter son poste pour être jugé par un tribunal civil (pas seulement par les instances sportives de la FIFA) est exemplaire de cette logique tout simplement économique.

2. Voir, par exemple, Hélène Vérin, *Entrepreneur, entreprise, histoire d'une idée,* Paris, PUF, 1982.

Illustrons notre propos en mettant en relation les droits de télévision exigés par le Comité International Olympique pour la diffusion des images des Jeux et ceux de la FIFA pour la diffusion des images de la Coupe du Monde de Football (tableau 1).

Deux séries d'observations. Tout d'abord, force est de constater l'inflation des droits. Ceux des JO ont été multipliés par dix-huit entre 1980 et 2000 (ils s'élevaient à seulement 1,1 million de dollars en 1960 pour les Jeux de Rome). Les droits de la Coupe du Monde de Football ont été multipliés par trente-six au cours de la même période (1982-2002), soit à un taux deux fois supérieur, ce qui donne une indication précise de la volonté manifestée par les dirigeants de la FIFA de rattraper le retard enregistré sur l'autre grand événement sportif international. Nous pouvons vérifier cette intention de la FIFA en mesurant le différentiel des droits : jusqu'à l'édition 1998, les droits du football ont représenté environ 10 % de ceux des Jeux ; pour les éditions 2004 et 2008, l'objectif est de combler, en partie, le différentiel à hauteur de 60 % (jusqu'à parvenir à la parité en 2010, semble-t-il).

Ces évolutions ne renvoient pas seulement à des choix politiques et financiers (qui mettraient en péril l'éthique sportive) mais à une logique économique de marché. En effet, une analyse des comptes de la Coupe du Monde de 1998, révèle que les droits de la FIFA ont été largement favorables aux télévisions. À l'instar des chaînes anglaises BBC et ITV qui ont encaissé plus de 80 millions d'euros de recettes publicitaires contre 5,3 millions de droits télévisés déboursés, ou de la chaîne française TF1 dont les recettes de la finale Brésil/France ont quasiment remboursé sa quote-part, il semble que l'événement ait été une mine d'or pour les diffuseurs [1]. Dans ces conditions, il est aisément compréhensible que le groupe allemand Kirch [2], chargé par la FIFA de négocier les droits de télévision pour 2002 (Japon/Corée) et 2006 (Allemagne), ait multiplié par dix le montant de ces droits. Rappelons que la Coupe 1998 a enregistré près de quarante milliards de téléspectateurs en audience cumulée, ce qui constitue un argument de poids dans la négociation. Par contre, certains diffu-

Tableau 1. – *Droits de télévision en millions d'euros*

Jeux Olympiques	1980	1984	1988	1992	1996	2000	2004	2008
	81	263	367	585	830	1 451	1 631	1 868
Coupe du Monde de Football	1982	1986	1990	1994	1998	2002	2006	2010
	24	30	60	72	90	870	1 000	nc

1. Voir le dossier du *Nouvel Observateur* du 1-7 novembre 2001.

2. Le groupe Kirch resté seul en lice après la faillite d'ISL, n'a pas réussi à faire face à son endettement (à hauteur de 6,5 milliards d'euros) et a fait faillite lui aussi en 2002. Sa composante Kirch Sport a été achetée par Robert Louis-Dreyfus (en collaboration avec Günter Netzer) en 2004.

seurs européens justifient leurs réticences à payer de tels montants par les heures de diffusion (le matin, entre 7 et 14 heures, faisant courir le risque d'audiences insuffisantes) [1]. L'argument a été pris en compte par la FIFA qui propose un versement pour l'ensemble des deux éditions de 2002 et 2006 (la diffusion des matchs se déroulant en Allemagne en 2006 se fera en *prime time,* ce qui peut constituer une compensation appréciable). Cette approche est purement économique : l'offre de la FIFA relayée par le groupe Kirch tend à s'ajuster à la demande des télévisions (schéma 1).

L'éthique n'est cependant pas absente des négociations car la FIFA impose un cahier des charges au groupe Kirch, qui peut se résumer par l'obligation de devoir offrir gratuitement et en clair les matchs des équipes nationales aux ressortissants des pays concernés. Les intérêts des sponsors et des annonceurs pèsent également car une diffusion réduite à quelques chaînes cryptées pourrait les conduire à se tourner vers d'autres événements plus largement diffusés et leur offrant une meilleure visibilité. Les États font également pression pour obtenir de la FIFA qu'elle continue à œuvrer pour l'intérêt général, dans la tradition associative du mouvement

Schéma 1. – *Organisation de la vente des droits télévisés de la Coupe du Monde de Football 2002*

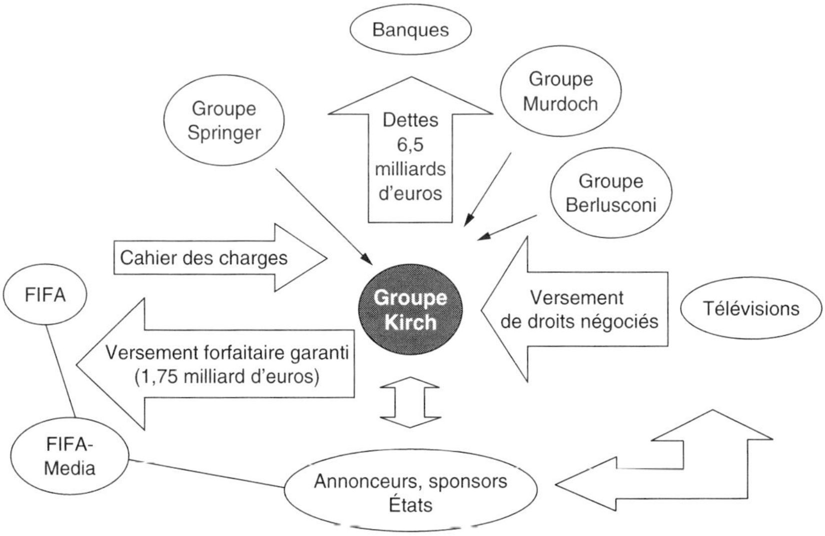

1. Les chaînes anglaises et espagnoles ont cependant rapidement conclu un accord (à hauteur de 225 et 198 millions d'euros), à la suite des chaînes sud-américaines *O'Globo* et *Direct TV* (940 millions). La chaîne française *TF1* a signé, en novembre 2001, pour un montant de 168 millions d'euros (au lieu des 183 demandés). En échange, elle détient l'exclusivité des retransmissions pour la France en 2002, plus celle des 24 meilleurs matchs en 2006, et se donne la possibilité de revendre une partie des droits aux autres chaînes françaises (notamment en différé). La chaîne italienne *RAI* a tardé à signer en décembre 2001 pour un montant de « seulement » 154 millions.

sportif [1]. Enfin, la FIFA pourrait, dans un proche avenir, gérer elle-même ses droits d'images à travers sa société Fifa-Media, à la suite de la faillite de son partenaire historique ISL puis de celle du groupe Kirch.

Notre objet n'est pas de faire le procès de l'idéologie sportive et olympique mais de comprendre ce que le sponsoring peut encore attendre de ces valeurs sportives devenues croyances. Car d'autres valeurs peuvent tout aussi bien constituer des axes de communication alternatifs pour des sponsors soucieux de se démarquer de l'affairisme sportif.

Prenons l'exemple du sponsoring humanitaire qui arrive en troisième position après le sport et la culture (selon l'UDA). C'est un des axes de communication interne de sociétés d'assurance comme le groupe Axa qui, à la suite d'un sondage réalisé auprès de ses salariés, a créé une association (Atout Cœur) afin de répondre au vœu exprimé par 96 % des enquêtés. C'est le choix aussi du groupe Elf dont la fondation finance des projets humanitaires émanant de son personnel (orphelinat en Angola, banque de céréales au Mali, etc.) ; celui d'EDF qui a créé des clubs de salariés, de Péchiney (Ingénieurs sans Frontières), etc.

C'est peut-être ce qui anime les dirigeants de la Fédération Française de Tennis qui visent à « moraliser » l'économie du tournoi très lucratif de Roland Garros. Le budget du tournoi représente en effet 80 % du budget global de la fédération. Le directeur général Jean-Claude Blanc déclarait en 2004 : « Nous sommes très attentifs à ne jamais franchir la ligne qui nous ferait passer dans un univers trop commercial. Mais être une fédération ne doit pas nous empêcher de commercialiser nos actifs à leur juste valeur » [2]. Et de mettre en avant la mission fédérale qui est d'assurer la promotion du tennis dans notre société. À cette fin d'intérêt général, les quarante millions d'euros de marge sont distribués à hauteur de 40 % dans les clubs (à travers les ligues), les 60 % restants étant répartis pour moitiés entre les dépenses d'investissements [3] et les coûts de fonctionnement.

Finalement, il semble que la crise éthique que traverse le mouvement sportif n'a pas d'incidence majeure sur le choix du sport comme vecteur de communication et ceci pour deux raisons selon nous. Tout d'abord, aucun autre spectacle que celui offert par le sport n'a cette dimension émotionnelle et ne parvient à mettre en scène le réel avec autant de force.

Le succès de la retransmission de la Coupe du Monde de Football de 1998 nous fournit un argument de poids : rarement un événement retransmis en direct n'aura présenté une telle qualité de spectacle. La finale diffusée sur TF1 et Canal Plus a réuni 23,6 millions de Français dont 49 % de femmes, ce qui constitue un record d'audience (habituellement les femmes ne représentent que 30 % de l'audience du football) [4]. Autre

---

1. Il a été envisagé une aide de l'État français aux télévisions pour leur permettre d'acquérir les droits.

2. *La Tribune*, 13 mai 2004.

3. Le projet actuel d'extension du stade devrait coûter 120 millions d'euros.

surprise : 25,8 % des enfants de quatre à dix ans ont également suivi la finale, ce qui constitue un autre record d'audience (les dessins animés qui font habituellement les records d'audience chez les enfants atteignent 10 % seulement de cette classe d'âge) [1].

Un second exemple nous est donné par l'audience du Tour de France dont nous aurions pu croire que les déboires de l'édition 1998 (équipes confondues de dopage et renvoyées de l'épreuve, intervention de la police, piquet de grève des coureurs, etc.) allaient décourager l'audience des éditions suivantes. Or il n'en a rien été et le Tour 2000 a battu des records d'audience directe avec vingt millions de spectateurs, soit cinq millions de plus qu'en 1997 (avant les révélations) et l'audience télévisée a augmenté de 5 % par rapport à celle de 1999. Autre donnée réconfortante pour les sponsors : 72 % des Français ont suivi le Tour 2000 contre 63 % en moyenne ces sept dernières années et le taux d'intérêt pour l'épreuve qui avait chuté de dix points après l'édition 1998 a retrouvé son niveau moyen avec 38 % de Français « ayant trouvé la course intéressante » [2]. Par ailleurs, la popularité du champion Richard Virenque, convaincu de dopage et ayant fini par en faire l'aveu devant un tribunal après avoir nié farouchement (où est l'éthique sportive ?), n'a jamais faibli. Son ancien sponsor Festina a augmenté ses ventes en Europe et son successeur en 2000, l'Italien Polti, a fait une percée remarquée sur le marché français. Question notoriété, nous pouvons conclure que le crime paie puisque Festina s'est installé à la première place en notoriété spontanée devant Coca-Cola et Polti se trouve propulsé à la cinquième place à l'occasion du Tour 2000. En 2003, un nouveau sponsor – Quick Step – a tenté de renouveler le succès de Polti en embauchant Virenque. Or malgré les performances sportives du champion (victoire d'étape à Morzine, port du maillot jaune et maillot à pois du meilleur grimpeur à l'arrivée), le score réalisé par le sponsor est décevant (5 % en spontané). Il semble que les succès sportifs aient eu un moindre impact sur les publics que les affaires judiciaires surmédiatisées (tableau 2).

L'intérêt porté au sport par le public n'a donc pas faibli malgré les dérives éthiques. Si nous retenons la performance de la société Festina [3], nous devons même admettre qu'un tapage médiatique mettant gravement en cause la loyauté sportive d'une équipe peut profiter à son sponsor. L'effet est connu en communication [4] : faire parler les médias de soi en bien ou en mal accroît non seulement la notoriété mais, à terme (deux ans plus tard

4. *Source :* Démoscopie sponsoring, 1995 et 1996.

1. *Sources :* Médiamétrie et journal *Libération* du 15/07/1998.

2. *Sources :* ASO et Taylor Nelson SOFRES, octobre 2000.

3. Les ventes de Festina stagnent depuis 2000, conséquence peut-être du départ de R. Virenque. En 2002, le sponsor cesse le sponsoring d'équipe et se contente d'être le fournisseur officiel du Tour. Par ailleurs, il crée une fondation Festina pour la lutte contre le dopage…

4. Il s'agit de l'effet de dissociation mis en évidence par les chercheurs américains de l'université de Yale : C. Hovland, I. Janis et H. Kelley, en 1953.

Tableau 2. – *Taux de mémorisation des sponsors Tour de France Festina, Polti et Quick Step*

	Tour de France 1996		Tour de France 2000		Tour de France 2003	
	spontanée	globale	spontanée	globale	spontanée	globale
FESTINA (sponsor d'équipe puis chronométreur officiel)	12 % (classé 5e – Coca-Cola numéro 1 avec 24 %)	29 % (classé 7e – Coca-Cola numéro 1 avec 48 %)	25 % (classé 1er devant Coca-Cola 17 %)	67 % (classé 1er devant la Française des Jeux 51 %)	8 % (classé 8e)	48 % (classé 3e derrière Crédit Agricole et Crédit Lyonnais
POLTI (sponsor d'équipe)	Absent du Tour	Absent du Tour	14 % (classé 5e)	35 % (classé 8e)	Absent du Tour	Absent du Tour
QUICK STEP (sponsor d'équipe)	Absent du Tour	Absent du Tour	Absent du Tour	Absent du Tour	5 % (classé 13e)	15 % (classé 22e)

Source : direction de la communication, Crédit Lyonnais.

en l'occurrence), l'image se trouve bonifiée (Hovland, Janis et Kelley, 1953). L'audience oublie la raison de la notoriété mal acquise. Force est de constater que le sponsoring sportif se porte bien et les sponsors peuvent envisager l'avenir avec sérénité.

Cependant, une nuance est à apporter à ce constat. Si Festina n'a pas été gênée par le procès, cela tient peut-être à la nature de son activité. La faute éthique n'a pas conduit les consommateurs à contester la qualité de ses produits horlogers. On peut être un bon fabricant et avoir trempé dans une affaire de dopage. Mais supposons un sponsor comme une société d'assurance dont le chiffre d'affaires repose en grande partie sur la confiance que les assurés lui témoignent en déposant leur argent, son implication dans une affaire de tricherie sportive pourrait avoir des conséquences lourdes. En 2004, la société de crédit Cofidis s'est retrouvée au centre d'une nouvelle affaire de dopage. Même s'il est difficile de prédire les conséquences sur son image et son chiffre d'affaires, nous pouvons raisonnablement craindre que les publics à la recherche d'un crédit à la consommation honnête se tournent vers d'autres sociétés. Ainsi donc selon nous, il convient de distinguer les effets des manquements éthiques en fonction de la nature des activités des sponsors.

Notre analyse nous conduit à émettre une hypothèse. Le sponsoring des années 2000 n'est-il pas sur le point de rompre avec l'éthique pour aller vers une sorte d'« esthétique » sportive ? (Tribou, 2002). En d'autres termes, la finalité du sponsoring de capter des valeurs associées au sport pour bonifier l'image de la marque ou de l'institution ne tend-elle pas à évoluer vers une finalité de type publicitaire ? Si le champion est beau, si le geste sportif plaît, si l'ambiance est bonne, l'émotion intense, alors les ingrédients sont réunis pour que le sponsor participe à l'entreprise de séduction comme il le ferait dans le cadre d'un spot publicitaire accrocheur. Dans ces conditions de mise en scène du sport, peu importe l'éthique pourvu que le spectacle éblouisse. Peu importe la vérité des valeurs, si le champion est finalement gagnant. Le spectateur n'est pas dupe – il sait pertinemment que le vainqueur a triché – mais il a apprécié la beauté du spectacle qui a porté son champion sur le podium. Par rapport à l'action publicitaire classique, la communication par le sport tendrait vers une efficacité supérieure (l'émotion en plus) tout en maîtrisant au mieux les composants du spectacle (car le sport n'est toujours pas une fiction dont on aurait écrit par avance le scénario). Il ne s'agit certes que d'une hypothèse qui, pour être validée, suppose que le processus de « marchandisation » du sport aille à son terme. Car la logique économique est implacable : si le sport est devenu une marchandise, alors il faut accepter que tout soit fait pour réduire l'incertitude liée à sa production, y compris celle marquée par l'éthique.

4. Le choix de l'activité sportive par le sponsor

Le choix se fait sous contraintes de coût, de temps et de concurrence.

– La contrainte de coût s'impose dans le choix sportif et conduit à choisir la meilleure solution de communication possible compte tenu du budget dont on dispose et des autres budgets concurrents en interne. En effet, augmenter le budget du sponsoring, c'est forcément réduire celui des autres actions de communication (publicité, marketing direct, etc.) dans le cadre d'un budget global.

– La contrainte de temps s'exprime dans la nécessité de devoir inscrire le temps sportif (le calendrier des épreuves) dans le temps de l'entreprise (celui des nouvelles collections par exemple, celui du lancement d'un nouveau produit ou d'une restructuration).

– La contrainte de la concurrence tient au fait que l'entreprise n'est pas seule à la recherche du meilleur événement possible ou de l'équipe capable de gagner une coupe d'Europe. D'autres sponsors occupent le terrain et ne sont pas prêts à céder leur place sinon à plus offrant et, si une opportunité survient, nombreux seront les sponsors à postuler et à surenchérir (ce qui nous ramène à la contrainte de coût).

4.1. Le choix sportif est stratégique

Est considéré comme stratégique tout investissement lourd engageant l'entreprise sur le long terme et comportant, par conséquent, un haut niveau de risque économique. Un investissement en sponsoring international se chiffre en millions d'euros.

Le choix se fait d'abord entre des activités sportives et non sportives (notamment musicales) [1] puis, une fois prise la décision de miser sur le

---

1. Les trois quarts des budgets du sponsoring institutionnel vont à des activités musicales.

sport, entre les différentes disciplines sportives, nouvelles ou traditionnelles, olympiques ou non, et en fonction des objectifs. Le choix de la discipline et de la modalité d'action (investir sur un événement local ou international, sur une équipe ou des individus), s'appuyant sur la palette de coûts et d'audiences, a une incidence stratégique directe. Choisir la Formule 1 ou le trampoline n'a pas le même coût ni le même impact.

4.1.1. Les choix du Crédit Lyonnais

Le budget du Crédit Lyonnais s'élève, en 2001, à 8,25 millions d'euros après dix années de stabilité autour de 6,5 millions (tableau 3). Quelle est sa stratégie de communication ?

Le sponsoring sportif représente 15 % du budget de la communication de la banque française (contre 60 % pour la publicité) et dépasse largement ce qui est alloué au sponsoring culturel. En effet, mis à part quelques opérations humanitaires de soutien de la recherche médicale ou de la musique, l'essentiel du budget annuel de 0,76 million d'euros va au parrainage du musée du Louvre (pour y réaliser des actions de relations publiques). Avec 8,25 millions d'euros accordés au sport, le choix est donc clairement sportif et concentre les moyens sur le cyclisme considéré comme un excellent vecteur de promotion des services bancaires. À la différence d'un événement localisé comme le tournoi de Roland Garros parrainé par le concurrent BNP-Paribas (à budget équivalent), le Tour de France itinérant couvre la France entière et les 2 000 agences bancaires y trouvent l'opportunité d'organiser leur promotion. Par ailleurs, la caravane du Tour va à la rencontre de quinze à vingt millions de Français présents le long des routes, soit autant de clients potentiels à qui les 500 000 objets promotionnels offerts laissent le souvenir de la banque sponsor du maillot jaune. L'organisation d'un jeu-concours permet, en outre, de les attirer dans les agences pour la remise de lots et de récompenses.

Le choix du judo comme second axe de sponsoring est celui d'une pratique particulièrement bien gérée au niveau fédéral et permettant d'attein-

Tableau 3. – *Budget sponsoring du Crédit Lyonnais (millions d'euros)*

<table>
<tr><th>Activités sportives sponsorisées</th><th>Budget 1992 :
6,4 millions
(JO Barcelone)</th><th>Budget 2000 :
6,4 millions
(JO Sydney)</th><th>Budget 2004 :
8,31 millions
(JO Athènes)</th></tr>
<tr><td>Cyclisme</td><td>3,66 millions</td><td>5,6 millions</td><td>6,41 millions</td></tr>
<tr><td>Judo</td><td>0,46 million</td><td>0,7 million</td><td>0,8 million</td></tr>
<tr><td>Voile</td><td>/</td><td>0,06 million</td><td>0,1 million</td></tr>
<tr><td>Triathlon</td><td>/</td><td>0,03 million</td><td rowspan="3">Divers :
0,21 million</td></tr>
<tr><td>Golf</td><td>1,83 million</td><td>/</td></tr>
<tr><td>Handisport</td><td>0,46 million</td><td>/</td></tr>
</table>

Source : Crédit Lyonnais, direction de la communication, 2004.

dre les enfants et leurs parents. Le judo compte plus de 543 000 licenciés et bénéficie d'une excellente image. Quant au sponsoring du triathlon à travers le France Iron Tour et celui de la voile (Spi Ouest France, course de l'EDHEC, Spi Dauphine), ils sont l'expression d'une diversification mesurée, voire expérimentale, et les moyens engagés sont faibles.

Selon Daniel Isaac, responsable du sponsoring, les choix sont dictés par les réalités économiques (encadré 2). Le parrainage du golf a été arrêté parce que les pratiquants sont plutôt des adultes peu disposés à changer de banque facilement ; celui du judo est maintenu parce que les jeunes judokas qui ouvrent un compte dans la banque sponsor de leur fédération tendent généralement à y rester. Par ailleurs, le sponsoring des sports mécaniques est, d'une part, jugé trop coûteux (la banque a ainsi décliné l'offre faite par l'écurie de F1 Sauber : l'investissement de 18,3 millions d'euros équivalait à trois fois celui engagé dans le cyclisme pour une efficacité très incertaine), d'autre part, jugé trop risqué (l'écurie est à la merci d'accidents ou de pannes à répétition). Il reconnaît cependant quelques erreurs de jugement : par exemple, celle ayant conduit la banque à refuser le parrainage des sports collectifs français (basket-ball et handball) [1] pourtant peu coûteux. Les victoires, les titres et la médiatisation des équipes de France masculines et féminines alimentent, bien entendu, ce regret. En 2004, les perspectives de parrainage s'articulent toujours autour du cyclisme (44 % des Français continuent de manifester leur intérêt pour le Tour) et du judo, dont les budgets sont renforcés. S'ajoutent à ces deux priorités sportives des projets autour du handball, de l'escrime et du Marathon de Paris.

Encadré 2

Les « dix commandements » du sponsoring sportif au Crédit Lyonnais

1. *Priorité au soutien d'événements plutôt que d'équipes* (afin de ne pas risquer d'être associé à une défaite)
2. *En petit nombre* (afin de concentrer la communication et d'en augmenter l'efficacité)
3. *Sur la durée* (entre 15 et 20 ans pour le judo et le vélo, afin d'assurer la mémorisation)
4. *Répétitifs* (afin de maintenir le souvenir du parrainage)
5. *Relayés au niveau local* (l'objectif est d'amener les spectateurs dans les agences)
6. *Actions très ciblées* (clients actuels et potentiels)
7. *visant image et notoriété* (classiquement)
8. *et des retombées commerciales* (si possibles quantifiables en ouvertures et fermetures de comptes)
9. *Le sponsoring doit associer « savoir-faire »* (sur l'événement)
10. *et « faire-savoir »* (après l'événement)

Source : Crédit Lyonnais, Direction de la communication, 2002.

1. Le contrat de sponsoring du basket-ball était de l'ordre de 0,45 million d'euros.

4.1.2. Les choix de Lacoste et Adidas dans le tennis

Si nous comparons les politiques de sponsoring de deux fabricants d'articles de sport comme Lacoste et Adidas (Desbordes, 2001), nous pouvons relever des différences de choix stratégiques particulièrement nettes. Si les deux ont investi dans le tennis, Lacoste a sponsorisé des joueurs français réputés « sages » alors qu'Adidas a choisi des joueurs plus turbulents et cosmopolites.

Les choix sont directement liés aux cibles de communication : d'un côté, Lacoste vise des adultes à fort pouvoir d'achat que la marque touche également à travers le golf et le yachting ; de l'autre, Adidas s'intéresse aux adolescents – premiers prescripteurs des produits sportifs (Tribou, 1999) – et à un marché beaucoup plus large (que le sponsoring du football permet d'atteindre de façon très complémentaire). Alors que Lacoste concentre ses actions sur un seul segment du marché (le tennis est traditionnellement une pratique dite « bourgeoise », du moins au niveau des représentations), la multinationale Adidas se doit d'aborder le marché dans sa globalité (le tennis pour toucher les cadres, le football pour les catégories populaires, etc.). Plus finement, Lacoste en mettant en avant une image de standing social va parler aussi aux catégories populaires particulièrement sensibles à des symboles vestimentaires distinctifs (les adolescents des banlieues). Adidas, en communiquant à partir d'éléments d'une culture sportive populaire, va aussi toucher des catégories élevées socialement à la recherche de symboles de rébellion culturelle ou faisant référence à des cultures en marge (culture « bobos » – bourgeois-bohèmes, culture « yetties » – *young entrepreneurial technocrats*, etc. ; s'agissant de catégories à fort pouvoir d'achat et refusant une partie de la culture dominante) [1].

Les choix sont également liés aux axes prioritaires de la communication des deux marques : authenticité et tradition pour la marque au crocodile présente à Roland Garros depuis 1928, modernité et innovation pour la marque aux trois bandes qui a rejoint les sponsors du tournoi en 1973.

4.2. Les critères de choix économiques

Les critères économiques sont des critères classiques d'efficience. Mais le calcul de ce que l'événement va coûter réellement n'est pas simple. À la participation financière directe, il faut ajouter :

– une évaluation du soutien technique ou en savoir-faire (un expert à disposition pendant la durée du tournoi, par exemple) ;

– une évaluation du soutien marchandises (équipements sportifs, automobiles, restauration, etc.) ;

1. Ces catégories culturelles ne constituent en rien des catégories sociales (elles sont davantage le résultat de discours journalistiques et publicitaires récurrents dans les magazines *people* que d'une analyse sociologique à caractère scientifique) mais elles pèsent sur les comportements de consommation.

– une évaluation de tous les coûts annexes (par expérience, le sponsor sait qu'un pourcentage de dépassement est à intégrer au calcul).

Le coût d'un événement varie selon les disciplines. Certaines disciplines instrumentées sont très capitalistiques (Formule 1, voile transocéanique) ; d'autres présentent une forte masse salariale (football, basket-ball).

Le coût total est à rapporter à l'audience utile afin de déterminer ce que coûte une unité d'audience (en général, on calcule un coût pour mille). Ce peut être un élément décisif du choix d'un événement (budget prévisionnel/audience visée) et, *a posteriori*, un moyen de contrôle (budget réel/audience mesurée).

Le choix est fonction du coût mais aussi de ce que l'opération va rapporter en termes économiques et de communication, et selon quelle probabilité (le coût est certain alors que le résultat n'est que probable). Il est recommandé de rationaliser le choix en mettant en place une grille décisionnelle. Par exemple, si un sponsor doit choisir entre deux événements : un tournoi de tennis et un meeting d'athlétisme, il pourra comparer les deux investissements méthodiquement et ainsi éviter de céder à un élan sentimental à risque maximum (tableau 4).

4.3. Les critères de choix communicationnels

Les critères communicationnels portent sur :

– l'audience (caractérisation de l'audience rapportée à la cible de communication) et la couverture médiatique de l'événement ;

– l'image de l'événement (rapportée à l'identité de marque du sponsor) ;

– le caractère spectaculaire de l'événement pouvant servir la mise en scène de la marque.

Tableau 4. – *Critères économiques de choix d'un événement sportif à sponsoriser*

Mesure		**Tournoi de tennis**	**Meeting d'athlétisme**
Coût total	Devis fourni par les services comptables		
Coût du contact utile	(budget prévisionnel/audience utile prévue) × 1 000		
Gains probables	Estimation sur la base de l'expérience (t – 1, t – 2, etc.) : augmentations du chiffre d'affaires, de la part de marché ou en référence à un autre événement similaire		
Contraintes de calendrier	Situer la date de l'événement dans le calendrier commercial de l'entreprise (en fonction des lancements de collections, des autres actions promotionnelles, etc.)		
Contraintes de concurrence	Actions événementielles des concurrents : nature des événements, dates		

4.3.1. Les audiences des pratiques

Le spectacle sportif est indiscutablement générateur d'audience. En 2002, les meilleures audiences des chaînes françaises TF1 et France 3 ont été obtenues par des événements sportifs (finales des Coupe du Monde de Football et de Coupe Davis de tennis). Or, pour une télévision, l'audience est directement générateur de revenus publicitaires. Prenons l'exemple de la Formule 1. Son audience était de 3,2 millions en moyenne en 2002 contre quatre millions en 2001. Cette baisse de 20 % a inévitablement eu une incidence sur les tarifs négociés avec les annonceurs et, par voie de conséquence, sur les droits négociés par les télévisions avec les organisateurs des grands prix (Formula One Association – FOA, société contrôlée par Bernie Ecclestone). Or il faut savoir que les droits de télévision représentent 47 % du chiffre d'affaires de la F1 (estimé à 6,5 milliards d'euros en 2001), d'où l'importance de faire état d'audiences convaincantes (la FOA avance un chiffre difficilement vérifiable de plus de cinquante milliards de téléspectateurs en audience cumulée).

Autre exemple : celui de la Coupe du Monde de Football 2002. La chaîne française TF1 a acquis les droits pour 2002 et 2006 (vingt-quatre matchs) pour un montant de 168 millions d'euros. Afin de rentabiliser son investissement, elle a négocié un parrainage avec les marques Orange, Pétrole Hahn et JVC à hauteur de 2,3 millions d'euros. Mais l'essentiel de ses recettes repose sur les annonces publicitaires et donc sur les audiences. Or l'élimination inattendue de l'équipe de France a conduit la chaîne à réduire le tarif de ses spots de trente secondes pour la finale de 220 000 et 100 000 euros par anticipation d'une audience moins élevée que prévu.

Nous pouvons regrouper les événements sportifs en quatre groupes en fonction de leurs audiences télévisées en France en 2003 (tableau 5) [1].

– Le football est loin devant avec 613 heures d'antenne (malgré l'absence d'événements majeurs comme la Coupe du Monde ou les championnats d'Europe).

– Les valeurs sûres du sponsoring avec plus de 100 heures d'antenne par an : rugby (grâce à la Coupe du Monde 2003), cyclisme (Tour de France 2003 du Centenaire), tennis, basket-ball (NBA sur Canal +).

– Les disciplines que l'on voit un peu moins, entre 20 et 100 h : football américain, hockey sur glace, sports automobiles (dont F1), athlétisme (69 h seulement malgré les Championnats du Monde à Paris), golf, boxe, patinage artistique.

– Les disciplines que l'on voit exceptionnellement. Moins de 10 h et en différé le plus souvent : ski, pétanque, handball, judo, voile, escrime, surf, GRS, gymnastique, aviron, natation, etc. Et toutes celles que l'on voit jamais, sinon à l'occasion d'un résumé d'actualité sportive.

---

1. Le classement 2004 verra sans doute l'athlétisme et le football renforcer leurs temps d'antenne (JO d'Athènes et Euro 2004 au Portugal).

Tableau 5. – *Temps d'antenne sur les chaînes de télévision hertziennes françaises en 2003*

	Ensemble	TF1	France 2	France 3	Canal +	M6
Total des heures	2 043 h 10	223 h 32	532 h 49	338 h 18	925 h 25	23 h 06
Football	613 h 40	171 h 16	15 h 28	48 h 42	374 h 42	3 h 32
Rugby	312 h 21		123 h 49	49 h 18	139 h 14	
Cyclisme	165 h 56		113 h 59	51 h 57		
Tennis	152 h 36		115 h 00	34 h 58	2 h 18	
Basket-ball	101 h 01		20 h 00	0 h 19	100 h 42	
Football US	87 h 56				87 h 56	
Hockey/glace	77 h 55				77 h 55	
Sports mécaniques (dont F1)	71 h 35	46 h 24	8 h 50	16 h 21		
Athlétisme	69 h 57		34 h 29	35 h 28	53 h 57	
Golf	55 h 01	1 h 04			37 h 06	
Boxe	37 h 06					
Patinage artistique	27 h 33		5 h 57	21 h 36		
Ski	11 h 09		4 h 01	7 h 08		
Gymnastique et GRS	7 h 44		1 h 45	2 h 57		
Judo	5 h 50		2 h 53	5 h 28		
Pétanque	5 h 28			5 h 28		
Moto	4 h 27		1 h 02	3 h 25		
Voile	4 h 24	2 h 16				2 h 08
Handball	4 h 04	1 h 37	0 h 45	1 h 37	0 h 05	
Équitation	3 h 52			0 h 55	2 h 57	
Natation	2 h 11		2 h 11			
Danse sportive	2 h 11		2 h 11			
Cyclocross	1 h 48			1 h 48		
Aviron	1 h 39		0 h 53	0 h 46		
Kick boxing, boxe thaï	1 h 39				1 h 39	
VTT	1 h 36		1 h 36			
Escrime	1 h 26			1 h 26		
Parachutisme	1 h 06		0 h 40	0 h 26		
Volley-ball	0 h 58			0 h 58		
Tennis de table	0 h 53			0 h 53		
Cross country	0 h 37		0 h 37			
Jet ski	0 h 25	0 h 25				
Lutte	0 h 22			0 h 22		
Tir à l'arc	0 h 19			0 h 19		
Émissions généralistes	206 h 25	0 h 30	98 h 34	43 h 01	46 h 54	17 h 26

Source : CSA/*La lettre de l'économie du sport*, 2004.

Pour que ces données soient significatives, il faut éviter de retenir les années présentant un événement majeur. Car un événement comme la Coupe du Monde de Football éclipse tous les autres (autour de quarante milliards de téléspectateurs cumulés). Les Jeux Olympiques d'été et, dans une moindre mesure, ceux d'hiver peuvent également focaliser l'attention des médias (autour de vingt milliards de téléspectateurs cumulés). Des événements émergents comme la Coupe du Monde de Rugby (autour de trois milliards) sont également à prendre en compte.

Par ailleurs, une discipline a besoin d'un événement phare promotionnel pour figurer dans les médias. L'organisation d'un championnat ne suffit pas. Le tennis bénéficie ainsi du tournoi de Roland Garros ; le cyclisme du Tour de France (environ un milliard de téléspectateurs cumulés en moyenne) ; le patinage sur glace du Trophée Lalique, etc. Une exception de taille concerne la Formule 1 dont les Grands Prix drainent chaque année jusqu'à cinquante milliards de téléspectateurs cumulés.

L'audience s'explique aussi par l'enjeu sportif. En règle générale, les événements mettant en compétition des nations et exaltant un sentiment patriotique font recette. Par exemple, l'intérêt des publics d'un pays pour le Tour de France augmente si un coureur de ce pays est en mesure de briller, voire de gagner ; d'où une composition des équipes en lice qui puisse répondre au souhait des sponsors de réaliser de bons scores d'audience dans tel ou tel pays. La conséquence économique de la participation de l'équipe américaine US Postal de Lance Armstrong, vainqueur à cinq reprises, est que le Tour est retransmis aux États-Unis et que les sponsors peuvent ainsi espérer toucher leurs cibles nord-américaines. Par exemple, en 2001, 30 000 camions de l'US Postal décorés à l'effigie d'Armstrong ont sillonné les États-Unis et, sur son maillot jaune, figurait le Crédit Lyonnais intéressé par le marché américain et ayant signé un accord pour cela. Ainsi la participation au Tour de champions italiens, anglais, espagnols, belges, russes, etc., assure la retransmission en Italie, en Grande-Bretagne, en Espagne, en Belgique, en Russie, et une visibilité des sponsors dans ces pays. Par contre, l'absence de coureurs asiatiques pose problème pour communiquer dans cette région du monde.

Ces audiences sportives ne sont pas universelles mais renvoient à des cultures sportives nationales. Si le football peut prétendre à une relative universalité (une première audience sportive sur deux est liée au football en Italie, en Espagne, en Turquie, en Colombie, au Pérou, en Hollande, en Afrique du Sud ; avec des parts d'audience pouvant atteindre 80 %), d'autres disciplines occupent la première place dans d'autres pays (tableau 6).

Mais il existe un décalage entre les activités préférées des Européens dont nous pouvons supposer qu'elles orientent directement les choix du point de vue de l'efficacité économique, et les investissements des sponsors que l'on ne retrouve pas forcément dans les disciplines préférées (tableau 7).

Les explications que nous pouvons avancer sont de nature commerciale et médiatique.

Tableau 6. – *Audiences sportives selon les pays*

Disciplines sportives	Pays
Football	Italie, Pays-Bas, Espagne, Turquie, Colombie, Pérou, Afrique du Sud (jusqu'à 80 % d'audience)
Football américain	États-Unis (jusqu'à 70 % d'audience)
Handball	Danemark, Norvège, Finlande (jusqu'à 75 %)
Ski alpin	Suisse germanophone
Basket-ball	Grèce
Sports de glace	Canada
Rugby	Australie
Base-ball	Venezuela

Tableau 7. – *Activités sportives préférées en Europe et investissements sponsoring*

Activités sportives préférées des Européens		Investissements en sponsoring sportif par disciplines	
1.	Football	**1.**	**Formule 1**
2.	Tennis	2.	Football
3.	**Natation**	3.	Tennis
4.	Cyclisme	4.	Cyclisme
5.	Athlétisme	5.	Athlétisme
6.	Gymnastique	6.	Gymnastique
7.	Ski	7.	Ski
8.	**Formule 1**	8.	Patinage artistique
9.	Patinage artistique	9.	Basket-ball
10.	Basket-ball	**10.**	**Natation**

Si la natation classée en troisième position par les Européens arrive en dernière position des investissements, c'est sans doute parce que les événements ne présentent pas des audiences suffisantes. On peut apprécier une discipline sans pour autant en suivre les épreuves. De plus, les retransmissions ne sont pas très spectaculaires et manquent parfois d'intérêt : nombreux temps morts, prises de vue académiques (malgré une volonté d'innover manifestée par les organisateurs). Inversement, le tennis est devenu télégénique en se transformant. L'instauration du *tie break* a permis aux télévisions de programmer des retransmissions en direct sans avoir à redouter des matchs interminables (par exemple, en 1982, un match de Coupe Davis opposant McEnroe à Wilander a duré 6 h 22). Par ailleurs, l'institution du changement de côté obligeant les joueurs à s'asseoir, a permis d'insérer des coupures publicitaires. Enfin, les réalisateurs ont vite compris l'intérêt de filmer les spectateurs afin de casser la monotonie du direct : quelques *travellings* sur les gradins agités par une *olla* ou quelques *zoomings* sur des personnalités en vue permettent, en effet, de distraire le téléspectateur (encadré 3).

Par contre, si la F1 est loin, en matière d'investissement, devant le football, ce n'est pas parce que la discipline est télégénique (un Grand Prix peut être d'un ennui total, le pilote parti en tête maintient le plus souvent son avantage tout au long d'une course sans suspens – la monotonie du spectacle étant parfois brisée par quelques abandons et sorties de piste), mais parce que le marché potentiel est énorme. Tout automobiliste est un pilote amateur en puissance (plus des trois quarts des Français) et un spectateur potentiel de la Formule 1. Par ailleurs, le phénomène est planétaire.

4.3.1.1. La couverture médiatique

Le choix d'une discipline est fonction de son audience mais est lié aussi au média qui la retransmet. La couverture médiatique est, en effet, ce qui permet à un club ou à un événement de devenir une marque intéressante pour des sponsors (Andreff et Nys, 1987 ; Bayle, 1999).

Encadré 3

La télévision et les Internationaux de Tennis de Roland Garros

1957 : quelques résumés filmés.
1978 : premières retransmissions en direct (contrat FFT de moins de 23 000 euros).
2003 : France Télévision a attiré près du tiers des téléspectateurs français et les droits ont été vendus dans 193 pays (contrat FFT de neuf millions d'euros).
Deux innovations majeures :
– Le *tie break* a permis de raccourcir et standardiser la longueur des matchs et de pouvoir les programmer en limitant les risques de débordement.
– Le changement de côté qui oblige les joueurs à s'asseoir (pour les coupures publicitaires).
Une évolution dans la façon de filmer :
– Le plan large qui permet de voir le jeu sur l'ensemble du court, écrase les joueurs et ne rend pas compte des accélérations et des déplacements. Inversement, un plan rapproché rend bien les actions mais ne permet pas de comprendre le jeu. Le problème : la vitesse de la balle. Solution : alterner les plans avec quatorze caméras (contre cinq au début des années quatre-vingt).
– Filmer aussi les spectateurs (travelling et zooming sur les personnalités) pour casser la monotonie et meubler les interruptions de jeu (au moment de servir par exemple).

Source : *Libération*, 22/23 mai 2004.

En 2003, les chaînes hertziennes ont diffusé 2 043 heures d'émissions sportives :

– principalement sur Canal + dont le positionnement repose en partie sur sa programmation sportive avec 925 heures consacrées au football, au rugby, au basket-ball, au football américain, au hockey sur glace et à la boxe [1] ;

– puis sur France Télévision : 532 heures sur France 2 et 338 heures sur France 3 consacrées principalement au cyclisme, au tennis et au rugby (secondairement à l'athlétisme et au football) ;

– sur TF1 avec 223 heures consacrées au football en vive concurrence avec Canal + et aux sports mécaniques ;

– sur M6 avec 23 heures consacrées au football et à la voile.

Les chaînes thématiques spécialisées dans le sport se répartissent :

– en chaînes d'informations sportives en continu : Infosport sur TPS, L'Équipe TV sur Canal Satellite ;

– en chaînes de retransmission d'événements sportifs variés : Eurosport, Sport +, Canal + Sport, ESPN Classic Sport ;

– en chaînes spécialisées dans une activité sportive : Equidia, AB Moteurs, Motors TV, NBA +, Extrême Sports Channel, Chasse & Pêche.

À cette offre s'ajoutent des chaînes sportives étrangères accessibles en France par câble ou satellite : Sky Sports (Grande-Bretagne), Telesport (Suède), SuperSports (Grèce), Sportmania et Teledeporte (Espagne), DSF (Allemagne), Eurosport International, etc.

Notons enfin la présence sur l'offre satellite, de chaînes consacrées à de grands clubs sportifs, à la suite de la création de la chaîne OM TV en 2000 et à l'instar des chaînes des grands clubs de football européens.

Le choix d'un événement doit prendre en considération sa couverture médiatique. Prenons l'exemple de la course cycliste Paris-Roubaix (Sobry et Cambier, 2001) [2]. France Télévision a l'exclusivité des images du départ à l'arrivée et détient le droit de les revendre aux autres chaînes françaises (pour du direct ou du différé). Par contre, les images sur l'avant et l'après course ne sont pas concernées par ces droits et font l'objet de reportages libres par une vingtaine de chaînes. Au niveau européen, les images produites par France Télévision sont la propriété de l'Union Européenne de Radiodiffusion (UER) qui les revend aux chaînes européennes (une quinzaine de chaînes retransmettent en direct). Au-delà de l'Europe, des contrats sont signés ponctuellement avec des chaînes japonaises, américaines et australiennes le plus

---

1. Canal + a réduit son offre sportive de 1998 (1 400 h) à 2003 (925 h) en reportant une partie de sa programmation sur CanalSatellite (Canal + Sport). Il ne s'agit donc pas d'un désengagement.

2. Paris-Roubaix est le second événement cycliste français après le Tour de France en termes d'audience : première épreuve d'un jour, née en 1896, qualifiée de « reine des classiques ». La course dont les recettes proviennent à hauteur de 75 % du sponsoring et de la publicité, et de 25 % des droits télévisés, est bénéficiaire pour son propriétaire le groupe Amaury.

souvent. L'audience, en 2000, a été de plus de 2,5 millions de téléspectateurs en moyenne pendant 282 minutes de retransmission. Cette couverture télévisée est un élément fondamental du choix des sponsors et notamment du top sponsor, La Redoute, société française de vente par correspondance, propriété du groupe Pinault-Printemps et ayant son siège à Roubaix [1]. En effet, la couverture principalement française et nord-européenne de la course correspond parfaitement à sa zone de distribution. Par ailleurs, le profil de l'audience (populaire et plutôt âgée) ne correspond qu'en partie au cœur de cible de la VPC qui vise principalement les femmes. De l'avis de Philippe Sudres, directeur de la communication de la Société du Tour de France, les femmes seraient davantage intéressées par la beauté des paysages que par la course cycliste proprement dite (interviewé par Sobry et Cambier, 2001).

Mais ce critère de couverture médias ne doit pas être exclusif et conduire les sponsors à limiter leurs investissements à quelques gros événements présents sur les chaînes généralistes. En effet, il semble qu'actuellement une ligne de partage se dessine entre, d'une part, des événements grands publics autour de sports phares (rencontres internationales de football, internationaux de tennis) qui, tout naturellement, intéressent les annonceurs de produits de masse et, d'autre part, des événements plus confidentiels s'adressant à des publics d'initiés (football de L2, petits tournois de tennis de l'ATP, mais aussi rencontres de handball, de basket féminin, etc.) et, de ce fait, intéressant des annonceurs soucieux de mieux cibler leurs actions. Il s'agit des programmes sportifs des chaînes à péage. Si les audiences de ces chaînes sont moins nombreuses que celles des chaînes hertziennes, elles sont, par contre, mieux caractérisées (selon l'âge et la catégorie sociale notamment) et beaucoup plus réceptives aux messages de sponsors jouant la carte affective de la complicité. À noter que le développement inéluctable des programmes sportifs sur l'internet va permettre d'étendre la communication du sponsor à un véritable dialogue entre passionnés, avec des prolongements commerciaux prometteurs.

4.3.2. L'image de l'événement

Le second critère de choix communicationnel est celui prenant en compte l'image véhiculée par l'événement sportif (schéma 2). Par exemple, le distributeur Géant s'est désengagé du football (en réduisant son

Schéma 2. – *L'image de sponsor et celle de l'événement*

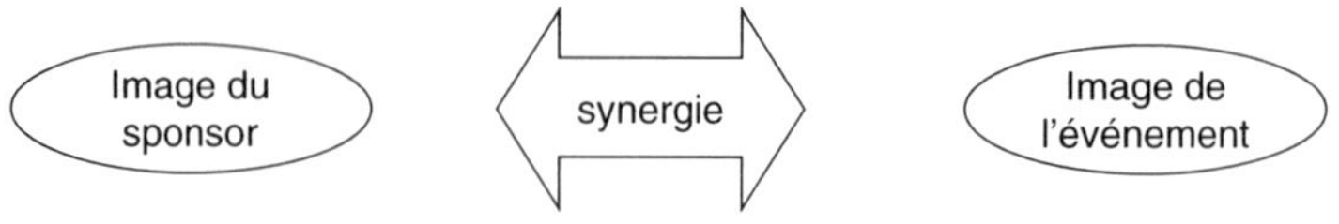

1. Les autres sponsors sont Hutchinson, Coca-cola, Festina, AGF, Fiat, Mavic, Nike, Hansaplast, Kawasaki, United Savam – soit les sponsors du Tour de France, excepté Hutchinson du fait de la présence de son concurrent direct Michelin sur le Tour.

soutien au club de l'AS St Étienne en 2001) alors que ses concurrents renforçaient leurs positions (Carrefour, But), justement pour une question d'image. Il a opté pour la voile, « sport grand public qui dégage des valeurs de courage, de respect de l'environnement en parfaite adéquation avec celles des distributeurs » [1]. Mais ce choix est aussi celui d'un sport qui n'intéresse que 30 % des Français alors que le football en intéresse 57 % (données Sportlab pour l'année 2001).

Le choix d'une activité sportive dont les éléments d'image peuvent contribuer à bonifier celle du sponsor, est relativement complexe. Si certaines associations d'images semblent évidentes – par exemple, Adidas fabricant d'articles de sport, notamment à destination des footballeurs, associé à des rencontres de football ; Renault fabricant d'automobiles, notamment à vocation sportive, associé à la Formule 1 – d'autres peuvent être périlleuses pour le sponsor. Il semble difficile pour un fabricant de tabac d'obtenir un gain d'image en sponsorisant des meetings d'athlétisme. Il risque même d'alimenter une contre-image touchant des spectateurs qui vont le soupçonner de manipulation grossière. En effet, l'image touche à l'affectif : « j'aime l'athlétisme, donc j'aime aussi le sponsor qui partage ma passion » ; et le raisonnement peut s'inverser : « je hais ce sponsor qui triche en me faisant croire, à des fins mercantiles, qu'il partage ma passion » (voir chapitre cinq – 5.2.). Ceci étant, certaines associations « contre-nature » ont parfois réussi : c'est le cas de la marque de cigarettes Royale partenaire d'un bateau de course au large dans les années soixante-dix, alors même que rien n'est plus éloigné des grands espaces océaniques que l'univers de pollution du tabac. L'attitude des publics est parfois surprenante ; McDaniel et Masson (1999) ont relevé que les spectateurs américains acceptent plus facilement l'association entre les Jeux Olympiques et une marque de bière qu'avec une marque de cigarettes.

4.3.3. La mise en scène de l'événement

Nous pouvons ajouter un dernier critère de choix : celui lié à la possibilité de mise en scène spectaculaire de l'activité et donc du sponsor. Certaines activités sont plus ou moins télégéniques et suscitent plus ou moins d'émotion. Prenons quelques exemples.

Le succès d'une épreuve cycliste de montagne tient, pour partie, à la proximité que la caméra entretient avec les coureurs. Le spectateur est aux côtés du grimpeur, il savoure avec lui une échappée et peste contre le retour du favori. La souffrance très télégénique du coureur est aussi un peu la sienne. C'est pourquoi le sponsor, lui aussi aux côtés du champion, peut s'attirer un capital sympathie à la hauteur de l'effort. Si le coureur craque ou s'il chute, le sponsor n'est pas perdant pour autant parce qu'il bénéficie de la compassion du public.

Autre exemple : le succès d'un match de football. Il est des matchs ennuyeux sur le plan sportif (sans actions offensives, sans grands gestes

1. Selon L. Boyer, directeur de Havas Sports (*Points de Vente*, 28/02/2002).

techniques) mais qui marquent le public. Un match de l'équipe de France sera toujours rempli d'émotion, parce que les joueurs qui peinent à jouer ce jour-là sont familiers du public qui connaît leurs histoires, leurs blessures, leurs exploits passés. Ici encore, c'est la proximité qu'impose la prise de vue qui suscite l'intérêt. Un plan large de l'ensemble du terrain qui permet de bien suivre les actions collectives, ne provoque guère d'émotion s'il n'est pas ponctué de plans resserrés sur un joueur à terre après un mauvais tacle ou sur le regard déterminé de celui qui va tirer un coup franc. L'autre ingrédient réside dans la mise en scène de l'injustice : le joueur expulsé à tort, le penalty sifflé alors que la caméra (et donc le téléspectateur) a bien vu que la faute n'a pas été commise, sont autant d'ingrédients qui suscitent émotion, colère et indignation.

Le choix entre sponsoriser une épreuve de planche à voile, très spectaculaire et facile à filmer (depuis la plage) et une course de voile au large où les concurrents sont quasiment invisibles, perdus en mer, est un choix entre deux dramaturgies. La course au large l'emporte parce que les publics qui s'y intéressent sont des CSP+ (alors que le goût pour le windsurf est très marginal) mais surtout parce que l'absence d'image palliée par des images d'archives et un contact radio épisodique, laisse une grande place au rêve. C'est le mystère de ce qui se passe au milieu des océans, entre pot au noir et quarantièmes rugissants, qui attire le spectateur. Alors que le spectacle soigné d'une épreuve de funboard place le spectateur en retrait. Il peut certes apprécier l'exploit mais il ne sera jamais dans l'action. Quelques innovations tentent de donner de la visibilité – à tort peut-être – à ces courses : un bateau suiveur a tenté en vain de filmer au raz des vagues en pleine tempête les concurrents de l'édition 1998 de la Route du Rhum ; des caméras à bord ont permis des reportages en direct pendant le Vendée Globe de l'édition 2000 ; enfin, The Race, la course « sans limites » autour du monde du millénaire (début 2001) a livré chaque jour son lot d'images produites à bord par un équipier et retransmises par le sponsor technique France Télécom.

Dernier exemple : préférer sponsoriser un grand prix de Formule 1 souvent monotone et joué d'avance, plutôt qu'un grand prix motos toujours impressionnant (nombreuses chutes et incertitude du résultat), s'explique en premier lieu par les caractéristiques des publics (marginaux pour la moto, quasiment universels pour la F1). Ici, la mise en scène passe par des caméras embarquées dans les voitures qui offrent un frisson garanti aux téléspectateurs. Parallèlement, ces derniers sont alimentés de potins sur la personnalité des pilotes, leurs histoires extra-sportives, leurs rivalités ; ce qui tend à donner du piment à un spectacle qui en manque cruellement.

Les organisateurs peuvent aussi construire de toutes pièces une dramaturgie de l'événement. Par exemple, la domination sportive de l'Olympique de Marseille au début des années quatre-vingt-dix faisait courir le risque au club de lasser les spectateurs du championnat de France. Face à ce péril médiatique, Bernard Tapie, président du club, aurait passé un accord avec le principal concurrent, Paris-St Germain, afin de mettre en scène une rivalité entre les deux clubs et la rendre légendaire (le Sud méditerranéen contre le Nord des décideurs, la province contre la capitale, la droite contre la gauche, etc.) [1] Autre exemple, lors de l'US Open de tennis 2002, l'attention a été portée sur les tenues vestimentaires des joueurs afin de mettre du piment dans un tournoi dont les enjeux sportifs semblaient ne plus suffire à maintenir l'audience. Quelques « scandales » ont ainsi permis d'alerter les médias : la longueur des manches de Tommy Haas, la combinaison moulante de Serena Williams ou encore le nombril à l'air d'Anna Kournikova.

L'effet conjugué de tous ces facteurs fait que les disciplines ne donnent pas toutes la même visibilité aux sponsors. Une étude réalisée par Démoscopie en 1992 [2] montre clairement que le pourcentage de personnes capables de citer au moins un sponsor de chaque discipline sportive varie fortement : 64 % pour la F1, autour de 55 % pour le football, le tennis, les rallyes, autour de 40 % pour le ski, l'athlétisme, la voile, la moto, 30 % pour le basket, moins de 20 % pour le rugby, le golf, la gymnastique, le patinage. Le nombre moyen de sponsors cités va dans le même sens : de 2,43 citations pour la Formule 1 à 1,77 pour le patinage. Cela signifie que la Formule 1 est non seulement la discipline dont les sponsors sont les mieux connus, mais qu'elle est aussi celle dont les publics connaissent le plus de sponsors. Pour les spectateurs de ces disciplines (F1, football, tennis, cyclisme, rallyes), nous pouvons penser que les sponsors font partie intégrante de l'événement, voire que ces événements sont repérés et identifiés par la présence des sponsors. Les *teams* de F1 sont des écuries de marques que les journalistes nomment comme telles (l'écurie Renault), les équipes cyclistes le sont également (le discours journalistique évoque les « Cofidis » ou les « Festina »). En ce qui concerne le football ou le tennis, la presse se fait largement l'écho des contrats de sponsoring des joueurs et la publicité en assure le relais. Le spectateur prend plaisir à savoir et à voir que Serena Williams habillée par Puma [3] s'est inclinée face à Martina Hingis sponsorisée par Adidas (lors des Internationaux d'Australie en 2001). Ne le saurait-il pas, la présence des sponsors s'impose à la caméra : la tenue Puma rose fuchsia et décolletée tranche avec l'ensemble Adidas blanc plus strict et plus technique. Les joueurs de football arborent de la même façon les logos de leurs sponsors et les boutiques de produits dérivés sont là pour le rappeler aux supporters (qui, eux-mêmes, vont porter les logos et diffuser le message). À l'opposé, d'autres disciplines laissent peu de place aux sponsors. Comment repérer le sponsor d'un patineur sur glace ou celui d'un golfeur ? La culture sportive n'est pas la même.

---

1. J.F. Pérès, D. Riolo, OM-PSG, *les meilleurs ennemis. Enquête sur une rivalité*, Mango Sport, 2002.
2. L'étude porte sur 6 000 interviews entre le 6/1 et le 26/12, à raison de 21 interviews par jour du lundi au samedi. F. Couty, chargé d'études à l'Institut Français de Démoscopie, conférence auprès des étudiants du DESS de *marketing et gestion du sport* de Strasbourg, 1995.
3. En 2004, sous contrat avec Nike.

4.4. L'intérêt porté aux sports

En 2001, la société Carat Sport a analysé l'image de quarante et un sports et, notamment, l'intérêt porté à chacune des pratiques par les Français âgés de quinze ans et plus [1]. À partir des résultats, nous avons classé les pratiques en six groupes en fonction du pourcentage de la population déclarant s'y intéresser.

– Loin devant et sans grande surprise, le football touche 43 % des Français.

– 26 à 30 % des Français s'intéressent au tennis, au patinage artistique, à la natation, à la Formule 1, au cyclisme, à la randonnée, à l'athlétisme, à la gymnastique (les pratiques sont classées dans un ordre décroissant).

– 21 à 25 % s'intéressent au rugby, au ski alpin, aux sports automobiles (hors F1), au basket-ball, à la pétanque, au VTT, au tennis de table.

– 16 à 20 % à l'équitation, à l'escalade, à la plongée sous-marine, au handball, au judo, au volley-ball, au motocyclisme, au jogging, au karting, à la boxe, à la voile.

– 11 à 15 % au canoë-kayak, au ski de fond, au roller, à la planche à voile, au snowboard, au ski nautique, au badminton, au surf, au hockey sur glace.

– 10 % et moins s'intéressent à l'escrime, au golf, à l'aérobic, au skateboard, à la pelote basque.

Nous pouvons relever que les pratiques nouvelles, dites « de glisse » ou « alternatives » (Loret, 1995) [2], sont particulièrement mal classées (roller, windsurf, snowboard, surf, skate : entre 9 et 14 %), à la différence de sports plus conventionnels comme le football ou le tennis et de sports inattendus comme la marche ou la pétanque (respectivement 27 % et 21 % des Français s'y intéressent). Si la forte diffusion médiatique peut être une explication de l'intérêt porté au football, au tennis, au patinage, à la F1 ou au cyclisme – les Français étant amenés à citer les sports qu'ils voient le plus souvent à la télévision ou dans les kiosques et à oublier les autres – il est d'autant plus remarquable de relever la présence de sports plus confidentiels à l'écran comme la natation ou la gymnastique. Il s'agit là, sans doute, d'une information précieuse pour un sponsor à la recherche d'une pratique financièrement abordable (mais par conséquent peu médiatisée) et touchant les Français (un sur cinq s'intéresse au ski, au VTT, au tennis de table, à l'escalade, à la plongée, etc.).

1. Carat Sport (groupe CSA TMO), *L'image des sports 2001*, 11/2001. Méthodologie : quatre vagues de mille enquêtes omnibus, en face à face, auprès de personnes de 15 ans et plus, représentatives de la population française (d'avril à juillet 2001). La question posée aux enquêtés : « Pour chacun des sports ou activités que je vais vous citer, pouvez-vous me dire s'il vous intéresse soit que vous l'avez pratiqué ou que vous le pratiquez, ou que vous aimez le regarder à la télé, ou lire des articles dans la presse, ou entendre des reportages à la radio ».

2. Alain Loret définit les sports de glisse d'un point de vue socioculturel (associés à une forme de contre-culture) et non d'un point de vue technologique (instrumentés pour glisser). Par exemple, selon lui, le patinage sur glace n'est pas un sport de glisse contrairement au VTT (Loret, 1995).

Si nous allons dans le détail des résultats de Carat Sport et prenons en compte la typologie des enquêtés (huit types de répondants), nous pouvons mettre en évidence des éléments de décision intéressants pour les sponsors car intégrant l'âge, le sexe et la position sociale notamment.

– Les hommes de moins de 35 ans – ayant fait des études techniques ou commerciales, ouvriers ou dont le chef de famille est ouvrier, habitant l'Ouest de la France, dont le revenu mensuel se situe entre 915 et 1 375 euros – classent en 1 le football (57 % contre 43 % pour l'ensemble), devant la Formule 1 (51 % contre 30 %), les autres sports automobiles (41 % contre 21 %), le karting (36 % contre 17 %), la moto (36 % contre 17 %) ; puis viennent : la boxe, le VTT, le tennis de table, le handball, le snowboard, le surf, le skate. La place qu'ils accordent aux sports mécaniques apparaît remarquable.

– Les hommes de moins de 35 ans – ayant fait des études secondaires ou supérieures, cadres ou dont le chef de famille est cadre, habitant en région parisienne, à fort pouvoir d'achat – sont ceux qui citent le plus de pratiques de façon significative. Ils classent aussi en tête le football, la Formule 1 et les autres sports automobiles, mais citent aussi le snowboard (30 % contre 13 %) et le skate-board (28 % contre 9 % pour l'ensemble). L'intérêt masculin pour les sports alternatifs semble ainsi lié au niveau social (le roller, le surf et le VTT sont également bien classés).

– Les hommes de plus de 35 ans – études primaires, techniques ou commerciales, ouvriers ou retraités, bassin parisien ou Ouest de la France, revenu mensuel inférieur à 1 375 euros – classent en 1 le football (62 %), devant le cyclisme (47 % contre 27 %), la Formule 1 (44 %), le rugby (40 %), la pétanque (34 % contre 21 %). Ainsi, passé 35 ans, les hommes citent en tête des sports comme le cyclisme ou la pétanque que les plus jeunes ne mentionnent pas.

– Les hommes de plus de 35 ans – études secondaires ou supérieures, cadres ou indépendants, Île de France ou Méditerranée, revenu dépassant 1 900 euros – classent en 1 le football (58 %), devant la F1 (49 %), le rugby (45 %), le tennis (45 %), le cyclisme (41 %). À âge égal, les hommes de niveau social supérieur ne citent pas la pétanque, par exemple, mais partage l'intérêt pour le football, le rugby ou le cyclisme. À niveau social équivalent, les hommes de plus de 35 ans citent la voile ou l'escalade alors que leurs cadets citent le surf ou le roller.

– Les femmes de moins de 35 ans – études secondaires ou supérieures, employées ou inactives, ayant un enfant, à statut économique moyen – classent en 1 le patinage artistique (42 % contre 35 %), devant la natation (40 % contre 31 %), la gymnastique (36 % contre 26 %), l'équitation (29 % contre 20 %), l'aérobic (24 % contre 10 %), le volley-ball (24 % contre 18 %), le badminton, le roller. Nous retrouvons, sans surprise, les sports réputés intéresser les femmes, en général, tout en notant la présence du volley-ball et surtout du roller qui plaît également aux hommes de moins de 35 ans.

– Les femmes de moins de 35 ans – études secondaires, employées ou inactive, plus d'un enfant, à statut économique élevé – classent en 1 le patinage (46 %), devant la natation (42 %), la gymnastique (40 %), l'équitation (29 %), le roller (28 %), l'aérobic (26 %), le badminton, le volley. Pour une jeune femme, le fait d'avoir plus d'un enfant ne modifie donc pas véritablement son choix sportif.

– Les femmes de 35 à 64 ans – études techniques ou commerciales, employées ou indépendants, à statut économique très élevé – classent en 1 le patinage (54 %), devant la gymnastique (38 %), la randonnée (36 %), l'équitation (25 %), l'aérobic (13 %). La citation de la randonnée pédestre peut être relevée comme étant un effet de l'âge.

– Les femmes de plus de 50 ans, études primaires, sans enfant, retraitées, à statut économique faible – ne classent de façon significative que le patinage artistique (46 %).

Enfin, une comparaison des résultats de 2001 par rapport à ceux enregistrés en 1999, indique que le niveau global d'intérêt pour le sport est en baisse significative. En effet, 15 % des Français déclarent ne s'intéresser à aucun sport en 2001 contre 9 % en 1999. Cette chute d'intérêt concerne toutes les pratiques exceptées celles du judo (+ un point) et du handball (stable). Les plus fortes baisses sont celles du tennis et de l'équitation (– huit points), puis celles du ski alpin, de la pétanque, de la voile (– six points), enfin celles de l'escalade, de la plongée, du ski nautique, du VTT (– cinq points).

L'utilisation de ces résultats par les sponsors est immédiate. Par exemple, un sponsor disposant d'un budget moyen et souhaitant toucher les hommes cadres de plus de 35 ans préférera le rugby au tennis car à intérêt égal (45 %), le rugby ne connaît pas la dynamique de baisse relevée pour le tennis. Si son budget l'y autorise, il choisira, bien entendu, le football (58 %) mais évitera de miser sur la F1 (les quatre points d'écart avec le rugby ne justifiant pas le surcoût budgétaire sauf à viser les marchés internationaux). Par contre, si son budget est modeste, il pourra miser sur l'escalade qui intéresse quand même 29 % de sa cible. Autre exemple, un sponsor à petit budget souhaitant réunir femmes et hommes de moins de 35 ans, ayant un niveau d'études *post* bac, a une bonne opportunité de communication à travers le roller (21 % des femmes et 29 % des hommes s'y intéressent).

4.5. Les valeurs attribuées aux sports

L'observatoire Sports & Valeurs[1] utilise une méthode classique de repérage des valeurs véhiculées par les pratiques sportives : il procède à un sondage téléphonique sur un échantillon représentatif de la population française de quinze ans et plus, dans sa diversité sociologique (quotas

1. L'observatoire réunit l'agence de marketing sportif – Hickory – et le cabinet d'études en communication – Occurrence, en collaboration avec des universités comme celles de Strasbourg II ou Paris-Orsay. Les premiers résultats de l'observatoire datent de 2000.

d'âges, de sexes, de catégories sociales et d'habitat). La démarche consiste à tester l'association entre seize valeurs et vingt et une disciplines sportives (tableau 8) [1].

S'agissant d'un observatoire dont la vocation est de repérer des évolutions, se pose la question centrale du choix des items. En effet, pour que les comparaisons puissent avoir un sens, il est indispensable de conserver les mêmes critères d'une année à l'autre. Par ailleurs, les représentations sociales ne sont pas figées et il est tout aussi indispensable d'adapter l'outil de mesure. La solution retenue est de conserver une large majorité d'items et d'introduire, à intervalle régulier, de nouveaux items correspondant à des valeurs émergentes. Quant à la sélection proprement dite, une étude exploratoire est toujours nécessaire pour éviter le biais d'un choix purement subjectif (l'enquêteur marqué par sa culture de groupe social exprime inévitablement une part de croyances dommageable sur le plan scientifique). Cette étude préalable pour la construction de l'outil peut se faire à partir d'entretiens auprès d'un échantillon d'experts (journalistes, sociologues, publicistes, chasseurs de tendances, etc.).

Le choix des pratiques sportives ne pose pas de difficulté méthodologique particulière car il ressort d'une part, de la demande des sponsors (les sports qui les intéressent) et, d'autre part, de l'initiative des chercheurs à l'affût des sports émergents (que les sponsors négligent pour l'instant mais que les résultats de l'étude pourraient inciter à prendre en considération). Conserver une ossature de sports classiques permet de suivre les évolutions ; remplacer quelques pratiques obsolètes par des pratiques nouvelles, permet d'actualiser l'analyse.

Comment utiliser la matrice des résultats (tableau 9) ?

1) En colonne : l'analyse part des différentes valeurs et conduit aux sports associés à ces valeurs. Un indice égal à 100 signifie que le sport se situe dans la moyenne de l'ensemble des 21 sports testés ; un indice inférieur à 100 signifie que la valeur est moins attribuée à ce sport qu'à

Tableau 8. – *Méthodologie de l'Observatoire Sports & Valeurs*

Échantillon de 1 011 personnes âgées de quinze ans et plus sélectionnées selon des quotas de sexe, âge, CSP, taille de l'agglomération.
Entretiens réalisés par téléphone les 12 et 13 janvier 2001.
Sports testés : athlétisme, basket, cyclisme, escalade, football, Formule 1, golf, handball, judo, natation, patinage artistique, pétanque, rallyes, roller, rugby, randonnée pédestre, ski, tennis, VTT, voile, volley.
Valeurs tests : dynamisme, bon pour la santé, dépassement de soi, jeunesse, convivialité, authenticité, audace, sérénité, propreté (relativement au dopage), créativité, élégance, modernité, virilité, originalité, violence, sensualité.

1. La société Carat Sport (groupe CSA TMO) analyse, quant à elle, les associations entre 41 sports et 63 valeurs (*L'image des sports 2001*, 11/2001).

Tableau 9. – *Synthèse des caractéristiques principales de chaque pratique (indices)*

	Convivialité	**Élégance**	**Jeunesse**	**Virilité**	**Dynamisme**	**Créativité**	**Dép. de soi**	**Authenticité**	**Modernité**	**Originalité**	**Audace**	**Sensualité**	**Sérénité**	**Propreté**	**Bon/santé**	**Violence**
Athlétisme	79	**136**	121	110	109	76	127	107	100	83	96	115	99	**50**	110	65
Basket	127	93	**128**	126	112	106	98	93	96	89	93	**62**	80	79	115	93
Cyclisme	108	79	94	110	107	70	**118**	86	83	67	102	77	81	**27**	107	98
Escalade	63	123	106	80	90	138	127	126	83	134	145	139	**157**	128	117	**32**
Football	123	57	132	159	107	109	93	90	83	79	87	73	60	**44**	103	**198**
Formule 1	44	78	103	146	100	117	114	77	170	98	142	61	67	121	**20**	**218**
Golf	83	**184**	16	49	45	78	43	90	69	83	56	96	155	150	95	**5**
Handball	128	72	116	132	112	105	94	85	81	84	92	**64**	80	94	112	**138**
Judo	101	84	117	**162**	105	105	121	134	76	93	120	**71**	135	102	113	150
Natation	59	136	104	79	106	66	103	96	57	58	49	**189**	117	59	119	**34**
Patinage artistique	93	193	130	68	104	182	117	118	149	303	125	**324**	125	121	103	**35**
Pétanque	**135**	59	33	42	39	59	32	88	36	93	45	47	127	126	103	**4**
Rallye Auto	81	44	81	135	104	104	111	89	146	120	143	45	68	124	**27**	**210**
Rando pédestre	144	46	44	45	89	66	72	123	50	64	44	90	**153**	143	121	**7**
Roller	102	120	126	66	109	157	97	80	**188**	183	114	120	**58**	140	97	124
Rugby	136	**46**	117	205	115	91	109	121	79	90	140	73	63	69	96	**276**
Ski	86	125	107	**71**	111	102	113	101	125	99	**134**	98	93	108	104	115
Tennis	68	**141**	105	56	107	69	102	83	74	71	**54**	125	72	90	102	65
Voile	97	136	**87**	92	109	136	121	132	138	136	**142**	115	137	131	106	91
Volley	**135**	105	109	73	110	96	85	88	69	77	73	71	80	96	115	**29**
VTT	108	**42**	123	93	112	68	103	91	**147**	95	102	46	93	97	117	116

l'ensemble des autres sports ; un indice supérieur à 100 signifie que la valeur est davantage attribuée à ce sport qu'aux autres.

Par exemple, un sponsor dont l'axe de communication repose sur la valeur de « jeunesse » a le choix entre le football, le patinage sur glace, le basket-ball et le roller dont les indices dépassent 125. Son budget sera sans doute un critère de décision finale à condition toutefois d'intégrer celui de couverture médiatique (le roller est bon marché mais peu couvert).

Si nous totalisons les indices de chacune des valeurs testées, nous pouvons tirer un classement des valeurs attribuées au sport en général :

1) Dynamisme	5) Convivialité	9) Propreté/dopage	13) Virilité
2) Bon pour la santé	6) Authenticité	10) Créativité	14) Originalité
3) Dépassement de soi	7) Audace	11) Élégance	15) Violence
4) Jeunesse	8) Sérénité	12) Modernité	16) Sensualité

Ainsi, un sponsor en mal de valeurs ou indécis sur le choix d'un axe de communication a la possibilité de repérer les valeurs sportives les plus marquantes en adéquation avec son identité de marque.

Mais un sport n'exprime pas une valeur unique, il combine plusieurs valeurs. Ainsi, choisir le football pour la valeur de « jeunesse » (indice 132), renvoie également à celle de « violence » (indice 198), ce qui peut nuire à l'image. Faut-il établir un « solde » d'image – les éléments négatifs réduisant d'autant le crédit capitalisé par les éléments positifs – ou bien ne faut-il retenir qu'une valeur positive forte en faisant abstraction des autres ?

Si nous retenons les valeurs réalisant des scores extrêmes (le plus petit ou le plus grand score de chaque pratique – c'est-à-dire les valeurs ne laissant pas indifférent et exprimant des jugements tranchés), nous obtenons :

1) Violence	2) Élégance, sensualité	3) Audace, sérénité, propreté	4) Santé, modernité, virilité, convivialité

Le classement en tête de la valeur négative de violence doit conduire les sponsors à l'expectative quant au choix d'une activité exprimant, en plus de la violence, d'autres valeurs positives comme, par exemple, la Formule 1 (modernité, audace, virilité), le rugby (virilité, audace, convivialité, authenticité), le football (virilité, jeunesse, convivialité) ou encore le judo (virilité, authenticité, sérénité, jeunesse). Il semble que, placés face à des pratiques fortement associées à des valeurs contradictoires (violence et convivialité par exemple, pour le football) ou positives/négatives (violence et jeunesse), les sponsors aient opté pour des politiques de communication ciblées sur les valeurs qui les intéressent (et sans tenir compte des autres). Par exemple, si la valeur de jeunesse constitue un axe prioritaire, le sponsor choisira entre le football hors de prix, le patinage et le basket-ball plus accessibles, ou encore le roller émergent et peu coûteux. Par contre, il s'interdira le golf ou la pétanque.

2) En ligne : l'analyse part des pratiques et mène aux valeurs associées. Un sponsor hésitant entre deux pratiques très proches du point de vue de son cœur de cible et mobilisant des budgets comparables – le golf et le tennis, par exemple – mettra en évidence les valeurs de chacun pour affiner son choix : le tennis est certes considéré comme moins « élégant » que le golf (141 contre 184) mais il l'emporte largement en référence à la valeur de « jeunesse » (105 contre 16).

Chaque pratique se voit attribuer quelques valeurs significatives et refuser d'autres valeurs. Si nous considérons le niveau des indices atteints, nous pouvons isoler des pratiques fortement évocatrices (indices élevés) et d'autres pratiques qui évoquent peu de chose (indices faibles). Un classement des pratiques peut ainsi être réalisé sur cette base :

Top 10 des pratiques dont les indices maximums dépassent l'indice de 150	Patinage artistique et sensualité (324) Rugby et violence (276) Formule 1 et violence (218) Rallye auto et violence (210) Football et violence (198)	Natation et sensualité (189) Roller et modernité (188) Golf et élégance (184) Judo et virilité (162) Escalade et sérénité (157)
Top 10 des pratiques dont les indices minimums sont inférieurs à 35	Pétanque et violence (4) Golf et violence (5) Randonnée pédestre et violence (7) Formule 1 et santé (20) Cyclisme et propreté (dopage) (27)	Rallye auto et santé (27) Volley et violence (29) Escalade et violence (32) Natation et violence (34) Patinage artistique et violence (35)

La volonté de miser sur une pratique fortement évocatrice d'une valeur sportive peut conduire à limiter le choix. Seules quelques pratiques évoquent indiscutablement une valeur positive : le patinage artistique et la natation (sensualité), le roller (modernité), le golf (élégance), l'escalade (sérénité). D'autres pratiques sont à éviter si l'axe de communication se trouve être la santé (sports mécaniques) ou la propreté (cyclisme).

L'utilisation en ligne du tableau peut aussi se faire dans la perspective de choisir *in fine* entre quelques pratiques accessibles. Par exemple, si tel sponsor hésite entre l'athlétisme et la natation (à budgets comparables et en l'absence de concurrents sérieux), il peut décider d'opter pour l'athlétisme si les valeurs de dépassement de soi et de jeunesse correspondent bien à son identité de marque ou à sa culture d'entreprise ; mais à condition de ne pas accorder trop d'importance aux valeurs de convivialité, de créativité et d'originalité et d'évacuer la question du dopage. Il choisira la natation si les valeurs de sérénité et de santé lui semblent plus adaptées (les valeurs d'élégance et de sensualité n'étant pas clivantes) et s'il n'accorde pas trop d'importance à la modernité ou à l'audace (schéma 3).

À titre d'illustration, analysons les résultats de quatre valeurs testées : la convivialité (tableau 10), l'audace (tableau 11), la violence (tableau 12), la propreté (c'est-à-dire n'évoquant pas le dopage – tableau 13).

Tableau 10

La convivialité faisant partie des valeurs habituellement attribuées au sport en général, les faibles scores réalisés par les quatre pratiques de fin de

Schéma 3. – *Le choix entre deux pratiques à partir de valeurs distinctives*

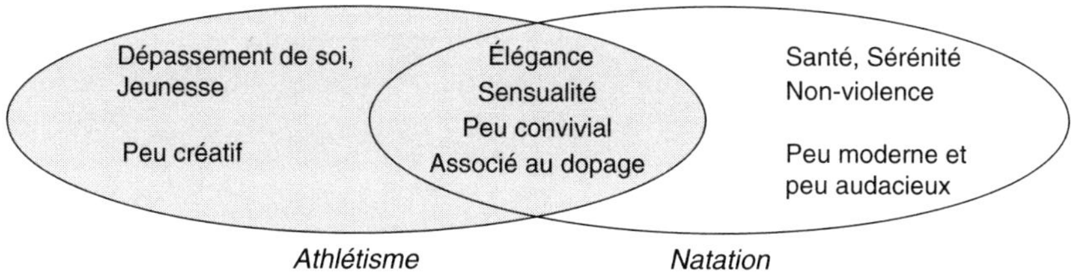

Tableau 10. – *Classement des sports qui évoquent la convivialité (en % des réponses)*

Randonnée pédestre	95 %	VTT	72 %	Golf	55 %
Rugby	90 %	Cyclisme	71 %	Rallye auto	54 %
Pétanque	89 %	Roller	67 %	Athlétisme	52 %
Volley-ball	89 %	Judo	67 %	Tennis	45 %
Handball	85 %	Voile	64 %	Escalade	42 %
Basket-ball	84 %	Patinage artistique	62 %	Natation	39 %
Football	81 %	Ski	57 %	Formule 1	29 %

classement sont d'autant plus remarquables. En effet, nous pouvons relever qu'une majorité de Français considèrent que le tennis, l'escalade, la natation et la F1 sont des sports particulièrement individualistes. Les pratiques citées par environ neuf Français sur dix sont soit des sports collectifs, soit des pratiques peu énergétiques et de détente (pétanque, randonnée) ; ce qui correspond, sans surprise, aux représentations dominantes.

Tableau 11

Le classement n'étonne pas vraiment mis à part la première place de l'escalade, pratique réputée sage et sécurisée, aux côtés des sports automobiles et de voile où l'on risque sa vie, du rugby et du ski où les accidents sont fréquents.

Tableau 11. – *Classement des sports qui évoquent l'audace (en % des réponses)*

Escalade	90 %	Judo	75 %	Football	54 %
Rallye auto	89 %	Roller	71 %	Volley-ball	46 %
Formule 1	89 %	Cyclisme	63 %	Golf	35 %
Voile	88 %	VTT	63 %	Tennis	34 %
Rugby	87 %	Athlétisme	60 %	Natation	31 %
Ski	83 %	Basket-ball	58 %	Pétanque	28 %
Patinage artistique	78 %	Handball	57 %	Randonnée pédestre	27 %

Tableau 12

L'image de violence interpelle tout particulièrement les sponsors qui ne cherchent pas, en général, à y associer leurs marques. Les pratiques citées par plus de la moitié des Français sont cependant celles qui attirent le plus les sponsors (Formule 1, football et rugby). Cela tient peut-être à l'ambivalence de l'item et aux connotations de virilité et d'engagement qui l'accompagnent. Si un sponsor réprouve la violence par principe et la condamne, il n'est pas impossible que derrière le discours convenu se cache une certaine forme de réalisme commercial (la violence est télégénique et fait vendre...).

Tableau 12. – *Classement des sports qui évoquent la violence (en % des réponses)*

Rugby	84 %	VTT	35 %	Patinage artistique	11 %
Formule 1	66 %	Ski	35 %	Natation	10 %
Rallye auto	64 %	Cyclisme	30 %	Escalade	10 %
Football	60 %	Basket-ball	28 %	Volley-ball	9 %
Judo	46 %	Voile	28 %	Randonnée pédestre	2 %
Handball	42 %	Tennis	20 %	Golf	2 %
Roller	38 %	Athlétisme	20 %	Pétanque	1 %

Tableau 13

Ici encore, nous avons affaire à une valeur à laquelle les sponsors sont particulièrement sensibles. Le dopage est une forme de tricherie qui contredit l'idéal sportif de loyauté. Or il semble que les Français soient bien informés des « affaires » puisqu'ils sont une large majorité à l'attribuer à des sports collectifs médiatiques (football, basket-ball, rugby), la natation, l'athlétisme et le cyclisme. Mais comme face à la violence, les sponsors dénoncent le manquement éthique du dopage tout en renouvelant les contrats de sponsoring. À l'instar de la société Festina qui a développé ses scores de mémorisation malgré la condamnation de son équipe pour dopage, la plupart des sponsors de pratiques dites « à risques » reconduisent régulièrement leurs contrats.

Tableau 13. – *Classement des sports qui évoquent la propreté (par opposition au dopage – en % des réponses)*

Golf	85 %	Formule 1	69 %	Tennis	51 %
Randonnée pédestre	82 %	Patinage artistique	69 %	Basket-ball	45 %
Roller	80 %	Ski	62 %	Rugby	39 %
Voile	75 %	Judo	58 %	Natation	34 %
Escalade	73 %	VTT	55 %	Athlétisme	29 %
Pétanque	72 %	Volley-ball	55 %	Football	25 %
Rallye auto	71 %	Handball	53 %	Cyclisme	15 %

Enfin, nous sont proposés des cartes permettant de situer les pratiques au croisement de deux valeurs. Par exemple, les valeurs de modernité et de convivialité ne sont associées de façon significative que pour le VTT, le roller et le basket-ball (schéma 4). Une pratique comme le judo est jugée conviviale mais traditionnelle. Inversement, le patinage artistique est jugé moderne mais peu convivial. De tels résultats intéressent directement les sponsors ayant choisi de communiquer à partir de deux axes correspondant à deux cibles distinctes.

Les sponsors peuvent tirer de ces résultats un double enseignement.

– Tout d'abord, il est remarquable de constater que l'intérêt pour le sport perdure – une certaine forme de passion parfois – dans une sorte de globalité sentimentale. Les Français semblent intégrer les éléments négatifs d'image (violence, dopage, tricherie) avec fatalisme ce qui n'altère en rien l'image globalement positive qu'ils ont de telle ou telle pratique. Des sports comme le cyclisme ou l'athlétisme particulièrement touchés par les procès de dopage restent populaires et appréciés ; leurs champions repentis sont célébrés. Dans la relation sentimentale, l'imperfection morale peut même donner du piment et le pardon être dynamisant. Le héros sportif, chevalier blanc irréprochable, est lisse voire ennuyeux et sans surprise. Le feuilleton offert par l'antihéros, tour à tour tricheur et généreux, peut toucher davantage le cœur des publics.

– Le second enseignement est que chaque discipline sportive possède une identité culturelle et éthique relativement stable que l'actualité sportive ne parvient pas à bouleverser vraiment. La convivialité supposée du rugby

Schéma 4. – *Mapping de l'observatoire Sports & Valeurs : modernité et convivialité*

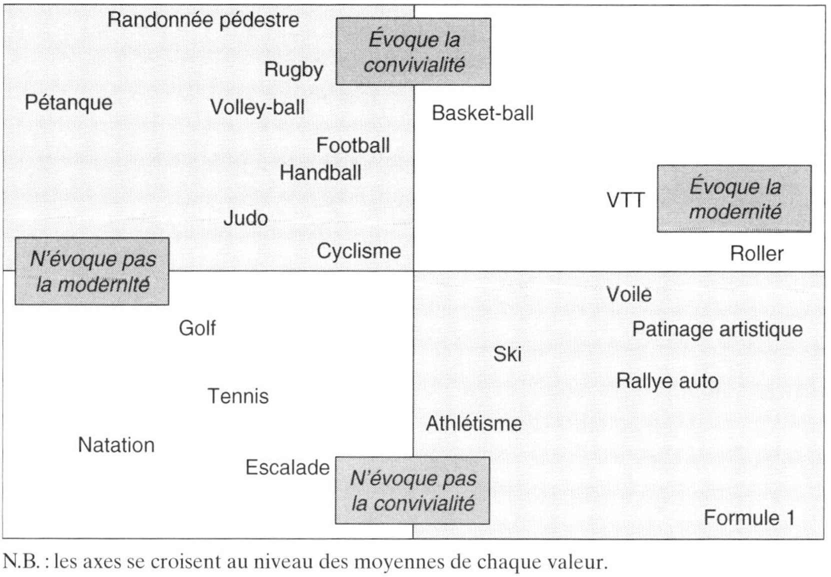

N.B. : les axes se croisent au niveau des moyennes de chaque valeur.

peut fonctionner comme un mythe, tout autant que l'égocentrisme du pilote isolé du monde dans sa Formule 1. Peu importe car ce qui compte, pour le sponsor, c'est que ces représentations perdurent (y compris lorsqu'elles sont bousculées par la réalité sportive). Le sponsoring est de ce point de vue une affaire de durée.

4.6. Application : le positionnement du football parmi les autres sports collectifs

Si nous soulignons les valeurs extrêmes (tableau 14), nous pouvons relever que le football est principalement considéré comme un sport violent, viril et jeune, et que les valeurs de propreté, d'élégance et de sensualité lui sont refusées.

– Le basket est considéré comme un sport jeune, convivial et viril, loin des valeurs de propreté, de sensualité et de sérénité.

– Le handball comme un sport violent, viril et convivial, loin des valeurs de sensualité, d'élégance et de modernité.

– Le rugby comme un sport très violent, viril et audacieux, loin des valeurs d'élégance, de sérénité et de propreté.

– Le volley-ball comme un sport convivial, bon pour la santé et dynamique, loin des valeurs de violence, de modernité et de sensualité.

Globalement, les sports collectifs sont marqués par la violence des contacts (à l'exception du volley-ball où le filet sépare les joueurs) et une virilité affirmée (excepté le volley) et renvoient à des valeurs de convivialité et de jeunesse. Par contre, leur sont refusées les valeurs de sensualité, de sérénité, de propreté (le dopage leur est systématiquement associé) et d'élégance (le volley faisant encore exception).

Rugby ou football ? Un sponsor doté d'un budget conséquent et intéressé par la valeur de convivialité pourrait préférer le rugby (indice 136) – mais aussi chacun des autres sports collectifs (indices 127 à 135) – au football qui arrive en dernière position (indice 123). Par contre, s'il vise la virilité – la valeur positive la plus forte attribuée au football (indice 159) – il peut objectivement être conduit à choisir le rugby nettement mieux noté (indice 205).

Tableau 14. – *Valeurs attribuées aux sports collectifs (indices)*

	Convivialité	**Élégance**	**Jeunesse**	**Virilité**	**Dynamisme**	**Créativité**	**Dép. de soi**	**Authenticité**	**Modernité**	**Originalité**	**Audace**	**Sensualité**	**Sérénité**	**Propreté**	**Bon/santé**	**Violence**
Basket	**127**	93	**128**	**126**	112	106	98	93	96	89	93	**62**	**80**	**79**	115	93
Football	123	**57**	**132**	**159**	107	109	93	90	83	79	87	**73**	60	**44**	103	**198**
Handball	**128**	**72**	116	**132**	112	105	94	85	**81**	84	92	**64**	80	94	112	**138**
Rugby	136	**46**	117	**205**	115	91	109	121	79	90	**140**	73	**63**	**69**	96	**276**
Volley	**135**	105	109	73	**110**	96	85	88	**69**	77	73	**71**	80	96	**115**	**29**

S'il a choisi par avance le football, il devra alors sélectionner les valeurs discriminantes : la jeunesse (le football faisant mieux que le rugby : 132 contre 117) ou encore la créativité (109 contre 91). Il est donc judicieux pour un sponsor du football de communiquer sur les valeurs de jeunesse et de créativité (réalisant des scores modestes mais discriminants) que sur celle de virilité réalisant un score supérieur mais davantage attribuée au rugby (schéma 5).

Volley-ball ou handball ? S'il dispose d'un petit budget et s'il veut éviter une concurrence de la surenchère qui est celle du football et, dans une moindre mesure, du rugby, un sponsor peut décider d'opter pour le volley si les valeurs de convivialité et de santé correspondent à son identité de marque ou à sa culture d'entreprise ; mais à condition de ne pas accorder trop d'importance à la valeur de virilité. Il choisira le handball si la valeur de virilité lui semble plus adaptée et s'il n'accorde pas trop d'importance à la question de la violence. La décision est, en général, dictée par la caractérisation des prospects et le cœur de cible de la marque : si la cible est clairement masculine, le choix du handball peut raisonnablement s'imposer (culturellement, la violence choque moins les hommes que les femmes) ; les femmes seront sans doute plus attirées par un sport pacifique comme le volley-ball et qui préserve la santé.

Enfin, si un sponsor souhaite départager les sports collectifs au croisement des valeurs de modernité et de convivialité, il choisira le basket-ball. Football, rugby, volley-ball et handball évoquent certes la convivialité mais pas la modernité (schéma 6).

Schéma 5. – *Le choix entre football et rugby à partir de valeurs distinctives*

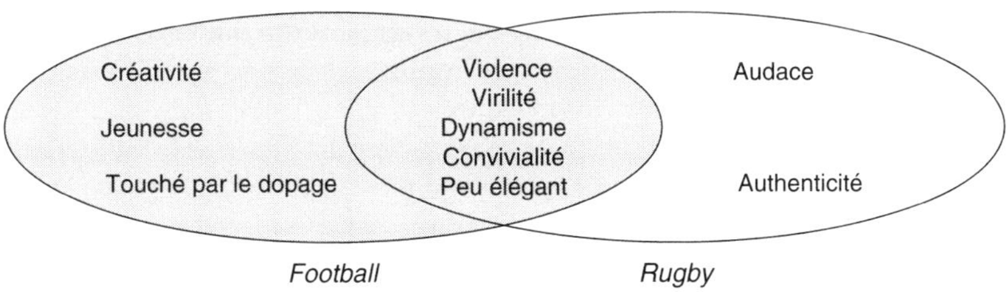

Schéma 6. – *Mapping : modernité et convivialité*

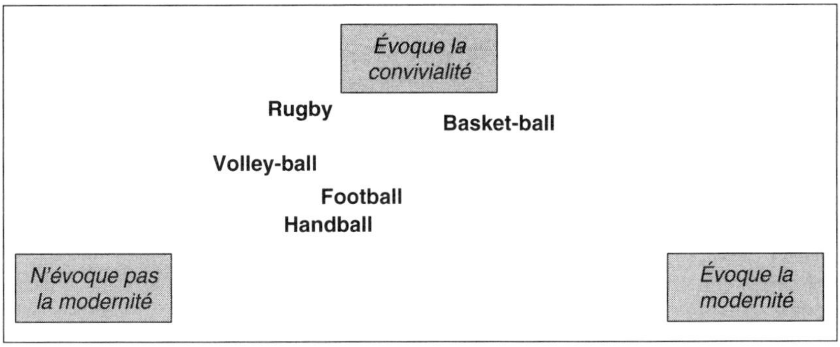

4.7. Les sports pratiqués

Un sponsor peut décider du choix d'un sport en fonction du nombre de pratiquants (Tribou et Augé, 2003). En effet, si vingt millions de Français déclarent pratiquer la randonnée en 2000 selon l'INSEP [1], nous pouvons supposer un intérêt général de leur part pour tous les sports se déroulant dans un environnement naturel (pratiques dites *outdoor*) et une attitude *a priori* favorable vis-à-vis des partenaires de ces activités. Le constat que plus de quatorze millions de Français pratiquent la natation et douze millions le cyclisme, peut être également un élément de décision quant à sponsoriser un club nautique ou une équipe cycliste (tableau 15). Rapportée aux pratiquants, la démarche de sponsoring se trouve en effet simplifiée : une personne fréquentant régulièrement une piscine et en contact visuel avec une marque (panneaux, carte d'abonnement, maillot du surveillant de baignade, etc.), sera plus réceptive au message de partenariat que lorsqu'elle regarde du sport à la télévision. Si, de surcroît, le nombre de pratiquants se chiffre en millions, alors l'investissement devient judicieux car il permet d'apparaître de façon très marquante (et souvent exclusive) sur des panonceaux des parcours de VTT ou de randonnées, à l'occasion de manifestations cyclosportives qui peuvent réunir jusqu'à 10 000 cyclistes amateurs ou encore d'un marathon. Par ailleurs, les pratiquants peuvent servir de relais pour diffuser le message : le marathonien qui arbore son maillot souvenir lors de ses entraînements expose le sponsor au regard des amateurs de jogging du dimanche matin.

Il est également pertinent, pour un sponsor, de savoir si la pratique d'un sport est plutôt féminine ou masculine, notamment si sa cible est marquée par le genre. Inversement une marque agro-alimentaire qui vise un marché mixte, recherchera un sport qui réunit hommes et femmes. En France en 2000, la différenciation reste très marquée (tableau 16). Peu de sports peuvent revendiquer une pratique réellement mixte : la natation, le volley-ball. Certains sont supposés typiquement féminins : gymnastique, yoga, patinage artistique, danse. La grande majorité sont repérés comme étant masculins : le football, le rugby, les sports mécaniques, la chasse et la pêche – cela ne surprend pas vraiment – mais aussi la voile, le golf ou l'escalade et cela peut surprendre davantage. Il s'agit de représentations dominantes qui ont peu de lien avec la réalité des pratiques : la gymnastique est supposée réclamer des qualités de grâce et de souplesse « typiquement » féminines alors que le rugby dont les contacts sont rudes renverrait à des qualités viriles. Nous avons affaire à des codes culturels forts que les annonceurs ne peuvent pas ignorer au risque de heurter les convictions de leurs prospects (Ohl, 2002).

1. L'enquête de l'INSEP retient les pratiques occasionnelles à la différence d'autres enquêtes ne retenant que les pratiques régulières, notamment celles de l'INSEE et de BVA.

Tableau 15. – *Classement des sports selon leurs effectifs en 2000 (personnes âgées de 15 à 75 ans)*

Pratiques	Effectifs en millions	% de femmes	% de 45-75 ans	% de diplômés du supérieur	% d'étudiants
Ensemble	36,6	48	40	31	17
Marche	20,1	57	51	30	10
Natation	14,5	52	31	43	21
Vélo	12,7	40	33	33	19
Course	6,6	35	19	46	27
Boules	6	27	57	25	8
Gym	5,1	78	46	42	16
Ski	5,3	42	25	50	24
Football	4,6	8	11	33	41
Tennis	3,6	32	14	53	41
Marche sportive	3,1	43	33	52	17
Pêche	3	16	47	19	10
Musculation	2,6	35	17	42	23
Tennis de table	2,3	31	21	38	35
Roller	1,7	44	3	47	54
Badminton	1,7	44	9	45	36
Basket	1,3	33	5	30	66
Volley	1,2	50	2	41	60
Glisse	1,2	39	9	44	43
Chasse	1,1	5	59	14	7
Danse	1	80	21	38	42
Équitation	0,8	60	13	44	39
Arts martiaux	0,7	27	7	32	41
Voile	0,6	28	33	58	24
Escalade	0,6	29	7	39	40
Golf	0,6	22	31	53	31
Handball	0,6	31	1	36	65
Athlétisme	0,5	36	14	30	44
Patinage artistique	0,5	71	3	38	70
Rugby	0,4	6	8	36	43
Boxe	0,4	22	1	25	55
Aviron, canoë	0,4	30	10	67	18
Sports mécaniques	0,4	11	11	31	13

Source : les pratiques sportives en France, INSEP et ministère des Sports, 2002.

Tableau 16. – *Proportions de femmes et d'hommes dans les différentes activités sportives en 2000 (population âgée de 15 à 75 ans – juillet 2000)*

Activités sportives (classées selon leurs effectifs)	Proportion de femmes (%) et âge moyen	
SPORTS MIXTES (au moins un tiers de femmes et un tiers d'hommes)		
Marche, randonnée, trekking	57 %	45 ans
Natation, baignade, plongée de loisirs	**52 %**	**34 ans**
Vélo, VTT	41 %	38 ans
Footing, jogging	35 %	33 ans
Ski alpin, nordique, luge	43 %	35 ans
Musculation, culturisme, haltérophilie	35 %	32 ans
Roller, Skate	38 %	25 ans
Badminton, squash	46 %	29 ans
Basket-ball	33 %	24 ans
Volley	**50 %**	**36 ans**
Glisse eau et neige	38 %	28 ans
Équitation	60 %	29 ans
Athlétisme	35 %	28 ans
SPORTS PLUTÔT FÉMININS (au moins deux tiers de femmes)		
Gymnastique, yoga	**79 %**	**41 ans**
Danse	**80 %**	**31 ans**
Patinage sur glace	**71 %**	**24 ans**
SPORTS PLUTÔT MASCULINS (au moins deux tiers d'hommes)		
Boules, pétanque, bowling	27 %	43 ans
Football	**8 %**	**27 ans**
Tennis	32 %	30 ans
Pêche	**16 %**	**44 ans**
Tennis de table	30 %	32 ans
Chasse	**5 %**	**49 ans**
Voile, planche à voile	25 %	36 ans
Arts martiaux	26 %	28 ans
Escalade	29 %	28 ans
Golf	22 %	37 ans
Handball	31 %	23 ans
Autres sports de combat	31 %	20 ans
Rugby	**6 %**	**27 ans**
Sports mécaniques	**13 %**	**33 ans**
Aviron, canoë kayak, rafting	30 %	32 ans

Source : enquête MJS/INSEP, 07/2000.

Enfin, la connaissance des pratiques selon les catégories d'âges est un critère précieux pour un sponsor dont le cœur de cible est générationnel. Analysons le cas des adolescents qui intéressent, directement en tant que consommateurs ou indirectement en tant que prescripteurs, toutes les entreprises ayant choisi de communiquer à travers le sport.

5. Application : le choix d'un sport apprécié des adolescents

Les fabricants d'articles de sport placent les adolescents au cœur de leur cible, non seulement parce que ces derniers représentent un marché non négligeable (estimé à plus de quarante milliards d'euros en 2001) mais surtout parce qu'ils sont des prescripteurs efficaces pour leurs aînés (Tribou, 1999). Par ailleurs, les adolescents d'aujourd'hui étant les adultes consommateurs de demain et sachant que sur dix marques consommées par les 25-35 ans, sept ont été adoptées dès l'adolescence, ils sont devenus le passage obligé des marques pour conquérir et conforter un marché, qu'il s'agisse d'un marché sportif ou de tout autre marché marqué par les valeurs du sport. Or, une des missions du sponsoring est justement de persuader ces consommateurs en herbe de venir à la marque, de s'y attacher, afin de les fidéliser dans leur vie de consommateur. La stratégie de marque est dynamique : chaque génération de jeunes consommateurs séduits va prescrire la marque aux autres générations qui se souviennent de leurs premières amours. Ce n'est pas un hasard si Coca-Cola, marque centenaire, multiplie les actions de sponsoring car pour mener à bien l'objectif de remplacer l'eau au quotidien par son *soft drink*, il lui faut certes séduire les adolescents mais aussi fidéliser toutes les autres catégories d'âge ayant, elles aussi, été conquises dans leur jeunesse.

5.1. Les choix sportifs des adolescents

Le sport occupe une place de premier plan dans la vie des adolescents. Une étude réalisée en 2003 [1] révèle que le sport est le loisir qui a le plus d'importance dans leur vie après les rencontres entre amis (38 % contre 52 %). Parmi les cinq personnalités qu'ils admirent le plus, figure le footballeur Zidane juste derrière le comédien Djamel Debbouze (39 et 42 %) et le basketteur Tony Parker aux côtés du Dalaï Lama et de l'abbé Pierre (autour de 20 %).

Les adolescents sont très présents dans les clubs sportifs, notamment en gymnastique, en judo, en basket-ball – mais fréquentent très peu les clubs de musculation, de boules ou encore de golf (tableau 17). Ces jeunes pratiquants licenciés sont généralement issus de familles de diplômés et de pratiquants, disposant de revenus au-dessus de la moyenne.

1. *Les valeurs des jeunes de 15-24 ans*, étude TNS-SOFRES pour Radio France, novembre 2003.

Tableau 17. – *La part des moins de quinze ans dans les effectifs licenciés des fédérations*

Pourcentage de moins de quinze ans	**Activités sportives fédérales Lecture : de 60 à 70 % des licenciés en gym ont moins de quinze ans**
De 60 % à 70 %	Gymnastique, judo, basket
De 50 à moins de 60 %	Sports de glace, handball, base-ball, hockey sur glace, football américain, karaté, aïkido, taekwondo, équitation, roller-skate, escrime
De 30 à moins de 50 %	Football, athlétisme, tennis de table, rugby, boxe, tennis, sports mécaniques, aviron, canoë-kayak
De 10 à poins de 30 %	Sports de neige, volley, danse, glisse sur eau, escalade, badminton, voile, tir, pêche
Moins de 10 %	Musculation, marche sportive, boules, golf, bowling, sports aérien

Source : enquête annuelle du ministère des sports auprès des fédérations, 2001.

En 2001, 73 % des 15-16 ans déclarent pratiquer un sport en dehors du lycée et 56 % assister à des spectacles sportifs ; alors qu'ils sont 96 % à déclarer écouter de la musique, 89 % regarder des cassettes vidéo et 86 % aller au cinéma. Le sport devance cependant les jeux vidéo (60 %), le shopping (68 %), la lecture (53 %) et les concerts (40 %) [1]. Par ailleurs, ils sont 35 % à pratiquer le football et 22 % le basket, mais seulement 4 % à être attirés par des activités innovantes comme le skateboard, le snowboard ou le beach-volley (tableau 18).

À la question « Quels sont les trois sports dont l'actualité et les compétitions t'intéressent le plus ? », les 15-16 ans répondent, comme leurs aînés, en plaçant le football très largement en tête (72 %) devant le tennis et le basket-ball (24 et 23 %) ; tout en reléguant des sports supposés « adolescents » comme le skate ou le BMX en fin de classement (3 %). Il est cependant à noter qu'un tel classement est, en partie, influencé par les politiques de pro-

Tableau 18. – *Les pratiques des quinze-seize ans en 2001 (pendant l'année scolaire ou pendant les vacances)*

<table>
<tr><td>Football</td><td>35 %</td><td>Volley-ball</td><td>12 %</td><td rowspan="6">Footing,
Gymnastique,
Aérobic,
Bowling,
Musculation,
Patin à glace
5 %</td><td rowspan="6">Skate,
Snowboard,
Beach-volley,
Rugby,
Base-ball
4 %</td><td rowspan="6">Judo,
Plongée,
Voile,
Aviron,
Canoë-kayak
3 %</td></tr>
<tr><td>Basket-ball</td><td>22 %</td><td>Danse</td><td>11 %</td></tr>
<tr><td>Natation</td><td>21 %</td><td>Handball</td><td>10 %</td></tr>
<tr><td>Tennis</td><td>19 %</td><td>Cyclisme, Badminton</td><td>8 %</td></tr>
<tr><td>VTT, BMX</td><td>16 %</td><td>Boxe, Athlétisme, Équitation</td><td>7 %</td></tr>
<tr><td>Tennis de table</td><td>13 %</td><td>Roller, ski, randonnée</td><td>6 %</td></tr>
</table>

Source : étude IPSOS 2001, *L'Équipe Magazine*, 17/11/2001.

1. *L'Équipe Magazine*, 17/11/2001.

grammation des médias. En effet, si le football surmédiatisé est davantage cité que le volley-ball rarement programmé, c'est sans doute parce que les adolescents s'y intéressent mais également parce qu'il monopolise l'espace et qu'il alimente inévitablement les conversations (Ohl, 1998). Citer le football va de soi. Évoquer un sport plus confidentiel a sans doute davantage de sens et exprime un intérêt plus marqué (tableau 19).

Les pratiques sportives peuvent ainsi être classées en quatre catégories en fonction de leur impact auprès des 15-16 ans.

– Certains sports leur parlent indiscutablement. Basket-ball, automobile, handball, boxe, sont des pratiques qui les intéressent et qu'ils aimeraient voir davantage à la télévision. S'il n'est pas surprenant de trouver le basket en seconde position, quasiment *ex æquo* avec le tennis, il est par contre éton-

Tableau 19. – *L'impact des sports sur les quinze-seize ans*

15-16 ans en octobre 2001	**Les sports qui les intéressent le plus**	**Les sports qui les intéressent le moins**	**Les sports qu'ils aimeraient voir plus souvent à la télévision**	**Les sports qu'ils aimeraient voir moins souvent à la télévision**
Football	**72**	**13**	**17**	**31**
Tennis	**24**	**10**	9	8
Basket-ball	**23**	9	**17**	6
Automobile	**16**	/	6	6
Handball	**12**	7	**12**	/
Rugby	**11**	**20**	4	**15**
Boxe	**10**	8	**13**	4
Gymnastique	**10**	**12**	7	5
Athlétisme	9	**10**	4	4
Équitation	8	8	8	4
Moto	7	/	8	/
Danse	7	9	9	3
Natation	7	**11**	7	/
Volley-ball	6	5	6	/
Cyclisme	6	**13**	/	**16**
Judo	5	/	4	/
Patinage artistique	5	6	5	6
VTT, BMX	4	/	4	/
Hockey-glace	4	/	4	/
Base-ball	3	/	6	/
Skate	3	/	6	/
Golf	/	**17**	/	5
Natation synchronisée	/	6	/	3

Source : étude IPSOS 2001, *L'Équipe Magazine*, 17/11/2001.

nant de voir figurer la boxe ou l'automobile, s'agissant de sports qui renvoient à des représentations qui ne sont pas considérées habituellement comme appartenant à la culture des adolescents (à l'inverse de la moto qui, étonnamment, les intéresse deux fois moins que l'automobile, même s'ils sont plus nombreux à en souhaiter davantage à la télévision). La place du basket semble refléter la popularité acquise par la NBA américaine auprès de ces publics et dont profitent aussi les équipes européennes.

– Football, tennis, rugby et gymnastique ne les laissent pas indifférents mais ils sont nombreux aussi à les rejeter. En ce qui concerne le rugby et la gymnastique, ils sont plus nombreux à s'en désintéresser qu'à s'y intéresser.

– Natation, cyclisme et golf sont des sports rejetés pour des raisons que l'on peut supposer liées à des représentations (le snobisme supposé du golf, le dopage dans le cyclisme et ses publics seniors, le caractère très normatif de la natation qui laisse peu de place au plaisir).

– Enfin, la plupart des autres sports les laissent indifférents et il est surprenant de compter parmi eux des pratiques réputées participer à leur culture comme le skate, le BMX, le base-ball ou le hockey.

Un sponsor dont le cœur de cible correspond à cette catégorie pourra ainsi hésiter à choisir le football, certes plébiscité par près des trois quarts des adolescents mais que 13 % rejettent et dont 31 % souhaitent moins en voir à la télévision. Il pourra lui préférer classiquement le basket-ball ou faire preuve de plus d'audace en choisissant la boxe ou le handball, voire l'automobile. Par contre, il devra éviter des sports comme le rugby ou la gymnastique qui divisent les opinions. Parmi les autres sports, certains, s'ils sont choisis pour leur originalité, devront être soutenus par des campagnes de communication.

Le choix d'une pratique est aussi fonction des acteurs, de leur notoriété et de leur image. Le football bénéficie de la popularité de ses champions. Zidane est le joueur que 69 % de ces adolescents admirent le plus, devant Barthez (23 %) et Henry (20 %). Puis viennent Lizarazu, Anelka, Pires et Trézéguet (entre 10 et 17 %).

Les champions des autres sports sont moins cités : le judoka Douillet (16 %), le basketteur Jordan (11 %), le joueur de tennis Agassi (10 %). Puis viennent le pilote de Formule 1 Schumacher, le boxeur Tyson, le joueur de tennis Kuerten (entre 4 et 8 %). Nous avons affaire à des champions qui appartiennent à l'histoire de chaque discipline : Douillet a pris sa retraite sportive en 2000, Agassi a disparu dans les profondeurs du classement de l'ATP et Kuerten a perdu sa première place en 2001, Tyson a cessé de combattre [1] et seul le champion de Formule 1 reste une référence au moment du sondage.

1. Tyson dispute encore quelques combats commandités par les médias et les sponsors mais sans grande signification sportive.

Lorsqu'on leur demande de citer des champions à qui ils aimeraient ressembler, les adolescents plus ou moins contraints de nommer de jeunes sportifs faisant l'actualité, sont embarrassés : 28 % n'en citent aucun, 17 % le jeune footballeur de l'équipe de France espoir Sinama-Pongolle, 15 % le basketteur français en NBA Parker ou le nageur australien champion olympique Thorpe.

5.2. Comment parler de sport aux adolescents ?

Lorsqu'un industriel décide de communiquer par le sport à des adolescents, il sait que la tâche est difficile. Ces derniers sont, en effet, réputés inconstants et volages envers les marques [1]. Ils s'enthousiasment, le temps d'une saison, pour une marque élue puis s'en détournent tout aussi soudainement pour se ruer vers une autre marque boudée la saison précédente. Le prix apparaît secondaire si la marque fait mouche à la sortie du lycée (Ohl, 2003). Même si leur pouvoir d'achat moyen est limité (environ 75 euros pour les 11-15 ans, contre 600 euros pour les 18-24 ans en 2001), concentré sur quelques produits luxueux, il leur permet d'arborer des chemises Lacoste à plus de 100 euros ou des chaussures Nike Air Max à 183 euros, tout en réalisant des économies drastiques sur leur alimentation quotidienne et en gérant au mieux leurs livrets d'épargne [2].

La difficulté de communiquer avec des consommateurs adolescents tient au fait qu'ils ont des motivations d'achats contradictoires. Une marque doit leur permettre, à la fois d'afficher leur identité et mettre en scène une certaine forme de rébellion à l'égard du monde des adultes, tout en les rassurant sur leur bonne intégration dans la société (être comme les autres). Elle doit répondre à une demande forte de plaisir immédiat, excessive et hors normes, tout en respectant certains codes éthiques (d'hygiène, de sexualité, de rapport qualité/prix, etc.). C'est ce qui explique le succès d'une marque comme Eastpack (le sac à dos des cours de récréation) et celui du téléphone Nokia à coque personnalisée : l'une est « passe-partout » et renvoie vaguement à un univers de glisse fédérateur, l'autre est provocatrice et vise à singulariser la « tribu » de copains. Dans le domaine alimentaire, ils sur-consomment hamburgers, *cookies* et *soft drinks*, tout en appréciant les vertus diététiques des laitages et l'hygiène dentaire garantie par telle marque de chewing-gums. Dans ces conditions, les fabricants sont contraints à trouver des axes justes et à les renouveler.

– La justesse de l'axe est le mot d'ordre des publicistes. La marque Fanta jugée infantilisante (faisant trop référence à l'univers de la mère) est délaissée au profit d'Orangina dont le slogan « Les givrés, boivez-les » a

1. Voir à ce sujet le dossier proposé par *Capital* en décembre 2001 : « Les adolescents, des clients pas faciles ».

2. Répartition des dépenses dans le budget des adolescents en 2001 : loisirs (38 %), vêtements (33 %), épargne (17 %), divers – aliments, cosmétiques, téléphonie, etc. (12 %). *Capital, op. cit.*

fait un tabac en 2001. La faute de français est une petite provocation qui leur a plu. La campagne Moby Carte de France Télécom a été un succès. Les ingrédients : un jeu de mot (MCT, comprendre MCity) et une star (la silhouette du footballeur Anelka). Le message est savamment codé. Ces références à l'univers culturel des adolescents, celui que les adultes tentent d'approcher, sont difficiles à saisir et une marque peut très vite être accusée de manipulation par simple faute éthique : pour avoir manqué de sincérité et de loyauté ou les avoir singés et caricaturés.

– La nécessité de renouveler les axes est liée au fait que les cadets (les 8-11 ans), fascinés par leurs aînés, veulent aussi se démarquer en passant de l'école au collège. La marque du grand frère est forcément démodée sauf à leur délivrer un message *ad hoc*. La marque doit donc en permanence innover à destination des cadets et fidéliser les aînés, car les adolescents devenus jeunes adultes doivent garder un souvenir positif de la marque.

5.3. Application : Nokia et le snowboard

Une étude réalisée pour la société de téléphonie Nokia [1], qui envisageait d'axer sa communication mondiale auprès des adolescents sur le snowboard, constitue une bonne illustration de la difficulté de définir une politique de sponsoring.

L'image du snowboard, pour ces lycéens, est celle d'une pratique jeune, rebelle, spectaculaire, extrême, l'image d'une pratique d'évasion et de liberté, associée au skateboard urbain, à la fête, à la musique (mais sans parvenir à définir laquelle), à l'opposé d'autres pratiques traditionnelles comme le football. Ils sont 60 % à déclarer que le snowboard s'inscrit dans un véritable mode de vie (vêtements amples de couleurs spécifiques, liens sociaux de type communautaires, liberté de rencontres, drogues douces) et 40 % à l'associer à la nature. Les trois quarts pensent que le snowboard n'appartient pas à l'univers de l'olympisme : « le snowboard, c'est pour s'amuser, pas pour gagner ». Pour eux, les surfeurs sont des rebelles, différents des skieurs et loin du business. Mais, de façon contradictoire, ils pensent aussi que ces pratiquants sont rentrés dans le rang social.

Il y a quasi unanimité pour dire que le sponsoring est nécessaire à la pratique, tout simplement parce que les pratiquants professionnels ont « droit » à une rémunération. Quant à l'avenir de la pratique, les avis sont partagés. La majorité estime qu'elle va se développer comme le ski dans les années soixante parce qu'il s'agit davantage d'un phénomène de société que d'une mode éphémère. Ils apprécient davantage des modalités

1. F. Ohl et G. Tribou, EA en Sciences du Sport, Université Marc Bloch, 2000. Étude internationale coordonnée par l'Université finlandaise de Jyvaskyla. Pour la partie française : quatre entretiens de groupes de lycéens réalisés en mai 2000 dans un lycée strasbourgeois (deux groupes de « sport études » – « sport School », deux groupes de lycéens ordinaires), selon des quotas filles/garçons et des quotas d'âges (15/16 et 17/18 ans).

innovantes comme le *big jump* ou la descente libre, que des modalités empruntées au ski comme le slalom.

Les résultats de la partie française de l'étude, rapportés à ceux des autres pays, montrent, au-delà des quelques contradictions d'opinion classiques concernant cette jeune population, que le choix du snowboard par un fabricant leader sur le marché du téléphone mobile qui a fait des 18-24 ans sa cible de communication, est judicieux [1]. En effet, les trois motivations d'achat sont respectées : affirmer une identité singulière (le jeune *snowboarder* rebelle se distingue de ses parents skieurs), se fondre dans le groupe (la pratique n'est plus marginale, elle fédère les adolescents), se faire plaisir (la pratique est facile et ludique, à l'opposé du ski traditionnel à l'apprentissage laborieux).

Mais, si le fabricant veut que cette catégorie d'âge lui appartienne, il lui faut impérativement préparer le terrain auprès de leurs cadets. La marque étant plus que centenaire (créée en 1865), elle doit parler clairement à ces catégories et à partir d'axes soigneusement définis : la technologie (nombreux sont les gadgets électroniques dont les ados raffolent), la distinction (chaque appareil peut être personnalisé par une coque interchangeable et dans le cadre de séries limitées en association avec des marques « tendances » – Kenzo par exemple), la culture adolescente (chacun peut télécharger un logo faisant référence à une série télévisée culte), etc.

Le résultat, en France, est atteint puisque la marque figure en quatrième position dans le classement des marques des moins de vingt-cinq ans [2] et très loin dans le classement des seniors (71e rang).

Nous avons tenté d'éclaircir la question des critères de choix de l'activité sportive par le sponsor dans le cadre de son système d'objectifs de communication. Il nous faut maintenant aborder la mise en œuvre du sponsoring et son exploitation au niveau du mix marketing, tout en maintenant notre fil directeur de montrer que le sponsoring entre dans la rationalité de gestion de l'entreprise. Les moyens engagés doivent, en effet, présenter une forme de rentabilité en regard des objectifs affichés.

1. En 2001, Nokia est numéro 1 mondial avec un chiffre d'affaires de vingt milliards d'euros et plus de cent millions de téléphones vendus chaque année.

2. Nokia est derrière BMW (symbole de technologie et de rang social), Sony (et sa Play Station) et Levis (et son Sta Prest), mais devant Fnac, Bic, Adidas, Nike, Swatch et Microsoft (dossier *Capital,* « Les marques préférées des Français », novembre 2001).

Chapitre 4

MISE EN ŒUVRE DU SPONSORING ET VALORISATION

Pour mettre en œuvre sa politique, le sponsor dispose de plusieurs modalités d'actions. Il peut se contenter d'apparaître sur le site ou de parrainer l'émission de télévision qui retransmet l'événement ; il peut choisir de soutenir une équipe ou un individu ou encore l'événement lui-même. Son choix est fonction des moyens dont il dispose et des risques économiques qu'il est prêt à assumer. Mais dans tous les cas, il doit prolonger son action par un mix d'actions de communication destinées à en valoriser au mieux les retombées. Le « savoir-faire » du sponsor doit, en, effet, s'accompagner d'un « faire-savoir », faute de quoi le retour sur investissement sponsoring est loin d'être garanti (Crimmins et Horn, 1996 ; Quester et Thompson, 2001).

Sylvère Piquet (1998) a clairement posé qu'à chaque niveau d'implication et de risque correspond une option stratégique. Un parrain peut se contenter d'acheter de l'espace sur le terrain d'un événement comme il le ferait d'un achat d'espace publicitaire à très court terme. Il peut amorcer une stratégie de positionnement en intégrant son action dans son mix de communication dans un souci de cohérence d'image. Une vision à long terme peut l'amener à participer activement à l'organisation de l'événement en étant sponsor titre par exemple ou sponsor d'équipe. Ainsi, le sponsoring permet d'acquérir une compétence distinctive (Amis, Slack et Berrett, 1999).

1. Le soutien d'individus sportifs

1.1. Le soutien d'un champion

À la suite de la marque pionnière Adidas (avec Jessie Owens sous contrat dès 1936), tous les grands fabricants d'articles de sport visent, actuellement, à s'attacher la personnalité de champions en mesure d'influencer les consommateurs. Le football présentant la meilleure visibilité médiatique, ses joueurs sont tout particulièrement convoités : Nike et Adidas se partagent le top 20 des joueurs vedettes (la moitié des joueurs pour Nike dont trois dans les dix premiers ; sept pour Adidas dont cinq dans les dix premiers), Diadora a deux joueurs sous contrat (Vieri et Keane), Umbro un seul (Owen). Question de budgets.

Nous pouvons repérer deux logiques de segmentation (encadré 1).

– Une logique géographique qui conduit les équipementiers à couvrir les grandes régions du monde à partir de joueurs connus et influents. Par exemple, la présence de Nike en Asie passe par le joueur japonais Nakata alors que celle d'Adidas s'appuie sur les fortes popularités de l'Anglais Beckham [1] (près

Encadré 1

Les critères de choix d'un joueur sous contrat Adidas.

Interview de Thierry Weil, responsable des contrats, Sports Marketing International, Adidas-Salomon AG, Herzogenaurach (Deutschland) – juin 2003.

Le choix est d'abord guidé par la valeur sportive. On considère en effet que l'image d'un joueur ne peut pas durablement être dissociée de ses qualités sur le terrain. Un joueur moyen peut très bien faire parler de lui par son comportement extra-sportif (par une vie mondaine intense, la fréquentation de stars du show-business, une grande visibilité sur les plateaux de télévision, etc.) et donc servir les intérêts de ses sponsors à court terme, mais l'effet peut retomber, voire s'inverser à tout moment car il est dépendant de phénomènes de mode, d'engouements passagers pour telle ou telle star du moment vite détrônée par d'autres stars appartenant à d'autres milieux culturels ou artistiques. Miser sur ce type de notoriété peut s'avérer périlleux si le joueur n'a pas de stature sportive. S'agissant d'investissements à long terme, le sponsor doit s'assurer que le niveau du joueur est à la hauteur. Il s'agit d'un point fondamental pour Adidas.

Mais le choix a également une dimension clairement marketing et tout d'abord géographique. La popularité d'un joueur comme Zidane atteint des records dans des pays où le joueur a évolué en championnat (France, Italie, Espagne). Dans ces conditions, l'intérêt économique d'un transfert peut se trouver dans l'accès à un autre pays – à un autre marché – à conquérir sans pour autant voir l'image du sponsor se détériorer dans le pays que le joueur quitte. En effet, au-delà d'une certaine durée de présence médiatique, la forte popularité du joueur reste vivace malgré son départ. Les supporters gardent en mémoire et dans leur cœur le joueur qui a participé à la gloire de leur club. Dans cette perspective, on pourrait imaginer un dernier transfert de Zidane en Asie pour clore sa carrière sportive tout en participant à la réputation de son sponsor Adidas dans des pays à fort potentiel économique.

Source : Tribou, 2004.

1. On estime que l'équipementier Adidas verse environ 3,5 millions d'euros à David Beckham en 2004, ce qui lui permet de lancer une ligne de vêtements au nom du joueur. Zinedine Zidane percevrait moins de deux millions du fait, probablement, d'une image moins rentable.

de trois millions d'euros de contrats publicitaires au Japon) et de l'Allemand Kahn (sous contrat avec la chaîne de télévision TV Asahi). Plus des deux tiers des revenus de Beckham et de Nakata sont ainsi de nature marketing.

– Une seconde logique vient s'ajouter : celle qui utilise l'image des joueurs pour communiquer à destination de segments différenciés. Par exemple, Adidas touche les jeunes consommateurs sensibles à la mode (cœur de cible : 12-20 ans) hommes et femmes avec David Beckham très présent dans la presse *people* ; son segment familial avec Zidane (dont l'image est associée à la rigueur sportive et aux valeurs de travail et de sérieux) ; son segment traditionnel masculin avec le gardien de buts Oliver Kahn cultivant une image de virilité (tableau 1).

En 2004, une dizaine de joueurs attirent l'essentiel des revenus du sponsoring, dont cinq y réalisent plus de la moitié de leurs revenus depuis plusieurs années (Beckham, Nakata, Ronaldo, Del Piero, Zidane : déjà présents dans le top 10 en 2000). Les trois premiers du classement (Beckham, Ronaldo, Zidane) ont perçu chacun plus de soixante millions d'euros depuis 1999. Les autres perçoivent des revenus sportifs de leurs clubs et de leurs fédérations.

Il y a une grande efficacité de communication dans le choix de soutenir une personnalité. De nombreuses recherches en publicité ont montré l'impact de l'utilisation de célébrités porte-parole de la marque (Kamins, 1990). Le principe est celui de l'endossement et du transfert d'affect : la marque vise le transfert d'attributs positifs de la personnalité (jeunesse, santé, talent, etc.) et d'une partie du sentiment manifesté à son égard (McCracken, 1989).

Le spectacle offert par un champion déborde, en général, de l'enceinte sportive et se poursuit après l'événement. Il est de bon ton d'inviter un médaillé olympique ou un champion du monde à un défilé de mode, à une première musicale ou à une soirée *jet set* dont il sera fait écho dans la presse. Les sportifs font désormais partie des personnalités en vue dans les médias *people* aux côtés des chanteurs, des comédiens et des hommes politiques (encadré 2). Ils apparaissent de plus en plus fréquemment dans des campagnes publicitaires et sur des plateaux de télévision, ce qui n'est pas

Encadré 2

Qu'est-ce qu'un grand champion en 2004 ?

Un grand champion est toujours appelé à faire montre d'une double compétence, dans le stade aux prises avec ses adversaires, voire ses coéquipiers, et hors du stade, aux prises avec des adversaires invisibles (…). Ces adversaires ne sont plus ceux qu'il rencontre sur le terrain mais le cercle des compétiteurs qui se disputent la faveur populaire, quel que soit le domaine d'activité d'où ils surgissent : chanson, variété, médecine, théâtre, cinéma, gastronomie, littérature, aide humanitaire, noblesse régnante ou pas, sphère politique encore.

Source : Paul Yonnet, *Huit leçons sur le sport*, Gallimard, 2004.

Tableau 1. – *Classement des footballeurs selon leurs revenus en 2004*

Top 20 2004	**Top 10 2000**	**Revenus 2004 (millions d'euros)**	**Dont revenus publicitaires et autres revenus [a]**	**Principaux sponsors**
David Beckham (Angl., Real Madrid)	N° 4 (5,5)	22,4	**70,9 %**	**Adidas,** Pepsi-Cola, huiles Castrol, Vodafone, jeux vidéo Rage Software, Marks & Spencer (Gilette en cours de nég.) Sponsors japonais : J-Phone (filiale Vodaphone), salons de beauté TBC, chocolats Meiji Seika, etc.
Ronaldo (Brés., Real Madrid)	N° 2 (8,4)	16,5	**60,6 %**	**Nike**, bière Brahma, Carrefour, Siemens
Zinedine Zidane (F., Real Madrid)	N° 10 (4,7)	14	**52,9 %**	**Adidas,** Ford, Orange, Danone, CanalSatellite
Christian Vieri (I., Inter Milan)	N° 3 (6,0)	11,1	39,6 %	**Diadora**, Télécom Italia, Carrera, Cepu, Toy's
Del Piero (I., Juventus Turin)	N° 1 (10,0)	10,05	**56 %**	**Adidas**, Uliveto, Luxxoticca, ElectronicsArts (jeu video FIFA 2004), Bliss
Ronaldinho (Brés., FC Barcelone)	/	10	20 %	**Nike**, Pepsi-Cola
Raul (Esp., Real Madrid)	/	9,3	26,9 %	**Adidas**, Pepsi-Cola
Michael Owen (Angl., Liverpool)	/	9,1	46,2 %	**Umbro**, Persil, Jaguar
Oliver Kahn (All., Bayern Munich)	/	8,84	41,9 %	**Adidas**, Burger King, Nestlé, après-rasage Tabac, Premiere, Telekom, Bridgestone, sté de credits jap Noroan
Luis Figo (Port., Real Madrid)	/	8,5	23,5 %	**Nike**, Coca-Cola, pétrolier Galp

Tableau 1. – *Classement des footballeurs selon leurs revenus en 2004*

Hidetoshi Nakata (Jap., FC Bologne)	N° 9 (4,9)	8,45	**66,3 %**	**Nike**, Canon, Shiseido, MasterCard, J-Phone, SkyPercfectTV, Subaru
Tierry Henry (F., Arsenal)	/	8,4	41,6 %	**Nike**, Renault, Coca-Cola
Sol Campbell (Angl., Arsenal)	/	8,1	6,2 %	**Nike**
Roy Kane (Irl., Manchester United)	/	7,7	13 %	**Diadora**
Patrick Viera (F., Arsenal)	/	7,2	13,9 %	**Adidas**
Francesco Totti (I., AS Roma)	/	7,15	22,4 %	**Nike**, Pepsi-Cola
Patrick Kluivert (Néerl., FC Barcelone)	/	6,9	14,5 %	**Nike**
Michael Balack (All., Bayern Munich)	/	6,7	37,8 %	**Adidas**, Coca-Cola, McDonald's, Sony, Telekom
Rio Ferdinand (Angl., Manchester Un.)	/	6,2	16 %	**Nike**
Paolo Maldini (I., Milan AC)	/	6,2	40,3 %	**Nike**, L'Oréal, Opel, Alyssa Ashley, Gruppo Marzotto

a. Autres revenus : édition, tournées d'exhibition, lignes de vêtements, immobilier, restauration, discothèques, merchandising, internet, chroniques dans les médias, DVD et vidéos, édition musicale, écoles de football etc.

Source : *France Football*, 4/05/2004.

sans intéresser directement les sponsors qui leur demandent de soigner aussi leur image extra-sportive et, si possible, devant les caméras [1]. Dans les contrats, nous trouvons à côté des obligations sportives (de calendriers et de résultats) l'engagement de porter le logo du sponsor à tous les moments publics de leur vie.

La condition d'évidence est que le champion fasse preuve d'un minimum de charisme. Pendant un temps, le mutisme d'Anelka a posé problème avant que son sponsor en fasse un axe de communication : si tous les sportifs sont bavards, celui qui garde le silence marque le public à sa façon. Pour un Noah ou un Cantona [2] très à l'aise et loquace face aux médias, combien de Sampras se contentent de gagner leurs matchs en préservant leur vie privée ? C'est la raison pour laquelle les sponsors précisent dans le détail des contrats les devoirs médiatiques des champions (nombre d'interviews et durée, liste des opérations de promotion, etc.) et se chargent parfois de parfaire leur éducation (linguistique notamment et media-training).

Il est significatif de voir des stars du football associer leurs images à des marques de mode vestimentaire (Nakata pour Prada et Armani) – voire participer à des défilés de mode (Ginola et Bierhof pour Cerruti) – ou à des marques de cosmétiques (Maldini pour L'Oréal) et de produits de luxe (Zidane pour Dior, Owen pour Jaguar). Certains signent des ouvrages (Zidane : *Le roman de la victoire*, Beckham : *My side*), d'autres des contrats d'exclusivité avec des magazines (Barthez et *Paris Match*). En 2004, David Beckham a été élu « célébrité la plus influente du Royaume-Uni ». Ses apparitions répétées aux côtés de son épouse, un verre de champagne à la main, dans la presse people (Daily Mail, Sun, etc.), semblent avoir provoqué une explosion des ventes de champagne dont la consommation a doublé en cinq ans (avec 38 millions de bouteilles, juste derrière celle des Français). S'il s'agit d'une opération de « placement produit » (*product placement* ou *P2P*) [3], force est de constater qu'elle a pleinement réussi. Les reportages réalisés sur ses nombreux tatouages ont également fait des émules parmi ses admirateurs.

Les publicistes se sont donc emparés de l'image des footballeurs et pas seulement pour mieux vendre des articles de sport. Comment expliquer

---

1. David Beckham a épousé la chanteuse Victoria Adams (ex-Spice Girl). Les photos exclusives du mariage ont été vendues 1,5 million d'euros au magazine *OK*.

2. Nike s'est intéressé à Cantona le jour où le joueur vedette du Manchester United a agressé un supporter ; son image était faite. Puis la marque Bic lui a proposé un contrat publicitaire. Ceci tend à montrer que le sponsor vise autant sinon plus, la notoriété extra-sportive du champion que ses exploits sur le terrain.

3. Le P2P consiste à placer des produits de marques dans des films ou des émissions de télévision. En France, l'agence Marques et Films, lancée en 1993, détient la moitié du marché. Les tarifs sont proches de ceux de la publicité : 3 000 euros pour une apparition du produit, 75 000 euros pour une citation de la marque et jusqu'à 400 000 euros pour associer une marque à un film événement.

qu'une marque prestigieuse et traditionnelle comme la marque anglaise de chaussures Weston s'attache l'image du remuant Nicolas Anelka ? Quelles que soient les intentions marketing de la société et cet exemple n'étant pas isolé, force est de constater que l'image des joueurs de football constitue désormais une valeur ajoutée pour les marques de tous les secteurs d'activité, dans le sport et en dehors du sport.

Par ailleurs les Françaises s'intéressent de près aux joueurs [1]. En 2002, elles les trouvent certes performants (68,1 %) mais aussi sympathiques (68,1 %), riches (37,3 %) et séduisants (21,4 %). Lorsqu'elles parlent de football, elles évoquent plutôt le physique des joueurs (16,1 %), les questions de violence et d'argent (11,2 %) et les « potins » sur la vie des stars du football (9,4 %) ; alors qu'elles sont 68 % à déclarer peu s'intéresser au football ou pas du tout. Le classement des joueurs les plus sexy situe en tête Lizarazu (14 %) devant Petit (13 %) et Zidane (12 %). En juin 2004, durant les championnats d'Europe, la marque d'électroménager Fagor a lancé une campagne de publicité sur le thème « Fagor, fournisseur officiel de la femme de... » (Desailly, Makelélé, etc.). Associer la marque aux femmes de joueurs de l'équipe de France va au-delà d'une simple opération d'ambush marketing car cela exprime le choix d'utiliser le football réputé machiste pour parler aux femmes.

Si l'investissement est rentable, il est aussi particulièrement risqué (Cégarra, 1994 ; Piquet, 1998). Par exemple, la marque Fila dont le chiffre d'affaires a explosé à la suite de sa collaboration avec le joueur de tennis Bjorn Borg, dans les années soixante-dix, a connu quelques déboires lorsque le champion surmédiatisé a mis fin à sa carrière. Il s'agit d'un cas d'école qui tend à montrer que s'attacher l'image d'un champion et concentrer tout l'effort de communication sur sa seule personne (car il est d'exception) fait courir le risque de vacuité lorsque le champion sort du circuit (de façon prévisible s'il prend sa retraite sportive ou imprévisible en cas d'accident). Mais la blessure physique qui éloigne de la compétition et des médias n'est pas l'unique risque encouru par le sponsor. Il y a aussi le risque de contre-performance soudaine et celui de la défaillance psychique, les deux étant parfois liés. La mésaventure de l'athlète Marie-José Pérec et de son sponsor Reebok lors des JO de Sydney [2] illustre bien la précarité d'une telle forme de sponsoring. À cela, il faut ajouter le risque non négligeable de vampirisation de la marque. En effet, lorsqu'un champion acquiert une notoriété exceptionnelle, le sponsor peut s'étioler dans son ombre. L'exemple de la collaboration entre Platini et la marque de textile Olympia n'est pas isolé. Plus récemment, la personnalité très forte de Florence Arthaud a complètement masqué la pré-

1. *Les femmes, le football et l'équipe de France*, TNS Sofrès, 2002.

2. Marie-José Pérec a, au dernier moment, renoncé à participer à l'épreuve du 400 m et, par voie de conséquence, à la confrontation avec Cathy Freeman annoncée par les médias comme un sommet de l'athlétisme. Elle a invoqué le harcèlement médiatique et de mystérieuses menaces.

sence à ses côtés du groupe immobilier Pierre Premier dans les reportages qui ont suivi sa victoire dans la Route du Rhum à la voile.

Si l'idéal est de sponsoriser plusieurs champions de renom (comme le font Nike ou Adidas), les sponsors aux budgets plus modestes peuvent se contenter de mettre en place une veille sponsoring. Un vivier de jeunes talents sous contrats peut permettre de profiter de l'éclosion inattendue d'une star ou de faire face à la défaillance d'un joueur confirmé. Ils peuvent aussi choisir de s'associer dans des opérations de co-sponsoring. Mais la formule trouve ses limites dans le nombre de sponsors (au-delà de trois ou quatre co-sponsors, il y a immanquablement confusion) et la nécessaire compatibilité des images renvoyant à des cibles communes. Par exemple, une marque sportive s'associant à une marque de charcuterie ou de cigarettes risque d'altérer son image.

Quel est le coût du sponsoring d'une personnalité du sport ?

Les sportifs de la Formule 1 sont cités comme étant les mieux rémunérés. En 2003, Michael Schumacher arrive en tête. Ses six titres de champion du monde lui assurent un revenu annuel estimé à soixante-dix millions d'euros, dont quarante millions sont versés par son écurie Ferrari ; le reste provenant de ses contrats publicitaires. En 1992, ses revenus sportifs étaient de 2,3 millions (derrière ceux d'Ayrton Senna : 18 millions) [1]. Les revenus du sportif le mieux payé de la F1 ont donc été multipliés par plus de trois en dix ans. Les autres pilotes perçoivent des salaires variant entre 750 000 et douze millions d'euros (Coulthard, Barrichello).

Contrairement aux idées reçues, ce ne sont donc pas les stars du football qui correspondent aux plus gros investissements mais, après les pilotes de la F1, celles du tennis. En 2002, un joueur situé dans le top 10 est estimé valoir autour de trois millions d'euros. Par exemple, Marcello Rios a choisi de signer avec Nike pour une somme évaluée à 4,6 millions, après avoir décliné l'offre d'Adidas de renouveler son contrat à hauteur de trois millions. Martina Hingis a par contre choisi Adidas pour un contrat estimé entre 1,8 et 2,3 millions d'euros, et Anna Kournikova pour plus de six millions (soit le double de ce que recevait le champion du monde Zidane – encadré 3). Dans le football, les joueurs ne sont autorisés à négocier personnellement leurs contrats d'équipements sportifs que depuis 1998. Jusqu'à cette date, les équipementiers traitaient collectivement avec leurs fédérations et leurs clubs. C'est sans doute pourquoi le joueur anglais David Beckham, adulé dans son pays et mondialement connu, perçoit de son sponsor Adidas 3,5 millions d'euros, soit un peu moins que les champions du tennis mondial. De l'avis du directeur du service Sports Marketing d'Adidas France, une des raisons se trouve aussi dans la plus tardive professionnalisation du marketing sportif dans le football [2].

1. En 2003, sa fortune est estimée à 264 millions d'euros. *La Tribune*, 11 mai 2004.

2. Conférence de Frédéric Pietruzska, DESS de *marketing et gestion du sport* de Strasbourg, 23/01/2002.

Encadré 3

Les sponsors d'Anna Kournikova

– Gains en sponsoring en 2001 : entre 15 et 17 millions d'euros (trois fois plus que le footballeur Ronaldo).
– Sponsor équipementier : premier sponsor à l'âge de neuf ans (Ellesse, de 1990 à 1993, 10 000 dollars par an), puis Adidas à l'âge de douze ans (250 000 dollars, contrat négocié par IMG en 1993 – en 2002, environ six millions d'euros par an, soit deux fois plus que le footballeur champion du monde Zidane).
– Autres sponsors : Yonnex (raquettes), Berlei (sous-vêtements), Charles Schwab (services financiers), Lycos (moteur de recherche internet), Omega (montres), Pegaso (téléphonie), Loncoleche (agro-alimentaire), etc.
– Performances sportives : meilleur classement ATP : 8e – classée 69e en avril 2002 (gains sportifs estimés à 1,15 million d'euros en 1999).

Source : *Capital*, 07/2001 ; *Le Journal de Paris*, 25/04/2002.

Lance Armstrong qui domine encore le cyclisme mondial en 2004 perçoit deux millions d'euros de l'industriel Berry-Floor (fabricant belge de sols stratifiés implanté sur le marché nord-américain) ; en échange de quoi il porte la marque sur son maillot à côté du co-sponsor de l'équipe US Postal et participe à quelques opérations de relations publiques. Il semble que cela soit le prix à payer pour développer image et notoriété aux États-Unis.

Les champions du handball sont beaucoup plus accessibles. Jackson Richardson, l'international français multimédaillé et très populaire auprès des adolescents, perçoit une dotation annuelle d'Adidas quarante fois inférieure à celle de Martina Hingis (environ 45 000 euros, soit l'équivalent d'une page de publicité dans le journal *L'Équipe*). Quant au Français numéro cinq mondial de squash, Thierry Lincou, son contrat s'élève à 1 525 euros. Par ailleurs, Adidas France dépense 0,3 million d'euros sur un total de 12,2 millions consacrés au football, à sponsoriser 200 joueurs de clubs de première et deuxième ligues, sous forme d'équipement (cinq paires de chaussures et du textile), ce qui correspond à 1 500 euros par joueur.

1.2. Le soutien d'une équipe

Comme pour le sponsoring des plus grands champions, le soutien d'une écurie de Formule 1 présente les plus forts investissements. L'explication est à rechercher au niveau des audiences (plus de cinquante milliards d'audience indirecte cumulée en 2003) et de la couverture planétaire des Grands Prix, pour plus de la moitié en Europe de l'Ouest (Italie, Allemagne, France et Royaume-Uni). L'audience est globalement stable après un record en 1999 (57,7 milliards) mais peut fluctuer d'un pays à l'autre en fonction de l'intérêt sportif en général (la domination de Ferrari créant une lassitude) et du comportement des écuries et des champions nationaux en particulier (Ferrari en Italie, Renault en France, Schumacher en

Allemagne, Barrichello au Brésil). L'audience en France a ainsi chuté d'un million de téléspectateurs par Grand Prix de 2003 à 2004. 243 sponsors ont cependant investi 755 millions d'euros en 2004, soit 55 millions de plus qu'en 2003, attestant que le retour sur investissement est globalement profitable. En tête, les cigarettiers avec environ 220 millions d'euros : Malboro (70 millions), Mild-Seven et West (40 et 43 millions), Lucky Strike (38 millions). Pour répondre à la demande, les écuries ont multiplié les emplacements servant de supports sur les voitures – de trois à dix entre 1969 et 2004 (encadré 4).

Un sponsor a également la possibilité d'opter pour une équipe de sports collectifs (football, volley-ball, handball, basket-ball), pour une équipe regroupant des joueurs de sports individuels (club de tennis, de golf, équipes de France), à un niveau local ou international. Tout dépend de ses objectifs marketing d'image et de cible, et de ses moyens budgétaires. Il peut se contenter d'un soutien financier ou revendiquer sa part de gestion du club. Sans entrer dans le détail des formes juridiques de propriété des clubs sportifs, précisons qu'un club peut être la propriété partielle ou totale d'un sponsor qui va déléguer partie ou totalité de son pouvoir au niveau de toutes les instances décisionnelles économiques et sportives.

À titre d'exemple, citons le contrat signé par l'équipe nationale du Brésil avec l'équipementier Nike pour une somme record de 168 millions d'euros (pour la période 1994-2004, soit 16,8 millions par an). En échange de ce soutien financier auquel s'ajoute celui prévu dans les contrats individuels de certains joueurs (dont Ronaldo : 1,52 million d'euros en 2000), l'équipementier gère le calendrier sportif de l'équipe et pèse sur les choix de recrutement. Il organise environ cinquante matchs amicaux dans le monde où doivent évoluer au minimum huit titulaires et encaisse directement les recettes [1]. Il détient en outre le droit d'utiliser à volonté l'image des joueurs dans sa communication et possède un droit de regard sur les autres sponsors (ce qui a conduit Coca-Cola à résilier son contrat). Par comparaison, son concurrent Adidas ne verse que 9,15 millions d'euros par an à la Fédération Française de Football et sans imposer de matchs exhibitions à l'équipe de France.

Les avantages du sponsoring d'équipes sont au nombre de quatre.

– Le sponsoring d'une équipe est moins aléatoire que le sponsoring d'un individu (le risque de défaillance physique ou psychique se trouvant réparti entre tous ses membres).

– Le sponsor bénéficie d'un effet multiplicateur de son message (sur les maillots de tous les membres titulaires et remplaçants de l'équipe, sur les tenues des entraîneurs, des dirigeants, des supporters, etc.).

1. La CBF (Confédération Brésilienne de Football) s'est engagée à verser 15,25 millions d'euros à Nike si le contrat d'organisation de ces matchs d'exhibition n'était pas respecté.

Encadré 4

Le sponsoring d'une écurie de Formule 1

Emplacements publicitaires

1969 : trois supports (nez, aileron arrière et flanc).
1980 : cinq supports (nez, aileron arrière, flanc, dérive, capot moteur).
2004 : dix supports (s'ajoutent la prise d'air, le bardge board, l'aileron avant, le cockpit, le cockpit latéral).
Sept constructeurs investissent 725 millions d'euros.
En 2004 : 243 sponsors pour dix écuries et un investissement total de 755 millions (contre 700 millions en 2003 avec 202 sponsors) ; de 30 000 euros pour un fournisseur d'une petite écurie à 7,5 millions pour être partenaire officiel d'une grande écurie (hors Ferrari).
Sponsors de l'écurie Ferrari : 1) Malboro, sponsor titre – 70 millions, 2) Vodafone, second sponsor – 55 millions, 3) Siemens, combinaisons pilotes et prises d'air – 7,5 millions.

Audiences

Audience cumulée en 1990 : 20 milliards.
Audience cumulée en 2003 : 50 milliards.
Record en 1999 : 57,7 milliards de téléspectateurs.
10 à 15 % d'audience du direct (le reste en différé).
Couverture télévisée en 2003 dans le monde : 23 000 heures.
Top 4 des audiences nationales en 2000 : 1) Italie – 177 millions, 2) Allemagne – 156 millions, 3) France – 70 millions, 4) Royaume-Uni – 50 millions.
Audiences TV dans le monde : 1) Europe de l'Ouest (52 %), 2) Amériques (21 %), 3) Europe Centrale et de l'Est (12 %), 4) Afrique et Moyen-Orient (7 %), Océanie et Pacifique (7 %), 5) Asie (1 %).

Audiences et recettes publicitaires en France

Droits payés par TF1 : 23,5 millions jusqu'en 2002, 12 millions en 2003 et 2004 (suite à une chute d'audience : un million de téléspectateurs en moins à chaque GP du fait de la domination de Ferrari semble-t-il).
Pour chaque GP : six écrans publicitaires (un avant le départ, quatre pendant la course, un après l'arrivée). En 2004, les tarifs varient en fonction des heures de diffusion : de 4 800 euros les 30 secondes à 4 h du matin jusqu'à 37 000 euros à 14 h.
Record d'audience : GP du Brésil 2003 avec 9,6 millions de téléspectateurs à 19 h (record d'audience sportive de l'année) – tarifs allant de 32 000 euros avant le départ à 62 000 euros après le podium.

Droits TV (estimations)

1997 : 300 millions d'euros.
2000 : 400 millions.
2002 : 462 millions.
Propriétaires des droits : SLERC (75 % = Speed Investments – groupement de banques ; 25 % = Bambino Holding – Bernie Ecclestone). Jusqu'en 2006 : les droits ont été achetés à la Fédération Internationale pour une somme de 360 millions (renégociés à hauteur de 400 millions jusqu'en 2011) ; soit une plus-value de plus de cent millions.
Affectation des droits TV. Jusqu'en 2003 : 47 % reversés aux écuries en fonction des résultats sportifs.
Soit : Ferrari (44 millions), Williams, McLaren (37,5 millions), Renault, Toyota, Sauber, Jaguar, Bar (32 à 35 millions), Minardi, Jordan (28 millions).
À compter de 2004 : 53 % reversés aux écuries (suite à la menace d'un championnat parallèle).

Source : *La Tribune*, 11 mai 2004.

– Il bénéficie également d'un surcroît de légitimité sociale en allant puiser dans les valeurs communautaires de fraternité et de solidarité (en effet, aider une communauté de joueurs procure une image citoyenne inaccessible par le sponsoring d'un individu).

– Il a enfin la possibilité de cadrer son action en fonction de sa zone de chalandise. Au niveau local, il peut développer un sponsoring de proximité. Par exemple, il est intéressant pour une agence bancaire de sponsoriser un club d'une petite commune rurale ou, pour un industriel visant un marché de sous-traitance, d'aider un club évoluant au niveau départemental ou régional. Car les spectateurs se déplacent dans un rayon de vingt kilomètres en moyenne et la couverture médiatique est également locale (PQR, radios locales, France 3 régions). Au niveau national et international, sponsoriser une équipe évoluant dans un championnat peut être profitable pour un grand distributeur, un fabricant exportateur ou une collectivité locale ou régionale ayant des projets de développement touristique. Si les spectateurs constituent une audience directe de proximité (le rayon pouvant cependant approcher une centaine de kilomètres pour certaines rencontres à fort enjeu sportif), l'audience indirecte peut atteindre une dimension internationale si l'équipe est performante.

Le sponsoring d'équipe peut être une alternative intéressante au sponsoring individualisé, y compris si l'objectif est de lier la marque à une forte personnalité. Nous pouvons, en effet, considérer qu'une équipe développe une personnalité collective à partir du moment où l'on communique sur son histoire et qu'on y mêle du sentiment. Entre autres exemples, citons celui de l'équipe de France de handball du milieu des années quatre-vingt-dix que les médias avaient nommée « les Barjots » et qui a offert le spectacle d'une famille attachante sous l'autorité du grand frère Costantini. Les Français l'ont aimée et les sponsors en ont profité (encadré 5). L'équipe championne du monde 2001 a, semble-t-il, renouvelé ce capital sympathie.

Le sponsoring d'équipe reste cependant moins efficace du point de vue affectif que le sponsoring de champions. Sponsoriser un joueur de tennis comme André Agassi à la personnalité forte et exubérante, est sans doute plus rentable pour le sponsor Nike que sponsoriser l'équipe des États-Unis en Coupe Davis. De plus, les risques ne sont pas supprimés pour autant. Souvenons-nous de l'élimination surprenante (notamment pour son sponsor Adidas) de l'équipe de France de football lors du Mondial 1994.

Encadré 5

Les sponsors de l'Équipe de France de handball, championne du monde 2001

– Équipementier : Adidas (textile et chaussures)
– Maillot : Vittel (devant), Seigneurie et Elyo (dos), Sporever et Worldsat (manches)
– Short : Campanile

2. Le soutien d'un événement sportif

Associer une marque à un événement permet de limiter les risques liés au soutien d'individus car, quels que soient le vainqueur et les défaillances humaines, le sponsor est assuré d'être vu pendant toute la durée de l'événement et de profiter pleinement de ses retombées. La BNP-Paribas est aux côtés du vainqueur de Roland Garros tout comme le Crédit Lyonnais se trouve, quoiqu'il arrive, sur le maillot jaune du vainqueur du Tour ; alors que le sponsor d'un joueur ou d'une équipe est tributaire des performances sportives et médiatiques de son poulain.

Par exemple, une marque comme Heineken est le partenaire titre de la Coupe d'Europe de Rugby (qui s'appelle fort justement Heineken Cup – budget de trente millions d'euros). Le contrat passé avec l'European Rugby Cup porte sur un investissement de douze millions d'euros sur la période 1995-2004. Mais gêné peut-être par l'ombre portée par le top sponsor, le partenaire secondaire Orange a mis fin à son sponsoring, ayant par ailleurs investi massivement dans le football. Les droits de télévision signés avec France Télévision s'élèvent à trois millions d'euros sur trois ans (contre 10,7 millions la période précédente)[1]. On le constate, le sponsoring d'un événement fait l'objet d'une négociation permanente en fonction des audiences mais aussi de la concurrence que se livrent les sponsors (cependant moins vive dans le rugby que dans le football).

Le risque, s'il est diminué, n'est pas éliminé pour autant. Trois situations peuvent venir contrarier les objectifs du sponsor d'un événement.

– Les conditions environnementales de l'épreuve peuvent nuire à son bon déroulement sportif car toutes ne sont pas prévisibles et maîtrisables. Un orage inattendu ou une manifestation sociale peuvent conduire les organisateurs à interrompre un tournoi de tennis ou une épreuve de Formule 1, un vent trop violent ou insuffisant à retarder le départ d'une course de voile, une tempête de neige à supprimer une étape de la Coupe du Monde de ski. Cela oblige les organisateurs à innover en permanence pour trouver des palliatifs (épreuves *indoor*, neige artificielle, etc.) et à modifier leurs calendriers ; ce qui n'est pas sans incidences sur les conditions de vente des droits de retransmission aux télévisions. Il peut également s'agir de la défaillance inattendue d'un concurrent. Par exemple, la finale de l'Open féminin d'Allemagne 2004 a été annulée du fait de la blessure de Vénus Williams. La télévision sous contrat Eurosport a dû se contenter de la cérémonie de remise de la coupe à Amélie Mauresmo et d'un match d'exhibition. En conséquence, le diffuseur a dû offrir à ses annonceurs un report de leurs messages publicitaires sur un prochain événement équivalent en termes d'audiences.

– Un événement concurrent dont on a mal évalué l'impact peut également avoir une incidence sur l'événement en ce qu'il va capter une partie

1. *Les Échos*, 21/22 mai 2004.

de l'audience directe et l'attention des médias [1]. Les sponsors courent le risque d'un non-événement qui peut se traduire par des gradins déserts ou des retombées médias désastreuses. Pour pallier cela, les organisateurs doivent jongler avec les calendriers sportif, économique et médiatique, afin de concilier des impératifs purement sportifs (l'événement devant s'intégrer dans un circuit de championnat à caractère saisonnier) à ceux des sponsors (l'impact d'une opération devant trouver sa place dans le planning de l'entreprise) et à ceux des médias (qui choisissent de retransmettre tel ou tel événement en fonction de l'actualité sportive générale). Citons l'exemple du tournoi de tennis de Roland Garros dont le calendrier est fonction des autres tournois majeurs (celui de Wimbledon lui succède), des autres événements concurrents pouvant intéresser les médias (Tour de France cycliste, meetings d'athlétisme) et de ce que souhaitent les top sponsors.

– La couverture médiatique n'est pas seulement déterminée par l'intérêt sportif de l'événement et son audience supposée, elle s'inscrit également dans une logique d'offre. Nous assistons parfois à une censure médiatique totale de la part de médias concurrents à celui ayant l'exclusivité des droits de retransmission (afin de ne pas inciter les auditeurs, téléspectateurs ou lecteurs du média à rejoindre le concurrent) ; sauf si l'événement a une notoriété telle que ne pas en parler peut être néfaste à l'image du média censeur. Ce dernier fera alors figurer l'événement dans un bref résumé d'actualité. Nous pouvons citer l'exemple du Tour de France cycliste dont France Télévision a l'exclusivité et dont TF1 parle peu. Ce type de boycott est fréquent lorsque les organisateurs soucieux de s'assurer le concours d'un média signent avec lui un contrat de co-sponsoring sur la base d'un échange-marchandises [2] (par exemple, le raid Paris-Dakar associé à une chaîne de télévision, une radio et un magazine). La censure peut être totale si l'événement a une notoriété purement locale ou s'il est construit autour d'une pratique plus ou moins confidentielle. Dans le premier cas, les médias locaux systématiquement sollicités pour du co-sponsoring sont en concurrence directe (par exemple, des quotidiens régionaux ou des radios locales à l'occasion de courses sur route) ; dans le second cas, la faible notoriété sportive de l'épreuve ne fait pas courir grand risque au média qui le boycotte tout en portant préjudice à son concurrent.

1. Par exemple, en 2001, la course de voile Vendée Globe Challenge dont l'image est très forte dans le monde de la voile a, en partie, éclipsé « The Race », la course « sans limites » du millénaire conçue par et pour les sponsors (Club Med et France Télécom notamment) et sans légitimité sportive avérée.

2. Une clause d'échange-marchandises consiste à offrir au sponsor média une visibilité sur le site et les supports de communication en échange de la couverture médiatique de l'événement.

Le choix de l'événement est, en général, lié à son calendrier, son site et sa fréquence ; chaque élément du choix trouvant sa traduction en termes de coûts.

– Le moment de l'événement peut revêtir une importance cruciale pour un sponsor dont les impératifs économiques sont déterminants. Qu'il s'agisse du lancement d'un produit, de celui d'une nouvelle collection, d'une entrée en bourse, de commandes saisonnières par les distributeurs, il est souhaitable que l'événement sponsorisé se situe en amont de l'opération économique. Citons l'exemple de la communication de Perrier en mai/juin à l'occasion des Internationaux de tennis de France, c'est-à-dire au moment où les cafetiers passent commande de boissons pour l'été.

– Le lieu a bien entendu son importance selon les publics visés. Inutile de sponsoriser un événement international à l'étranger pour atteindre les clients d'une agence bancaire régionale. Par contre, le choix s'impose pour une entreprise ayant des ambitions sur les marchés internationaux. Par exemple, des multinationales comme Nokia, Toyota ou Pepsi-Cola s'intéressent de près au football africain dans une perspective de conquête des marchés (encadré 6). Le site d'un événement peut être itinérant sous forme d'étapes permettant aux sponsors d'être présent successivement dans plusieurs pays. Une bonne illustration nous est fournie par le circuit des Masters de tennis. La formule inventée par l'agence ISL consiste en l'organisation de neuf tournois plus une finale. La couverture médias est négociée avec des chaînes payantes en contrepartie de la qualité du tableau des joueurs. Or les prix distribués largement inférieurs à ceux des quatre tournois du « Grand Chelem » (moins de trois millions d'euros contre quatorze millions en moyenne) ne suffisent pas à attirer les meilleurs joueurs et donc à facturer des droits en conséquence. Par ailleurs, la cinquantaine de tournois de l'ATP féminin ajoutée à la soixantaine de tournois WTA masculin à travers le monde ajoute à la confusion et conduit les grands sponsors à miser sur les quatre tournois majeurs. Autre solution pour assurer une présence mondiale : signer un partenariat avec les associations de joueurs

Encadré 6

Le sponsoring de la Coupe d'Afrique des Nations Nokia 2004

Tunisie, seize nations, trente et un matchs en trois semaines.
Top sponsor : Nokia (avec plus d'un million de dollars) a obtenu que l'épreuve soit baptisée « Coupe d'Afrique des Nations Nokia ».
Second rang : Pepsi-Cola, Toyota, Western Union, Fromageries Bell (0,5 million).
Droits de retransmission télévisée commercialisés par Sportfive : quatre chaînes (Eurosport pour l'Europe et le Moyen-Orient, Canal Horizon, LC2 International, MNET pour l'Afrique).
Audience estimée à deux milliards de téléspectateurs en cumulé.
Total des revenus marketing : cinq millions de dollars.

Source : *Les Échos*, 30-31 janvier 2004.

afin d'apparaître sur les classements (la marque Indesit et le classement ATP de 2004 à 2007) ou encore devenir sponsor-titre du circuit (Whirpool et le circuit européen de la WTA pour la même période) [1].

– La fréquence événementielle est à prendre en considération. Sponsoriser un événement unique et inédit (*one shot*) peut être le moyen d'une communication originale qui peut marquer les esprits ; mais à risque maximum [2]. En effet, si l'événement échoue, il n'y a pas de rattrapage possible. Par contre, sponsoriser un événement annuel (ou pluriannuel) est moins risqué et institue une sorte de rendez-vous parfaitement rôdé entre le sponsor et ses publics ; mais dont la répétition peut finir par lasser. Si le sponsor recherche un impact en profondeur et étalé dans le temps, il peut choisir la formule des rencontres de championnats.

2.1. Le sleeping partner

Il s'agit pour le sponsor d'une implication minimale qui consiste simplement à figurer sur un support fixe (panneaux, banderoles) ou mobile (maillots de joueurs, voiles, vélos, etc.). Il y a, bien entendu, plusieurs niveaux d'investissement : d'un simple *sticker* collé sur une automobile par un partenaire technique (une marque d'huile par exemple) à un contrat d'exclusivité portant sur tous les supports de communication (par exemple, le sponsor peut imposer son code couleur sur le site – le rouge Coca-Cola, le jaune Crédit Lyonnais, etc.), en passant par l'autorisation de distribution d'échantillons ou d'installation de stands d'exposition. Car le partenaire peut ajouter à l'objectif d'être vu celui d'organiser des relations publiques sur le site. Pour cela, les organisateurs proposent des formules adaptées à l'événement : villages partenaires, loges dans un stade, espaces de restauration, etc.

2.2. Le soutien actif

Le sponsor peut manifester la volonté d'un soutien plus marqué. En général, cela passe par un apport de savoir-faire (chronométrage, traitement informatique, transport, etc.) et/ou en recherche et développement (diététique, matériaux, etc.). L'objectif affiché est d'apporter la preuve de l'efficacité du produit (c'est, par exemple, l'objectif des cycles Look équipant l'équipe de France de courses sur piste, celui des chronomètres Festina fournisseurs du Tour de France, etc.) et surtout de l'implication spor-

1. B. d'Erceville, « Le tennis en quête d'une consécration télévisuelle », *La Tribune*, 13 mai 2004.

2. Entre autres exemples, celui de la traversée de l'Atlantique à la rame par Peggy Bouchez, sponsorisée par la société de cosmétiques Yves Rocher en janvier 2000.

tive du sponsor qui se trouve au cœur de l'événement et qui contribue concrètement à son succès [1].

L'activisme des sponsors peut conduire à vouloir réglementer la compétition à des fins économiques. Citons l'exemple de la pression exercée sur la FIFA par les sponsors et les annonceurs (*via* les télévisions) du Mondial de football de 1994 aux États-Unis, pour que les matchs soient joués en quatre quart-temps au lieu des deux mi-temps habituelles afin de multiplier les écrans publicitaires.

L'implication augmente d'un cran si le sponsor se mêle à la compétition en équipant ou en finançant une équipe. Au niveau local, cela peut prendre la forme d'une équipe d'entreprise participant à un triathlon ou une course sur route ; au niveau international, l'investissement peut porter sur une écurie de Formule 1 (tous les grands constructeurs ont, à un moment ou à un autre, financé et motorisé une écurie de F1 ou de rallye).

Enfin, le sponsor peut se charger de l'organisation générale de l'événement qui portera son nom au mieux de ses intérêts. Par exemple, la marque Salomon qui apporte son soutien à de nombreux raids *outdoor* participe à leur organisation à travers sa cellule événementielle. Une difficulté peut cependant apparaître au niveau de la viabilité de l'événement et de sa pérennité. S'il décide de créer son propre événement dans le cadre d'un calendrier dont on a déjà souligné la surcharge, le sponsor devra patienter plusieurs années avant d'obtenir sa reconnaissance par les publics et les médias. Une solution alternative consiste à acheter un événement existant et à le rebaptiser, ce qui n'est pas sans poser un problème analogue de reconnaissance (publics et journalistes peuvent continuer à associer l'ancien sponsor organisateur à l'événement et ignorer « l'intrus »).

De multiples tentatives de création d'événements au service exclusif des sponsors et en concurrence avec des événements officiels du mouvement sportif ont échoué jusqu'à présent. Citons-en deux qui nous semblent exemplaires, en Europe et aux États-Unis [2].

Le premier est une initiative de quelques grands clubs de basket européens (vingt-quatre clubs notamment italiens, espagnols et grecs) lassés du mode de répartition trop égalitaire, selon eux, des droits médias et marketing de la fédération internationale (FIBA) et séduits par la proposition d'un sponsor ambitieux de créer un championnat fermé (l'opérateur espagnol Telefonica). L'idée du sponsor consiste, à l'instar du système développé par la NBA américaine, à sélectionner des clubs présentant des

1. Par exemple, les prototypes utilisés par les cyclistes sont mis au point dans les laboratoires de recherche du fabricant Look en étroite collaboration avec les responsables techniques des équipes de France. La marque communique sur cette collaboration. À ce sujet, voir M. Desbordes, « Facteurs clés de succès dans le management et la diffusion d'une innovation : études de cas dans l'industrie du sport », *Revue Design Recherche*, n° 11, novembre 1998.

2. *Capital*, 07/2001.

garanties d'audiences (par la présence de stars et l'acceptation de règles sportives adaptées) et assurés de rester dans le championnat, c'est-à-dire sans risque d'être rétrogradés. En effet, les sponsors assument mal le risque de voir leur équipe « descendre » dans une catégorie inférieure et moins bien couverte par les médias, et de voir ainsi remis en cause à chaque nouvelle saison leur retour sur investissement. En 2000/2001, un nouveau championnat a donc été créé par l'Union des Ligues Européennes de Basket-ball (ULEB) en concurrence avec l'ancien championnat de la FIBA et doté d'une dotation en primes de matchs nettement plus attractive : environ quarante millions d'euros contre seize millions dans l'ancien championnat. Les publics européens du basket ont tranché en restant fidèles à la formule fédérale et le sponsor espagnol a dû renoncer à son projet. Il est indéniable que cet échec a dû geler bon nombre d'autres projets dont celui de créer un championnat de football européen sur un mode similaire.

Le second exemple est américain. L'initiative vient d'un groupe de sponsors associés à une chaîne de télévision. La chaîne NBC absente du championnat traditionnel de football américain – le National Football League, très médiatisé et très lucratif – a misé près de quarante millions d'euros dans la création d'un championnat concurrent – le XFL – en collaboration avec quelques sponsors également absents du NFL (Burger King, ATT, Gatorade, M&M's, Honda). Pour imposer la nouvelle formule, ses concepteurs ont largement bousculé les règles sportives et éthiques : davantage de violence, caméras indiscrètes (vestiaires, douches), micros accrochés à chacun des joueurs pour ne rien perdre des insultes, *pom pom girls* dévêtues, etc. Si la première rencontre a permis de réaliser un score d'audience prometteur (onze millions de foyers curieux), les suivantes ont vu les amateurs rejoindre leur championnat traditionnel. Durant la saison 2000/2001, la chaîne n'a vendu qu'un tiers de son espace publicitaire.

Ces deux exemples illustrent à merveille les limites que les publics amateurs de sport peuvent imposer aux sponsors. Ces garde-fous sont sans doute autant l'expression d'habitudes d'audiences que de l'attachement à une éthique sportive – difficile à dire – mais la leçon à méditer est que si changements il y a dans le sens des intérêts des sponsors, ceux-ci doivent être mesurés. Augmenter la taille des balles de tennis de table pour ralentir le jeu et permettre aux spectateurs d'en suivre le déroulement ou réduire la durée des matchs pour dynamiser le spectacle, sont des innovations admissibles car elles servent les intérêts des uns et des autres (assurer une promotion plus efficace de la pratique et satisfaire aux exigences des médias). Imposer aux joueuses de beach-volley une tenue plus sexy pour capter l'audience et les sponsors constitue une avancée plus discutable dans cette dialectique de compromis entre intérêts sportifs et intérêts économiques. La sanction est celle des publics d'une part (en scores d'audiences) et des pratiquants d'autre part qui vont rejoindre ou non la fédération innovatrice en mal de partenariat.

2.3. L'ambush marketing

L'*ambush* marketing (marketing « sauvage », d'embuscade ou de guet-apens) consiste à lancer une campagne de communication autour d'un événement sportif sans être parrain officiel ; c'est-à-dire sans en payer les droits mais sans pour autant être dans l'illégalité (Towney *et al.*, 1998). L'objectif est double :

– associer la marque à un événement porteur à moindre coût ;

– ajouter à l'image sportive véhiculée par l'événement une image de rébellion dont nous savons qu'elle touche tout particulièrement les adolescents (les 12-18 ans, cœur de cible des fabricants d'articles de sport et de produits technologiques – téléphoniques, informatiques, vidéo, etc.).

Le sponsor pirate semble être doublement gagnant, au risque cependant d'être jugé déloyal par des publics attachés à l'éthique sportive (notamment aux valeurs de *fair-play*) et d'apparaître ainsi comme un tricheur (Meenaghan, 1994 et 1998). Le Comité International Olympique, défenseur de la morale sportive, a ainsi décidé de faire la guerre aux tricheurs qui risqueraient de décourager ses partenaires officiels. Il porte systématiquement les affaires de « marketing parasite » – c'est le terme retenu par ses dirigeants – devant les tribunaux.

Parcourons quatre exemples de conflits ayant opposé un sponsor officiel à un sponsor « d'embuscade » au sein d'un même secteur d'activité.

2.3.1. Kodak et Fuji

Fuji, sponsor officiel des Jeux Olympiques de Los Angeles en 1984, augmente sa part de marché de 8 % grâce à son image olympique. Kodak réagit immédiatement en lançant une campagne de publicité axée sur le sport et faisant allusion aux JO, sans être condamné, puis ravit la place à son concurrent japonais en devenant sponsor officiel à Atlanta en 1996.

2.3.2. Coca-Cola et Pepsi-Cola

En 1990, Coca-Cola est sponsor officiel de la NHL (ligue professionnelle de hockey sur glace canadienne). La même année, Pepsi-Cola parvient à acheter les droits télévisés de la ligue (suite à une négligence de son concurrent) et ainsi à communiquer sur le thème du hockey.

Atlanta, 1996 : Coca-Cola est sponsor officiel des JO mais Pepsi-Cola attire l'attention des médias en axant sa campagne de publicité sur l'olympisme à partir d'images d'athlètes sous contrats. Par exemple, sur le marché français, une page entière du quotidien *L'Équipe* présente Marie-Josée Pérec, multimédaillée et très populaire, comme « la représentante officielle d'une boisson non officielle à Atlanta ». Nous avons affaire à un cas d'école d'*ambush* marketing : la référence à l'événement est quasiment revendiquée, avec humour et impertinence (ce qui, implicitement, fait du concurrent officiel un représentant austère de l'orthodoxie olympique) et sans déroger au droit commercial. En effet, à aucun moment Pepsi-Cola se présente comme sponsor officiel et utilise les symboles de l'olympisme ; tout au contraire puisqu'elle insiste sur le caractère « non officiel » de sa représentation.

Sydney, 2000 : la guérilla se poursuit. La nageuse Claudia Poll est menacée de se voir retirer sa médaille d'or parce qu'elle porte le logo de Pepsi-Cola sur son survêtement lors de la cérémonie protocolaire. Au même moment, une tentative de Pepsi-Cola est déjouée par le service chargé de la sécurité du stade : un trop grand nombre de spectateurs étaient porteurs de boîtes de Pepsi qui pouvaient être vues à l'occasion d'images télévisées prises dans les gradins [1].

Coupe du Monde de Football 2002 : Pepsi-Cola est condamné pour avoir diffusé un film publicitaire mettant en scène des joueurs présents au mondial au Japon et titré « Tokyo 2002 ». L'allusion a semblé trop explicite aux juges.

2.3.3. Visa et American Express

JO d'Albertville, hiver 1992 : Visa est sponsor officiel et American Express est condamnée pour concurrence déloyale après avoir fait référence aux JO lors d'une campagne d'*ambush* marketing. En effet, le spot télévisé d'American Express fait lourdement allusion aux Jeux : il présente certes des athlètes ne participant pas aux Jeux mais sur fond de discours condamnable (« Ils n'auront pas besoin de visa s'ils veulent jouir des jeux »). Le tribunal juge en effet qu'évoquer des « jeux » (j minuscule) en mettant en scène des athlètes constitue une allusion trop nette aux « Jeux » (J majuscule). Quant au jeu de mots : « pas besoin de visa » sur un passeport et, sous-entendu, « pas besoin de carte bancaire Visa », il n'entre pas dans les motifs de la condamnation. La publicité comparative est, en effet, autorisée. Visa tente néanmoins d'assommer son concurrent d'un slogan vengeur : « Les Jeux Olympiques ne prennent pas American Express ! ».

JO de Barcelone, été 1992, six mois plus tard : American Express récidive et gagne son procès. Son slogan publicitaire associe subtilité et humour : « Vous n'avez pas besoin de visa pour visiter l'Espagne ! ». À la différence de la campagne précédente, il n'est pas ici fait directement allusion aux JO mais au pays organisateur (Davis, 1995).

2.3.4. Adidas, Nike et Puma

Lors de la Coupe du Monde de Football de 1998, Adidas, sponsor officiel, voit son concurrent direct Nike organiser avec succès auprès des adolescents, des opérations de communication à Paris (sous forme notamment d'animations au Trocadéro). Parallèlement, Nike est aussi sponsor de l'équipe du Brésil, finaliste face à l'équipe de France sponsorisée par Adidas ; ce qui ajoute à la confusion. Enfin, le soir de la victoire de l'équipe de France, Adidas procède à une véritable opération d'*ambush*

1. *Culture Pub*, n° 2, 01/02/2001.

sur les Champs Élysées en projetant illégalement des images des nouveaux champions du Monde sur l'Arc de Triomphe et scelle ainsi, au finish, sa victoire de sponsor. Cet exemple est significatif de la complexité des mécanismes de communication (on ne sait plus vraiment qui est partenaire officiel, qui est pirate) et de l'incertitude totale qui pèse sur ce type d'action (le Brésil vainqueur aurait sans doute consacré son sponsor).

À l'occasion de l'Euro 2000 de Football, Adidas reste sponsor officiel et axe sa campagne sur le même thème (« La victoire est – toujours – en nous »). En marge des compétitions, son concurrent Puma promène l'effigie de Nicolas Anelka, joueur emblématique sous contrat, placardée sur un bus garé à proximité des stades et distribue tracts et invitations à des fêtes techno. La victoire de l'équipe de France semble avoir une fois encore sauvé Adidas.

Quelle est l'efficacité de l'*ambush* marketing dont le coût est loin d'être négligeable ?

Si nous considérons les deux premiers fabricants d'articles de sport, force est de constater que l'investissement d'Adidas dans le sponsoring officiel a été payant puisque la marque a rejoint Nike en visibilité relative (de moins de 10 % en 1998 à environ 13 % en 2000, alors que Nike passait de 15 à 13 %) [1]. Autre statistique rassurante pour les sponsors officiels, celle du chiffre d'affaires réalisé par Visa après les JO de Barcelone : ses ventes ont augmenté de 12 % aux États-Unis malgré la campagne d'*ambush* d'American Express. Dans la guerre que se livrent sponsors officiels et sponsors pirates, chacun mettant à contribution une armée d'avocats afin de détecter d'éventuelles failles juridiques (Towney, Harrington et Couchman, 1998), il semble que nous ayons plutôt affaire à un conflit d'images : image de loyauté des uns contre image de rébellion des autres ; les uns construisant leur image de loyauté à partir justement de la contre-image des autres et *vice versa.*

2.4. Le sponsoring d'événements sportifs non officiels (contests)

En marge du mouvement sportif, c'est-à-dire en dehors du cadre du système fédéral et olympique, se déroulent des manifestations ne revendiquant pas leur inscription dans les championnats officiels. Ce peut être le cas d'événements classiques organisés par des collectivités locales (marathons, triathlons, courses de VTT, etc.) mais aussi et surtout d'événements organisés par des sociétés commerciales et mettant en scène médiatique des pratiques dites « alternatives » ou « émergentes » (skate, roller, BMX, ski free ride, kite surf, etc.). Les sponsors s'y intéressent de plus en plus en parrainant soit des personnalités (celles qui font la une des magazines spécialisés), soit des

1. Pourcentages de visibilité relative des sponsors (fréquence des occurrences dans 6 000 sources représentatives de la presse internationale) – *source* : Sports Metrix, 2000.

équipes (des *teams* dit-on dans ce milieu pour bien marquer la distance avec les équipes sportives traditionnelles), soit des événements relayés par les médias (des *contests*). En effet, de telles opérations de communication hors normes peuvent être l'occasion d'apparaître différents des autres annonceurs noyés dans le sport académique : les sponsors sont déjà moins nombreux et de ce fait mieux visibles mais surtout ils sont mêlés à des contre-cultures très éloignées de l'univers traditionnel de l'orthodoxie sportive et sont ainsi mieux armés pour communiquer auprès de certaines catégories de consommateurs (notamment les adolescents âgés de 12 à 16 ans, amateurs de jeux vidéo, d'internet et de télévision câblée, et dotés d'un bon pouvoir d'achat). La stratégie du sponsor est relativement limpide : d'une part, il s'attire la sympathie de ces jeunes consommateurs rebelles qui constituent un segment non négligeable de certains marchés (dans les domaines des loisirs, du textile, de la téléphonie, des cosmétiques) ; d'autre part, il force sa légitimité dans des mouvements culturels contestataires de la culture dominante actuelle mais dont il est inéluctable qu'ils finissent par la rejoindre et l'enrichir. Par ailleurs, ces sponsors audacieux visent à accompagner une jeune génération qui deviendra la génération des consommateurs adultes de demain et, de surcroît, la fraction privilégiée de cette tranche d'âge. En effet, il semble que les pratiquants de ces sports alternatifs et ceux qui portent de l'intérêt à leur spectacle, n'appartiennent pas aux catégories sociales les plus basses (Desbordes, Ohl et Tribou, 2001).

On estime que les pratiquants et spectateurs des sports alternatifs exercent un effet prescripteur sur environ cinq millions de consommateurs [1], d'où l'intérêt qui leur est porté à la fois par les fabricants de matériel sportif de glisse et de textile spécialisé, mais aussi par les grands prestataires du secteur de la communication (téléphonie, internet, jeux vidéo ; voir encadré 7). Les collectivités locales financent également les *contests* de skate et de roller, en

Encadré 7

Nokia et les sports alternatifs

Le groupe finlandais de téléphonie s'est spécialisé dans le sponsoring des sports de glisse « traditionnels » : surf dans le Sud-Ouest ou snowboard dans les Alpes qui intéressent des catégories assez larges de prospects, mais aussi dans les sports dits « extrêmes » pour toucher des catégories plus jeunes et sensibles et à des représentations contre-culturelles :

– le Festival International des Sports Extrêmes de Montpellier (FISE – chaque année, 150 000 spectateurs assistent aux épreuves de roller et de skate) ;

– le Totally Board qui réunit tous les ans dans une grande ville européenne les champions de BMX et de snowboard.

Source : *Management*, décembre 2003.

1. Voir Anne-Marie Waser, « Les sports alternatifs en voie d'institutionnalisation », in *Financement du sport par les collectivités locales*, Cinquièmes Journées de Management du Sport, Caen, 14/15 décembre 2000.

mettant à disposition des infrastructures sportives (*skateparks*) ou non sportives (place, rues fermées à la circulation) et par des aides directes, afin de rajeunir leur image et la rapprocher des canons des nouvelles « tendances ».

Les *contests* présentent des caractéristiques remarquables.

– L'organisation est approximative. Il n'est pas rare que personne ne sache la veille de l'événement ce que sera le règlement et les conditions de l'épreuve. La liste des participants est seulement indicative car les *riders* peuvent se désister à la dernière minute ou, au contraire, se présenter contre toute attente. En effet, le *rider* se doit d'afficher une image de rebelle qui le confine parfois dans un rôle de composition, ce qui, dans un certain sens, convient parfaitement aux partenaires. Dans ces conditions d'incertitude, les médias doivent se satisfaire de communiqués de presse évasifs et d'un press-book de peu d'utilité.

– Le jury de ces épreuves est à la hauteur du règlement. Il est composé de stars incontestées de la pratique, disponibles ce jour-là et répondant à l'invitation de l'organisateur (un magazine, un fabricant). Ces juges appartenant aux *teams* des fabricants vont élire le meilleur parmi des *riders* qui peuvent appartenir au même *team* qu'eux. L'éthique sportive leur est donc particulière.

– Les « champions » de ces pratiques ne sont pas répertoriés officiellement comme pour les pratiques fédérales. Ils ne sont pas des champions dont le niveau sportif est attesté par un organisme officiel lié au mouvement sportif international. Leur notoriété est fonction de leur présence dans les médias qui, elle-même, dépend de leur charisme dans le milieu. Ce sont souvent des précurseurs de tendances, des inventeurs de nouvelles figures ou de nouvelles tenues ; car, ce qui compte, « c'est le *style* » et non le niveau objectif de difficulté ou une quelconque victoire sur un adversaire. Pour les repérer, il suffit de feuilleter les magazines spécialisés ou de visionner des cassettes vidéos que l'on trouve dans les boutiques de glisse urbaine.

3. Le parrainage médias

Le parrainage médias consiste à associer le nom du sponsor à une émission de télévision ou de radio (ou encore à un numéro de presse) en échange du versement de droits financiers. Si nous retenons l'exemple d'une émission de télévision,

– cela peut prendre la forme classique d'un sponsoring de diffusion : le nom du sponsor apparaît au moment du générique et/ou en fin d'émission (en incrustation selon la technique du *bill-boarding*), parfois en cours d'émission (dans des bandes annonces ou à l'occasion de jeux) ;

– il peut y avoir coproduction de l'émission : le sponsor participe au montage et bénéficie, en général, de l'exclusivité ;

– le sponsor peut produire seul l'émission qu'il propose à une chaîne en échange d'espaces publicitaires (on parle alors de *bartering*).

Au niveau des retransmissions internationales et pour tenir compte des législations nationales (relatives aux produits interdits de parrainage) et des goûts des consommateurs, la technique offre la possibilité de substituer une marque sponsor à une autre en direct.

Le coût de l'opération est jugé raisonnable pour le sponsor compte tenu de l'impact du message (le coût de la diffusion est environ 20 à 50 % plus élevé que celui d'un spot publicitaire à temps égal – par contre le coût de production est largement inférieur). La chaîne de télévision y trouve également son compte car cela lui ouvre des recettes sans avoir à augmenter ses espaces publicitaires (en France, la publicité ne peut excéder 10 % du temps d'antenne et douze minutes par heure glissante – huit minutes sur les chaînes publiques) [1]. Par ailleurs, cette modalité de communication présente l'avantage d'une grande efficacité communicationnelle. En effet, l'attention du spectateur n'est pas distraite par l'action sportive alors même qu'il se trouve dans un état émotionnel favorable – dans l'attente du début de la rencontre puis dans l'émotion provoquée par le résultat.

Cette forme de parrainage ouvre la possibilité de communiquer à des secteurs interdits de publicité classique : la presse, la distribution et l'édition littéraire. En conséquence, près de la moitié de l'investissement (en durée) est le fait de ces trois secteurs d'activité (tableau 2). Par contre, les autres secteurs interdits comme ceux de l'alcool, du tabac, des médicaments (remboursables et soumis à prescription), du cinéma, des armes à feu, de l'assistance juridique, le demeurent.

En France, il existe une réglementation de ce mode de communication. Outre les secteurs interdits, certaines émissions d'information sont exclues (journaux télévisés, émissions d'informations politiques). Par ailleurs, seule la marque (et tous ses signes distinctifs : logo, sigle, *jingle* musical) est autorisée à citation ; le produit ne doit pas apparaître sauf s'il fait l'objet d'une dotation dans le cadre d'un jeu (en début ou en fin d'émission). Tout slogan de type publicitaire est également prohibé. Enfin, la présence du sponsor ne doit pas dépasser six secondes.

Tableau 2. – *Le parrainage média télévision par secteurs d'activité (en % de la durée totale)*

Distribution	Information médias	Services	Secteur associatif	Édition	Alimentation	Autres
28,3 %	12,3 %	9,8 %	8,3 %	6,7 %	6,5 %	28,1 %

Source : Sécodip, 2000.

1. Par ailleurs, les coupures publicitaires des œuvres audiovisuelles (films et certains magazines) sont interdites sur les chaînes publiques et limitées à une seule coupure sur les chaînes commerciales. S'agissant d'émissions de flux (variétés, jeux, etc.), un intervalle de vingt minutes doit être respecté entre deux écrans de coupure. *M6 Publicité*, Guide T 2001.

D'un certain point de vue, le parrainage audiovisuel apparaît davantage comme une forme d'ambush marketing que comme du sponsoring. En effet, le parrain ne s'implique nullement dans l'événement et se comporte comme un simple annonceur (Derbaix *et al.*, 1994). Cependant, si le parrain présente une certaine légitimité dans sa démarche – si les publics le perçoivent comme ayant sa place aux côtés des acteurs de l'événement – il peut être bénéficiaire en termes d'image (D'Astou et Séguin, 1999).

Faut-il combiner parrainage média et sponsoring terrain ? Un sponsor peut y être favorable en misant sur un processus d'activation de la mémoire. L'exposition à la marque avant l'événement peut provoquer sinon une attente, du moins une certaine familiarité à l'égard de la marque et une meilleure reconnaissance sur le terrain pendant l'événement. Une seconde exposition en fin d'événement peut en améliorer le souvenir. Par ailleurs, le parrainage télévisé serait amélioré grâce à celui réalisé sur le terrain par le rappel continu de la présence du sponsor tout au long de la rencontre. Cependant, les conclusions de Thierry Lardinoit au terme d'une étude d'impact indiquent clairement que la combinaison des deux formes de communication est inutile lorsqu'on vise des publics faiblement impliqués. Compte tenu de la multiplicité des sponsors sur le terrain et de l'attention portée au déroulement de l'action sportive, ces publics seraient dans l'incapacité cognitive de repérer celui qui est aussi partenaire média. Par contre, s'agissant de publics fortement impliqués, la combinaison peut s'avérer positive. Ces publics dotés d'une bonne connaissance du sponsoring *a priori* sont capables de reconnaître plus vite les sponsors doublement engagés (Lardinoit, 1999).

4. Le contrat de sponsoring

Le contrat de sponsoring doit respecter le cadre législatif local de chaque pays. Par exemple en France, la loi Evin interdit de faire de la publicité pour le tabac et l'alcool, et toute incitation à la violence (idem en Belgique, au Canada, au Royaume-Uni, au Brésil, en Chine, etc.).Une directive de Bruxelles interdit à compter du 31 juillet 2005 toute dérogation à l'interdiction de faire la promotion du tabac au sein de l'Union Européenne. S'ajoute à cela la réglementation sportive : chaque fédération nationale impose à ses licenciés un calendrier de manifestations officielles que le sponsor est contraint d'accepter. Le CIO impose également ses règles éthiques à l'occasion des Jeux Olympiques : pas de publicité sur les tenues et dans les stades.

Selon le volume du contrat et la dimension des contractants, un ou plusieurs intermédiaires peuvent apporter conseils et expertises : des agences de marketing sportif du côté des sponsors, des imprésarios (ou ces mêmes agences) du côté des sportifs [1] (schéma 1).

1. Par exemple, le très convoité Hitetoshi Nakata – unique représentant asiatique au sein du gotha mondial du football – dispose d'une société qui gère l'ensemble de ses contrats : Sunny Side Up.

Schéma 1. – *Les intermédiaires du sponsoring*

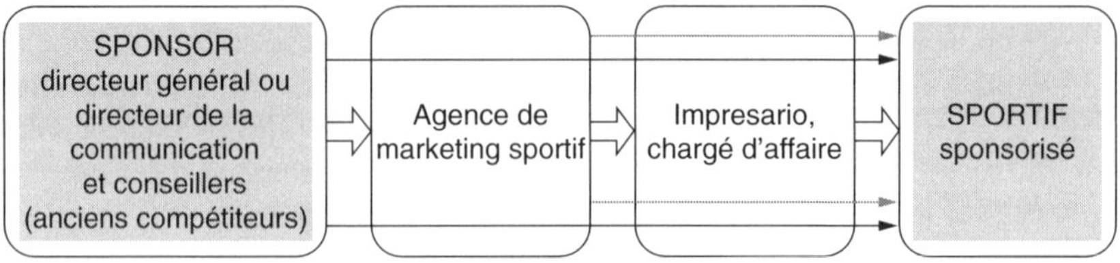

Si plusieurs sponsors parrainent un même sportif, un montage juridique est indispensable : création d'une filiale commune, d'un groupement d'intérêt économique (GIE) ou d'un joint venture, s'il existe un but lucratif ; d'une association type 1901, d'une association reconnue d'utilité publique ou d'une fondation s'il n'y a pas de but lucratif (situation de mécénat) (tableau 3).

Les contrats de co-sponsoring ne situent pas tous les sponsors au même niveau. Un premier niveau regroupe les partenaires majeurs (top sponsors). Un second niveau les partenaires officiels secondaires. Puis les fournisseurs officiels. À chaque groupe sont accordés des droits facturés en conséquence. Une des difficultés à laquelle sont confrontés les organisateurs est de fixer une limite au nombre de sponsors de chaque niveau. La tentation

Tableau 3. – *Le choix d'une structure juridique de co-sponsoring*

	Conditions	**Avantages**
Sponsoring à but lucratif		
1. Création d'une filiale	Droit commercial	Clarté
2. Création d'un GIE ou d'un consortium	Droit commercial	Structure souple. Par ex., les pertes du GIE sont directement déductibles des bénéfices de chaque sponsor
3. Création d'un joint-venture	Droit commercial	Souplesse de fonctionnement
Sponsoring à but non lucratif (mécénat)		
1. Création d'une association type 1901	Formalités minimales (préfecture), liberté de gestion	Bénéfice interdit, membres bénévoles, pas d'immobilisations de rapport
2. Création d'une association reconnue d'utilité publique	Prouver l'objectif d'intérêt général Sur décision du Conseil d'État après trois ans de fonctionnement probant Contrôle administratif du ministère de l'Intérieur	Peut recevoir des fonds extérieurs
3. Création d'une fondation	Par décret du Conseil d'État Obligation d'un patrimoine assurant un revenu (absence de cotisations)	Peut recevoir des dons, des legs Peut effectuer des placements (immobiliers, boursiers)

est grande d'en accueillir un maximum mais au risque de contrarier fortement les retombées pour chacun. Ainsi la Fédération Française de Tennis propriétaire du tournoi de Roland Garros a décidé en 2004 de réduire le nombre des sponsors progressivement à neuf afin de leur garantir une exposition optimale sur les courts et donc une meilleure visibilité auprès de 390 000 spectateurs et des trois milliards de téléspectateurs potentiels présents dans 200 pays. Ils étaient dix-huit en 2001. Resteront en lice les fidèles : BNP-Paribas, Perrier, Adidas et Lacoste, plus quelques élus (à un tarif en augmentation semble-t-il – entre deux et trois millions d'euros). Les autres ne disposeront que du droit d'image. En échange, la fédération va maintenir ses contrats avec les chaînes hertziennes de télévision. En effet, un sponsor est directement intéressé par une couverture la plus large possible – celle des télévisions libres d'accès. Faire le choix très lucratif des chaînes payantes conduirait les sponsors (et les annonceurs en général) à rechercher d'autres événements mieux couverts.

Ces contrats conclus autour d'un événement peuvent rassembler des partenaires contraints d'harmoniser leurs offres face à un organisateur qui souhaite externaliser une partie de la gestion économique. Ainsi le groupe Accor a dû créer un consortium et un joint-venture à l'occasion de la Coupe du Monde de Football de 2006 en Allemagne pour l'organisation des hébergements hôteliers (encadré 8).

Le contrat de sponsoring type comporte six clauses décrivant dans le détail l'échange et balayant toutes les situations pouvant l'affecter (tableau 4). Il

Encadré 8

Le groupe Accor et la Coupe du Monde de Football 2006

Groupe Accor : 6,8 milliards de CA en 2003, 4 000 établissements implantés dans 90 pays.
Déjà sponsor de la Coupe du Monde de Football de 1998, Accor a signé avec la FIFA et le comité allemand d'organisation de la Coupe 2006, un contrat pour la mise en place d'un système de réservation (Mondiresa). Constitution d'un consortium réunissant ses 380 établissements implantés en Allemagne et des chaînes hôtelières allemandes (Maritim, Steigenberger, Dorint), la fédération de l'hôtellerie allemande (IHA) et l'association des hôteliers et restaurateurs allemands (Dehoga). Soit plus de 11 500 hôtels à proximité des douze villes organisant les épreuves.
Parallèlement, création d'un joint-venture avec la société BTI Euro Lloyd chargée de la logistique de la FIFA et partenaire de la fédération allemande de football depuis quarante ans. La fonction de cette société de droit allemand domiciliée dans les locaux du comité d'organisation : gestion des hébergements depuis la réservation jusqu'au règlement.
Le groupe est également partenaire des comités d'organisation des Jeux Olympiques (JO de Sydney 2000, d'Athènes 2004, de Pékin 2008), du CNOSF, de la FF de Rugby pour le Mondial 2007, des organisateurs de tournois de golf, etc.

Source : *Les Échos*, 9-10 avril 2004.

Tableau 4. – *Contrat de sponsoring type*

1. Objet	Descriptif détaillé de la pratique sportive : liste des épreuves.
2. Durée	Calendrier sportif à respecter, échéances.
3. Obligations réciproques	– Obligations du sponsor : financement (acompte à la signature, solde en fin de saison) [a], soutien en équipement, en prestations (transport par exemple). – Obligations du sportif : participer aux épreuves programmées, utiliser un équipement défini, assurer la communication du sponsor (emplacements du logo), assurer sa promotion (conférences de presse – nombre et durée précisés, séances de dédicaces, opérations de relations publiques listées) [b].
4. Opérations satellites	Le sportif s'engage à participer à telle émission de télévision, à tel film d'entreprise, à la réalisation d'un ouvrage, d'un film vidéo grand public, etc.
5. Droits dérivés	Droits d'image : le sponsor s'engage à restituer au sportif un pourcentage défini du chiffre d'affaires réalisé sur la vente de produits faisant référence à sa personne (par ex., le Real Madrid restitue 50 % des droits d'image à ses joueurs).
6. Clause de résiliation	Il est prévu une rupture de contrat avant l'échéance (dont l'initiative peut venir du sponsor si les résultats sont décevants ou s'il y a dopage [c], ou bien du sportif en cas de surenchère d'un autre sponsor) : montant du dédommagement. Une clause de renégociation du contrat peut s'ajouter : notamment si les résultats du sportif dépassent ce qui était envisagé au départ (carrière fulgurante).

a. En matière de sponsoring, on prévoit rarement un financement forfaitaire, le sponsor se réservant un « droit à l'impact ». Si la prestation du sportif ne correspond pas à ce qui est prévu (en cas de blessure, de contre-performance, d'accident, etc.), le solde est réduit d'autant. Par exemple dans les sports mécaniques, trois absences sont tolérées, – 30 % à partir de quatre absences, – 50 % à partir de sept absences, – 70 % au-delà (ces « usages » nous ont été rapportés par des coureurs).

b. Par exemple, les judokas en contrat avec le Crédit Lyonnais « doivent » vingt jours de représentation (c'est le cas en 2002, de Séverine Vandenhende, championne olympique à Sydney).

c. Dans le cyclisme, avant 1998, le dopage n'était pas prévu dans les contrats. En 2001, tous les contrats présentent une clause de résiliation relative à cette entorse à l'éthique sportive.

tend désormais à être évolutif, c'est-à-dire qu'il est établi sur la base d'une évolution de carrière probable du sportif. Par exemple, un joueur de football de deuxième ligue se voit proposer un contrat prévoyant son transfert dans un club de première ligue à une échéance donnée. S'il ne parvient pas à se hisser dans un club de niveau supérieur, son contrat est automatiquement revu à la baisse. Zidane lui-même, qui a renégocié son contrat avec l'équipementier Adidas en mars 1998 jusque fin 2004, et obtenu une réévaluation de sa dotation en cours de contrat du fait de son parcours sportif exceptionnel, a signé une clause stipulant que s'il n'était plus retenu en équipe de France, sa dotation serait réduite de 50 %. Les contrats signés avec les clubs sont conçus selon une logique similaire (encadré 9).

Les transferts de joueurs notamment dans le football, donnent lieu à l'établissement de contrats *ad hoc*. À côté de la clause médicale préalable à la signature, une clause financière y est centrale. Par exemple, le transfert de David Beckham de Manchester United au Real de Madrid, en 2003, s'est opéré sur la base d'une fourchette de prix (de 25 à 35 millions d'euros) :

Encadré 9

Le contrat liant l'équipementier Nike au club Manchester United (août 2002)

– Objet : Nike est le sponsor officiel du maillot, des chaussures, de l'équipement, de l'uniforme du club. Il bénéficie de l'image du club (trente à quarante millions de supporters dans le monde). N.B. : les droits médias demeurent la propriété du club.
– Durée : treize ans (de 2002 à 2015).
– Montant : 488 millions d'euros sur les treize années. Au total, le club va percevoir 37 millions la première année jusqu'à 45 millions en 2008 (contre 12 millions de Vodafone, l'ancien sponsor).
– Produits dérivés : le contrat de licensing prévoit un partage à égalité des bénéfices. Nike est le distributeur international de tous les produits dérivés du club.
– Clause de résiliation : Nike peut y mettre fin en 2008.

Source : V. Lannever, HSBC Group, pour Newsletter de SponsorClick, 12 mars 2002.

– 7,5 millions à la signature du contrat ;
– 17,5 millions à verser au cours des quatre saisons à venir ;
– 10 millions selon les performances du Real en ligue des champions (qualification et parcours).

5. Les opérations de valorisation

L'objectif du sponsor ne se limite pas à la réussite sportive de l'événement, il doit en tirer profit financier en termes de chiffre d'affaires et/ou profit symbolique en termes d'image, car il s'agit de rentabiliser au maximum l'investissement. Pour cela, il doit développer des actions de communication avant et après l'événement afin de lui ajouter de la valeur. On estime que pour un dollar investi en parrainage direct, il faut consacrer entre un et deux dollars à son exploitation selon la taille du marché visé (Cornwell et Maignan, 1998 ; Meenaghan, 1998). Par exemple, la marque internationale Coca-Cola présente dans deux cents pays, a versé quarante millions de dollars pour être sponsor officiel des Jeux Olympiques d'Atlanta et a dépensé soixante millions en spots publicitaires, trente millions en relations publiques et vingt-cinq millions en animations sur les sites olympiques (Lardinoit, 2001). Par contre, un sponsor national comme Cofidis, société française de crédit aux particuliers, dépense environ six millions d'euros pour le parrainage d'une équipe cycliste et 2,3 millions seulement pour des actions de communication de valorisation (publicité par affichage, télévisée et promotion dans la caravane du Tour de France).

5.1. La communication avant l'événement

– Les salariés et les associés doivent être informés du projet de façon à pouvoir les impliquer dans le montage de l'opération car, d'une certaine façon, le sponsoring est une charge d'exploitation qui réduit d'autant les perspectives d'accroître la masse salariale et les bénéfices à distribuer. Des salariés hostiles au projet peuvent nuire à sa réalisation en manifestant publiquement leur refus et ainsi en altérer les retombées d'image. De plus, l'action annoncée à l'avance peut susciter la participation active de salariés volontaires et créer une émulation au sein de l'entreprise.

– Les clients de l'entreprise, acheteurs des sociétés de distribution ou clients consommateurs, doivent également être sensibilisés à l'opération par une campagne de publicité ou des actions de promotion sur les lieux de vente. Par exemple, le Club Méditerranée a annoncé sa participation à la course de voile The Race longtemps à l'avance ; ce qui lui a permis d'être immédiatement reconnu au moment du départ de la course (par un double effet d'annonce et d'attente).

– Enfin, les médias et les décideurs économiques et politiques, sont aussi concernés. Le milieu du sport est un microcosme où tout le mode se connaît (journalistes, champions, hommes politiques, sponsors) et dont il est difficile de forcer la porte. Une campagne de relations publiques avant l'événement peut être le bon moyen d'obtenir cette reconnaissance. Le journaliste invité à un repas de présentation du projet aura sans doute une attitude rédactionnelle plus positive.

5.2. Les techniques de valorisation du sponsoring

Le mix de mise en valeur de l'événement comporte, en général, quatre éléments :
– les relations médias ;
– les relations publiques ;
– les actions publicitaires et promotionnelles ;
– les actions de communication interne.

5.2.1. Les relations médias (presse, radio, télévision, internet)

L'objectif qui incombe à l'attaché de presse est de capitaliser le maximum de retombées rédactionnelles. La réussite du plan médias est certes fonction du budget alloué mais aussi du capital « relationnel » de l'attaché de presse. En effet, la collaboration des journalistes suppose que leur interlocuteur sponsor leur soit familier, qu'il soit du sérail. Un bon attaché de presse est ainsi repéré à la qualité de son carnet d'adresses.

Son rôle consiste, tout d'abord, à négocier du rédactionnel en échange d'achat d'espace. Le média relate d'autant plus volontiers l'événement et la participation de son sponsor qu'il a vendu de l'espace publicitaire. Pour le sponsor, le coût de l'opération se limite à l'achat. Une solution alternative consiste à associer le média directement à l'événement en tant que co-sponsor. Dans ce cas, il bénéficie d'une promotion sur site en échange de rédactionnel qu'il a tout intérêt à soigner (étant partie prenante). Dans ce second cas, l'opération est gratuite.

Le rédactionnel peut être obtenu en échange d'avantages accordés aux journalistes invités à assister, tous frais payés, à l'événement, voire à séjourner dans la région, à accepter des cadeaux d'entreprise, etc. Cette forme de rétribution couramment pratiquée ne semble pas poser de difficulté déontologique particulière. Elle est même parfois considérée comme la condition de bon sens pour que le journaliste se déplace.

Le rôle de l'attaché de presse est, plus classiquement, d'adresser des communiqués de presse aux différents médias, reprenant les éléments d'information que le sponsor souhaite retrouver dans le rédactionnel. Il peut leur mettre à disposition un dossier de presse présentant l'historique de l'épreuve, la biographie des participants, etc., organiser des conférences de presse, des déjeuners débats, de façon à ce que les journalistes puissent interviewer les responsables de l'événement et certains participants, et ainsi obtenir un complément d'information aux documents de presse (schéma 2).

Schéma 2. – *Le rôle de l'attaché de presse*

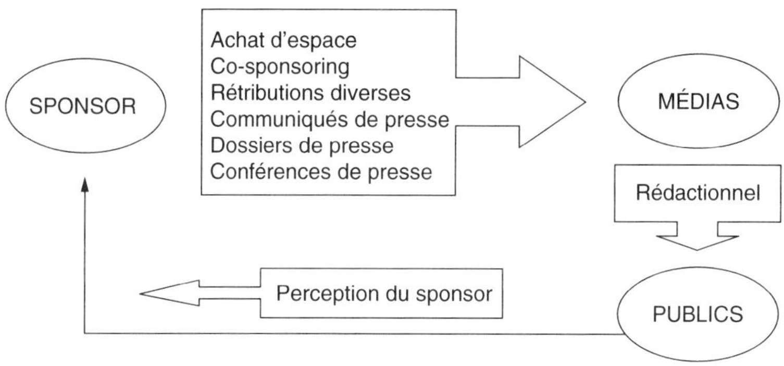

5.2.2. Les relations publiques (opérations d'hospitalité)

Une action de relations publiques autour d'un événement sportif consiste, pour l'organisateur, à développer un climat favorable entre partenaires (un *good will* disent les Anglo-Saxons) de façon à ce que l'objectif d'image soit atteint dans les meilleures conditions possibles ; la réussite purement sportive de l'événement ne suffisant pas. Accessoirement, le chargé de relations publiques veille au bon déroulement de l'événement en réglant à chaud les petits problèmes organisationnels pouvant affecter la qualité de la prestation offerte aux partenaires : retards, déplacements, restauration, etc.

Les moyens sont repérables à trois niveaux.

– Au niveau des infrastructures : loges, salons ou simplement places réservées dans un stade, espace partenaires dans un village pour des apéritifs, des animations, des expositions, etc. (entre autres exemples, le village de Roland Garros ou celui proposé par chaque ville étape du Tour de France).

– Au niveau du personnel : hôtes et hôtesses identifiables au service des partenaires, standard téléphonique performant, système de communication interne, etc.

– Au niveau des actions proposées aux sponsors par l'organisateur : protocole de remise des récompenses, édition d'un journal de l'événement ouvrant des tribunes aux sponsors, édition d'un clip vidéo, d'une plaquette présentant le programme, table-ronde ou débat autour de thématiques sportives, défilé de mode, séance de dédicaces des sportifs, etc.

Du côté des sponsors, les chargés de relations publiques organisent des actions de communication à destination de leurs propres partenaires invités à assister à l'événement sportif (gros clients, décideurs publics, cadres de l'entreprise, fournisseurs, etc.) et dans le cadre de ce qui est mis à disposition par l'organisateur (accueil dans les loges par le personnel de l'événement, présence des sponsors lors des cérémonies protocolaires, etc.) (schéma 3). Par exemple, à l'occasion du Tour de France 2001, la banque Crédit Lyonnais a invité 1 500 de ses meilleurs clients et collaborateurs à venir assister au départ de chaque étape (quarante invités chaque jour sous la tente jaune du sponsor au sein du « village »), au déroulement de la course dans une voiture officielle (trois places par jour) et à l'arrivée (trente-cinq invités sur la ligne d'arrivée).

L'organisation de relations publiques est le mode d'exploitation privilégié pour mener une communication institutionnelle lors d'un événement. En effet, le sponsor-mécène dont l'éthique impose une relative discrétion médiatique peut développer une communication interpersonnelle très ciblée à destination de quelques journalistes, responsables politiques ou clients importants, en les invitant « personnellement » à partager le spectacle sportif. Un carton d'invitation portant discrètement sa signature donnera l'impression du privilège à l'heureux élu. Une telle opération peut très bien donner lieu à quelques articles dans la presse d'entreprise ou la presse professionnelle, dont les audiences limitées ne constituent pas une entorse au principe de discrétion tout en assurant un minimum de publicité.

5.2.3. *Trade marketing et publicité*

La publicité est médiatique et vise à pousser le consommateur vers le produit. La promotion sur le lieu d'achat est un mode de communication directe qui vise à pousser le produit vers le consommateur. L'une et l'autre viennent compléter la communication événementielle :

– sur le plan cognitif (la publicité rappelle la présence du sponsor aux côtés des sportifs, à travers les médias et sur les lieux de ventes – par la PLV notamment) ;

Schéma 3. – *Les relations publiques à l'occasion d'un événement*

– sur le plan affectif (il convient d'entretenir l'élan sentimental provoqué par l'opération de sponsoring par quelques messages étalés dans le temps) ;
– sur le plan conatif (les opérations de promotion ont pour finalité de traduire bonne image et notoriété en achats effectifs).

Les actions de publicité sont, en général, menées après l'événement pour maintenir le souvenir du sponsor, mais on peut en mener avant pour provoquer un effet d'annonce et d'attente de la part du consommateur, et « à chaud » pendant l'événement pour faire profiter la marque de l'enthousiasme, voire de la passion suscitée par l'enjeu sportif.

L'efficacité de ces actions est patente lorsqu'on analyse les résultats d'études d'impact. Par exemple, celle réalisée par Démoscopie [1] à l'occasion des Jeux Olympiques d'Alberville, montre que les sponsors les plus cités sont le plus souvent ceux « vus à la télé » par les publics. Les sept sponsors les plus cités avaient signé un partenariat télévisé : Coca-Cola, Mars, M&M's, Yoplait, Candia, France Télécom et Kodak.

Les actions promotionnelles se déroulent pendant et après l'événement.

– Le sponsor doit veiller à soigner la mise en scène de sa marque sur le lieu même de l'événement. Il appose sa signature sous la forme de banderoles, d'annonces radios, d'animations, de distributions d'objets promotionnels, de dépliants, etc. La banderole revêt une importance particulière pour l'audience indirecte télévisuelle : son emplacement est négocié en fonction des plans de retransmission (cadrages, *zooming*, *travelling*) et selon la topographie de l'événement (arrivée de la course par exemple, podium de remise des récompenses). On estime généralement qu'elle peut être responsable de 75 % de l'impact alors qu'elle représente moins de 10 % du budget global (il est beaucoup plus coûteux d'être dans le générique par exemple). Une explication à cela tient sans doute au fait qu'elle place matériellement le sponsor au cœur de l'événement.

– Par ailleurs, le sponsor va mettre en place toute une série d'opérations de promotion sur les lieux d'achat après l'événement pour tenter de traduire sa bonne image en achats effectifs de ses produits : opérations de *packaging* (le conditionnement rappelle l'événement et/ou affiche le nom et la photo du sportif sous contrat), opérations de PLV (affichage également mais au niveau d'un linéaire ou d'une tête de gondole [2]) et création d'un trafic [3] autour d'une animation reprenant l'événement (dédicaces de champions, exposition d'un vélo ayant fait la course, etc.).

---

1. F. Couty, 1995, *op. cit.*
2. Une tête de gondole se trouve en bout de linéaire, c'est-à-dire à l'extrémité des rayonnages.
3. On appelle « trafic » le nombre de curieux attirés par une animation et, plus généralement, les flux de chalands déambulant dans une surface de vente dans le cadre d'opérations de merchandising.

5.2.4. Le marketing direct de Perrier-Vittel

Le groupe Perrier-Vittel [1] dépense environ huit millions d'euros dans des opérations de sponsoring, principalement dans le tennis (partenaire officiel du tournoi de Roland Garros depuis 1978, de ceux de Lyon et de Nice, et des Championnats des France), secondairement dans le golf (Open de France). Il est également partenaire de fédérations olympiques (athlétisme, basket-ball, handball, natation, tennis de table, escrime, judo). Son axe de communication peut se résumer dans le slogan « L'eau du sport ». À ce titre, il revendique une légitimité comparable à celle des équipementiers. À l'objectif classique de développer la notoriété des marques et d'améliorer leur image, Perrier-Vittel ajoute un objectif très tangible et immédiat de promotion des ventes. Pour l'atteindre, le groupe a mis au point un système de fidélisation des licenciés de clubs particulièrement novateur. Le principe est simple : chaque licencié est incité à consommer des produits du groupe, à en collectionner les codes barres qui, remis à son club, lui ouvre toute une série d'avantages. De 1995 à 1999, 15 000 clubs sportifs ont adhéré au Club Vittel, ce qui correspond à un million de licenciés [2]. Depuis 1999, le Club Vittel devenu Club du Sport a été élargi à d'autres partenaires (BNP, Go Sport, Zurich Assurances, Budget, Eurosport) et vise à réunir 35 000 clubs, soit cinq millions de licenciés. La marque vendrait chaque année plus de dix millions de bouteilles grâce à ce dispositif. Elle dispose en outre d'une base de données particulièrement fournie. Cet exemple est intéressant en ce qu'il montre que le sponsoring d'image, « à fonds perdus » selon ses détracteurs, peut trouver une rentabilité immédiate au niveau des ventes. À raison de dix millions de bouteilles vendues, nous pouvons estimer que le groupe a remboursé une partie de sa mise (Durand, 2001).

5.2.5. Les actions de communication interne

Avant, pendant et après l'événement, ces actions sont destinées à mobiliser le personnel.

– Avant l'événement, elles visent à bien expliquer les objectifs de l'opération de sponsoring afin d'éviter toute contestation de son bien-fondé. Un sponsor peut très bien confier à quelques salariés regroupés dans un groupe de projet, la mission d'organiser certaines modalités de l'événement.

– Pendant l'événement, le suivi sportif peut créer une émulation propre à renforcer la culture d'entreprise [3]. En effet, les salariés peuvent voir dans

---

1. Numéro un mondial de l'embouteillage d'eaux – environ cinq milliards d'euros de chiffre d'affaires en 2000 – régulièrement classé dans le top 10 des sponsors en France.

2. En 1995, le groupe a expérimenté le dispositif auprès de 170 000 licenciés de clubs d'athlétisme.

3. Il existe une littérature abondante sur la question du management culturel, voire éthique. Par exemple : A. Etchegoyen, *Les entreprises ont-elles une âme ?*, Paris, éd. F. Bourin, 1990.

l'équipe qui les représente comme le symbole de leur communauté réunie dans l'effort productif au coude à coude. L'équipe qui se bat pour la victoire ou l'équipage du voilier qui affronte les mers de l'hémisphère Sud, c'est en quelque sorte, un peu d'eux-mêmes sous la bannière de leur société.

– Après l'événement, une exploitation immédiate peut consister à en relater le déroulement au sein du journal d'entreprise ou à travers un film qui sera projeté en boucle dans une cafétéria (ou lors d'une assemblée d'actionnaires). Certains sponsors invitent leurs champions à partager le repas des cadres de leur entreprise ou à signer quelques autographes à l'ensemble du personnel réuni pour fêter leurs exploits.

Le sponsoring étant un outil de communication au service de la politique générale de l'entreprise, ses résultats doivent pouvoir être contrôlés et sanctionnés. Après avoir présenté quelques éléments des théories de la communication, nous passerons en revue critique les principaux indicateurs d'efficacité du sponsoring : économiques, d'exposition, de mémorisation et d'image. Nous tenterons de répondre à la sempiternelle question de la mesure du retour sur investissement immatériel, s'agissant, en l'occurrence, d'un investissement particulièrement complexe à analyser en termes de retombées.

Chapitre 5

LA MESURE DU RETOUR SUR INVESTISSEMENT SPONSORING

Le sport étant considéré comme un bon moyen de communication (Shank, 1999), il en résulte une concurrence exacerbée entre les sponsors (Meek, 1997) ; ce qui augmente le coût de son utilisation et tend à renforcer l'attractivité et la rentabilité d'autres modes de communication comme la publicité. D'où la nécessité de pouvoir mesurer les retombées des actions.

En 1998, environ huit sponsors sur dix réalisent un suivi des effets de leurs actions de parrainage, principalement sous la forme d'un press-book réunissant les coupures de presse et les citations à la radio ou à la télévision les concernant. En général, les analyses sont réalisées en externe par des sociétés d'études (excepté le suivi du chiffre d'affaires). Par contre, 6 % seulement réalisent le suivi systématique des actions de leurs principaux concurrents (tableau 1).

Tableau 1. – *Le suivi des actions de sponsoring en 1998*

Outils du suivi	%^{age} des entreprises	Réalisation en interne
Press-book (coupures presse, citations radio ou TV)	90 %	54 %
Étude générale de notoriété et/ou d'image	60 %	26 %
Étude des retombées médias	58 %	42 %
Étude d'impact spécifique	33 %	35 %
Étude de l'influence sur les ventes	28 %	83 %
Baromètre spécifique	21 %	36 %

Source : UDA 1998/1999.

La méthodologie repose sur la possibilité de comparer :

– soit les scores d'impact du sponsor sur un même échantillon avant et après l'événement (mais les enquêtés risquent de se répéter par souci de cohérence) ;

– soit les scores enregistrés auprès de deux échantillons similaires avant et après (la difficulté majeure consistant à tirer deux échantillons présentant des propriétés identiques dans un environnement difficile : sortie de stade et ambiance d'après match) ;

– soit les scores d'un sponsor et d'un non sponsor de l'événement servant de référence.

Avant d'entrer dans le détail des différents indicateurs, il nous semble intéressant de présenter quelques éléments des théories de la communication pouvant servir de base d'analyse.

1. Quelques apports théoriques

Les théories de la communication se scindent principalement en deux grands courants : le courant cognitiviste et le courant affectiviste. En prenant le risque d'être très réducteur, nous pouvons situer le point de désaccord autour du processus qui conduit au conatif, c'est-à-dire à l'action (schéma 1). Pour les cognitivistes, le cognitif prime et détermine l'affectif qui mène à l'acte. Cela signifie, en d'autres termes, que l'attitude vis-à-vis de la marque est censée se traduire en élan sentimental conduisant à l'achat (Lavidge et Steiner, 1961). Pour les affectivistes, l'affectif détermine en grande partie le cognitif : l'achat d'une marque serait le résultat d'un élan sentimental justifié, dans un second temps, par l'opinion qu'on en a (Zajonc, 1968). Une approche de l'efficacité du sponsoring passe nécessairement par l'un ou l'autre de ces deux courants (Laborde, 2000).

1.1. Les théories cognitivistes appliquées à la communication par l'événement sportif

Deux hypothèses sont à la base de l'analyse cognitiviste.

– Contrairement à la croyance d'un récepteur passif manipulable à souhait [1], l'individu est réputé actif, c'est-à-dire qu'il s'approprie les messages et, au besoin, les transforme.

Schéma 1. – *Modèles cognitiviste et affectiviste*

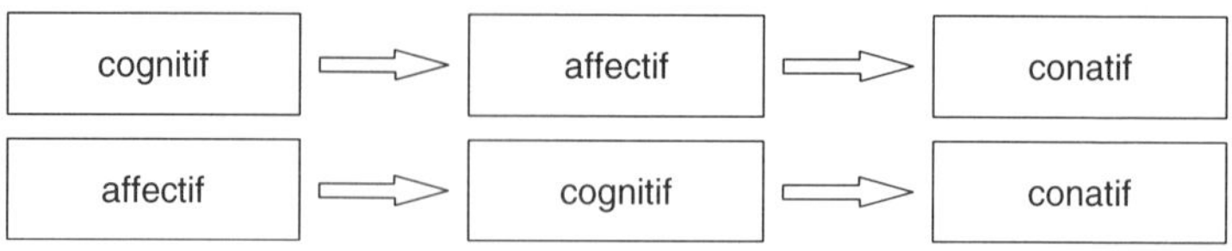

1. Par exemple : V. Packard, *La persuasion clandestine*, Paris, Calmann-Lévy, 1958.

– La persuasion n'est jamais immédiate ; il s'agit d'un processus qui passe par des étapes de réception et d'acceptation des messages.

À la suite des travaux réalisés dans les années cinquante par des chercheurs de l'université de Yale (Hovland, Janis et Kelley, 1953) et prolongés dans les années soixante (McGuire, 1969), Jean-Noël Kapferer a développé un modèle de la persuasion qui constitue une base théorique intéressante pour analyser le sponsoring (Kapferer, 1978 et 1990 ; Baux, 1991).

Nous pouvons distinguer quatre étapes dans le processus que nous retrouvons dans la communication par l'événement.

1.1.1. L'exposition sélective aux messages des sponsors et leur perception

Tout récepteur d'un message tend à éliminer d'emblée ce qui peut remettre en cause une opinion forte, c'est-à-dire ce qui peut provoquer une dissonance dans son système psychique de croyances. L. Festinger (1957) a initié une théorie de « la dissonance cognitive », développée par D.J. Bem (1970) dans les années soixante-dix, qui met l'accent sur les résistances à l'information dérangeante. Le filtrage peut également concerner des messages qui contrarient le sentiment d'appartenance à une catégorie sociale (Lazarfeld *et al.*, 1948). Par exemple, une information relative au dopage va être filtrée par les passionnés d'une pratique sportive mise en danger. En effet, si le sujet est très impliqué dans la pratique – en tant que spectateur fanatique trouvant dans le sport une partie de son identité ou en tant qu'individu ayant construit son statut social sur la pratique (sportif amateur ou professionnel, dirigeant de club, entraîneur) – toute atteinte à sa croyance éthique risque de se traduire par un bouleversement à la fois psychique et social (sous forme de perte d'une partie de son identité).

Les travaux de P. Lazarfeld montrent que l'exposition sélective aux messages s'organise plus ou moins inconsciemment selon le degré d'implication. Si l'implication est forte, construite sur une opinion hautement favorable, alors l'attention sera maximale ; et inversement si l'implication est faible. Appliquée au sponsoring, la théorie permet de distinguer les publics de passionnés des spectateurs occasionnels et des spectateurs accompagnateurs assistant sans grand enthousiasme au spectacle. Pour toucher les publics faiblement impliqués, il faudra déployer davantage de moyens pour assurer la visibilité du sponsor que pour toucher des passionnés dotés d'une bonne culture de la pratique et de ses partenaires. Par exemple, un passionné de football connaît parfaitement les sponsors de chacune des équipes et des joueurs ; inutile de multiplier les messages pour le lui rappeler. Par contre, le spectateur occasionnel qui a tendance à confondre les sponsors devra faire l'objet d'une communication plus marquée.

Un effet pervers peut toutefois compliquer la tactique du sponsor. Il a été remarqué que des sujets très peu impliqués (les conjoints des passionnés plus ou moins contraints d'assister au spectacle, par exemple) s'exposaient davantage aux messages faute d'intérêt pour le déroulement de la compétition qu'ils connaissent mal ; l'environnement du jeu sportif et notamment l'environnement promotionnel des sponsors, étant aussi attrayant pour eux que l'action sportive proprement dite. Inversement, les spectateurs passionnés et obnubilés par l'action ne perçoivent rien d'autre (Anne et Chéron, 1991 ; Anne, 1992).

Si l'exposition aux messages est sélective, leur perception l'est également. Il est admis que le sujet voit la totalité de ce qui l'entoure pendant un temps très bref et qu'il n'en retient que quelques fragments (Neisser, 1967 ; Lindsay et Norman, 1977). Par exemple, l'apparition fugace du logo d'un sponsor est enregistrée mais sa mémorisation est fonction d'un certain nombre de conditions. Si l'œil embrasse tout le champ visuel, il n'en perçoit qu'une portion selon certaines logiques.

– Une logique de similarité : les éléments présentant les mêmes caractéristiques de couleur, de volume, etc., sont vus en priorité (les hôtesses toutes de jaune vêtues du Crédit Lyonnais sur le Tour de France, par exemple, ou les membres d'une équipe portant le même maillot).

– À l'opposé, une logique d'émergence (Berlyne, 1951) : l'apparition d'une unité inattendue et incongrue peut provoquer une surprise perceptuelle (tel joueur équipé de chaussures de couleur vive alors que tous les autres sont chaussés de noir [1]).

– Une logique de proximité : le sportif arborant le logo de son sponsor personnel interviewé au premier plan de la scène, peut masquer complètement le fond de scène où figurent notamment les banderoles des sponsors de l'événement.

– Une logique d'unité de mouvement : le coureur échappé d'un peloton groupé retient forcément l'attention ;

– et selon des règles temporelles (un message d'égale intensité en continu endort l'attention – par exemple, un Grand Prix de Formule 1 sans possibilité de dépassement ; par contre, une rupture dans le déroulement de l'épreuve peut relancer l'attention – un arrêt inopiné au stand ou un incident technique).

La perception du logo d'un sponsor dépend, en outre, des références dont dispose le spectateur. En effet, chacun possède en mémoire une liste de logos familiers dans laquelle il va puiser pour identifier celui qui se présente à lui. Il en découle un risque de confusion si le logo est nouveau dans un contexte qu'il connaît bien et auquel il est habitué. Par exemple, un nouveau sponsor intégrant une équipe de football risque de passer inaperçu aux yeux du supporter habitué à des sponsors de longue date qui lui sont familiers. Par ailleurs, si le contexte est nouveau pour lui – la découverte du rugby par un passionné de football, par exemple – il aura tendance à « voir » les sponsors du football autour du stade de rugby. Nous avons affaire à une attitude classique d'attente : si le spectateur s'attend à

1. L'équipementier Puma a largement usé de cet artifice pour attirer l'attention dans le spectacle du football (les chaussures rouges de Pirès), Nike dans celui de l'athlétisme (les chaussures dorées de Johnson).

voir tel sponsor, il aura l'impression de l'avoir vu même si un autre sponsor l'a remplacé. Il en résulte pour le nouveau sponsor la nécessité de mettre en scène un surcroît d'attributs ou un attribut suffisamment saillant et distinctif pour éviter la confusion.

L'attention peut aussi être éveillée par des artifices de communication :

– un effet de complexité peut contraindre le spectateur à un effort cognitif plus intense – la présence énigmatique et tapageuse d'un sponsor complètement inconnu attire l'attention [1] ;

– ou un effet de distraction – un environnement parasité impose un travail cognitif plus intense conduisant à plus d'attention : par exemple, la clameur d'un stade rend le spectateur plus attentif à une annonce promotionnelle (Osterhouse et Brock, 1970).

1.1.2. La compréhension des messages

Il peut y avoir un hiatus entre le sens du message voulu par l'annonceur et le sens attribué par l'audience car il n'existe pas de sens universel [2]. Cette difficulté essentiellement sémantique est liée aux caractéristiques sociodémographiques de l'audience. En effet, l'âge tout d'abord a une incidence sur la compréhension : un adolescent à qui une marque sportive s'adresse en priorité (« Just do it ! » lui disait Nike) n'a pas les mêmes références culturelles et linguistiques qu'un senior (qui n'a pas toujours très bien saisi le discours publicitaire de la marque de Jordan et d'Agassi) [3]. Le slogan qu'Adidas a lancé à l'occasion de l'Euro 2004 – « Impossible is nothing » – reste tout aussi énigmatique pour le commun des consommateurs (« Impossible n'est rien » et donc rien n'est impossible pour la marque sportive challenger qui suggère ses ambitions de leadership à l'instar des équipes qu'elle sponsorise). La catégorie sociale renvoie également à une culture particulière [4] : une culture bourgeoise dominante et des sous-cultures de groupes, voire de tribus (le discours de Lacoste adressé à sa clientèle bourgeoise traditionnelle est perçu différemment par sa clientèle adolescente de banlieue).

La solution, pour l'annonceur, est de livrer un message minimaliste accessible à l'ensemble de son audience utile. Il suffit, en effet, de permettre l'accès à un minimum de compréhension étant donné les attentes limitées de l'audience vis-à-vis des sponsors. Parvenir à faire comprendre que telle marque est aux côtés de l'équipe est suffisant, inutile d'expliquer pourquoi. L'hypothèse de l'audience paresseuse se vérifie tout particulièrement lors d'actions de sponsoring. W. McGuire (1969) avance qu'une audience peu impliquée se contente d'accéder, au moindre effort, à un

1. Loi dite de Yerkes-Dodson (1908), citée par J.N. Kapferer, 1990, p. 147.
2. P. Bourdieu, *Choses dites*, Paris, éd. de Minuit, 1987.
3. H. Boyer, « Le jeune tel qu'on le parle », *Langage et société*, 70, p. 61-79.
4. P. Bourdieu, *La distinction, critique sociale du jugement*, Paris, éd. de Minuit, 1979.

minimum de compréhension des messages promotionnels ; mais à condition que la source soit crédible et que le thème du message lui soit familier. À défaut, il faut viser une compréhension complète pour convaincre.

1.1.3. L'acceptation du message du sponsor

Accepter le message du sponsor revient à accepter, d'une part, le principe de l'association entre l'événement sportif et la marque sponsor et, d'autre part, le transfert d'une partie des attributs de l'événement vers le sponsor. Or, pour les cognitivistes, l'audience est active et réagit à la persuasion. Il ne suffit pas de favoriser la mémorisation en appliquant une technique de l'apprentissage (à base de répétition du message, de qualité d'argumentaire et de support), il faut également provoquer l'adhésion. Pour cela, trois conditions sont à réunir.

– Première condition : la crédibilité de la source. Une marque sportive est crédible lorsqu'elle sponsorise un événement sportif ou une équipe, s'agissant là de son métier. La marque Adidas détient une légitimité forte au sein des sports collectifs, par exemple. Par contre, au-delà des marques sportives, les associations sont beaucoup moins évidentes et supposent que le lien avec l'activité soit explicité. Une marque de parfum ou d'automobiles de luxe est relativement proche du golf réputé élitiste (elle véhicule les mêmes symboles de standing social), une marque de téléphonie ou de jeux vidéo est proche de pratiques d'adolescents comme le snowboard ou le BMX (s'agissant de produits très présents dans leur univers culturel, voire emblématiques), une marque d'eau minérale trouvant sa source en montagne présente une proximité avec le ski, etc. Mais il suffit parfois que les publics aient pris l'habitude du partenariat pour qu'ils finissent par le trouver « naturel » (les marques de tabac et les sports mécaniques – un lien autour de la pollution peut-être ?) – question d'ancienneté en quelque sorte.

– Deuxième condition : le sujet doit avoir intérêt à adhérer au message. Si le message provoque une dissonance dans son système cognitif, il en refusera la teneur. Plus précisément, il faut distinguer les valeurs centrales constituant la charpente de son système de croyances et les valeurs périphériques susceptibles d'évoluer plus librement. Un credo écologiste, par exemple, peut conduire un sujet à refuser obstinément l'association entre une marque chimique et son sport favori.

Quand l'opinion du message est proche de celle du sujet – elle se trouve dans sa zone d'acceptabilité, ce dernier est prêt à l'assimiler dans son ensemble en écartant les éléments discordants (théorie dite de l'assimilation-contraste ; Hovland et Sherif, 1961). Par contre, quand l'opinion entre dans sa zone de rejet, le sujet aura tendance à amplifier le contraste d'opinion et à la rejeter globalement ; voire à construire une opinion opposée (on parle alors d'effet boomerang ; Brehm, 1961).

Dans la zone d'acceptabilité, il suffit d'éveiller la seule curiosité du sujet à l'égard du sponsor (théorie dite de l'incrédulité curieuse ; Maloney, 1962). Dans un second temps, il cherchera à obtenir l'information complémentaire au sein de son entourage (ses proches amateurs comme lui de la pratique, les vendeurs des magasins d'articles de sport qu'il connaît bien, les moniteurs de la base de loisirs qu'il fréquente, etc.) ainsi que dans les médias ayant assuré la couverture de l'événement ou tous les autres médias évoquant le sponsor (à travers une publicité notamment ; d'où l'importance du prolongement publicitaire de l'opération de sponsoring). Le sponsor entr'aperçu lors de l'événement sera ainsi identifié *a posteriori* et son association à l'épreuve sportive assimilée.

Enfin, notons qu'une émotion peut venir renforcer la persuasion ou la contrarier (Kapferer, 1978). Une émotion sportive profite directement au sponsor lorsqu'elle est positive, une déception peut lui nuire. Mais certains travaux portant exclusivement sur le sponsoring tendent à montrer que toute émotion est nuisible, qu'elle soit positive ou négative (Walliser, 1996) ou inversement qu'une émotion négative peut être favorable. Il semble en effet qu'une trop forte émotion provoque une focalisation de l'attention sur l'action au détriment de son environnement, alors qu'une émotion modérée améliore la visibilité et l'appréciation des sponsors, qu'elle soit positive (victoire de son équipe) ou négative (sa défaite). Dans ces conditions d'incertitude, il est difficile, pour un sponsor, de miser sur le facteur émotionnel.

– Troisième condition : la pression de l'entourage social du sujet doit aller dans le sens de l'adhésion afin de faire jouer un effet de conformisme. Cet effet de groupe repose en partie sur l'hypothèse d'un récepteur paresseux (McGuire, 1969) qui apparaît, de ce fait, influençable par les signes de réaction de son entourage. Il se conformera aux normes de son groupe par facilité ; toute déviance étant par nature inconfortable. Les sponsors peuvent ainsi avoir intérêt à cibler leur persuasion sur les leaders d'opinion du groupe (responsables de clubs de supporters, journalistes commentateurs, personnalités assistant au spectacle, etc.).

Par ailleurs, le contexte exerce aussi son influence (Rosnow et Russel, 1963). Si l'épreuve sportive se déroule dans des conditions optimales pour le spectateur (son équipe a gagné, lors d'un match de football à suspens, avec beaucoup de buts marqués et de beaux gestes techniques), ce dernier aura tendance à transférer au sponsor son évaluation favorable de l'événement.

1.1.4. Le changement d'attitude vis-à-vis du sponsor

Une attitude est une prédisposition à l'action résultant de représentations cognitives sur l'environnement social acquises par expérience et de ce fait relativement stables (Campbell, 1963). Cette stabilité permet à chacun de réagir à tout stimulus sans avoir à reconsidérer les données du problème à chaque fois. Classiquement, on lui reconnaît deux fonctions : une fonction égo-défensive (celle de constituer une sorte de rempart contre un extérieur agressif et exprimer des valeurs personnelles) et une fonction sociale (marquer une appartenance à un groupe social ; Katz et Lazerfeld, 1955). Mais l'attitude a aussi une dimension sentimentale (j'aime telle marque que je connais ou je ne l'aime pas) et c'est cette dimension qui intéresse le sponsoring.

L'attitude favorable à l'égard du sponsor identifié comme étant partenaire de l'événement n'est pas éternelle ; elle a tendance à s'étioler en l'absence d'action de communication pour en raviver le souvenir (Zielske, 1959). Quatre formes de persistance peuvent être relevées (graphique 1).

En règle générale, l'attitude modifiée par le message a tendance à revenir à son état antérieur et, dans le meilleur des cas (celui d'une exploitation publicitaire suffisante de l'opération), subsiste la persistance partielle d'une attitude plus favorable à l'égard du sponsor que l'attitude antérieure à l'événement. Exceptionnellement, on peut assister à un effet de rémanence totale (le sponsor maintenant son capital sympathie au niveau atteint lors de l'événement), voire à un effet *sleeper* lorsque la dynamique engendrée par l'action de sponsoring se poursuit en continuant d'améliorer l'image du sponsor après l'événement.

Les facteurs de rémanence sont difficiles à repérer.

Le souvenir de l'action de sponsoring semble ne pas suffire (Haskins, 1964) car, d'une part, l'attitude acquiert, avec le temps, une autonomie vis-à-vis du souvenir de l'événement (le souvenir est progressivement simplifié, amputé d'une partie de ses attributs, édulcoré) ; d'autre part, à ces bribes de souvenir, viennent s'agréger des informations survenues depuis l'événement et qui le dénaturent. Par exemple, on se souvient de plus en plus vaguement que tel sponsor a été impliqué dans la dernière Coupe du Monde de Football – sponsor de l'événement ou d'une équipe ? À moins qu'il s'agisse du championnat d'Europe ou d'une campagne de publicité réalisée parallèlement ou encore d'un gros transfert de joueurs vedettes sous contrat… Par ailleurs, la mémorisation sélective tend à ne retenir que des éléments périphériques au message, de type anecdotique ou fantaisiste, et à écarter parfois les éléments centraux. Par exemple, on retiendra sans doute mieux des Jeux de Sydney les aventures extra-sportives de Marie-José Pérec (et de son sponsor Reebok) que les records enregistrés par les coureurs ayant participé aux compétitions (et sous contrats Nike ou Adidas, pour évoquer les trois grands sponsors équipementiers).

L'effet de répétition est censé empêcher le déclin de l'attitude en reconstituant régulièrement son souvenir (Johnson et Watkins, 1971). Les travaux de H.A. Zielske (1959) montrent cependant qu'une campagne de communication concentrée après l'événement permet de grimper très haut dans le souvenir, puis de redescendre tout aussi brutalement jusqu'à retrouver le niveau initial ; alors qu'une campagne étalée dans le temps permet de réaliser un score certes plus modéré mais d'éviter la chute (graphique 2).

Graphique 1. – *Le changement d'attitude*

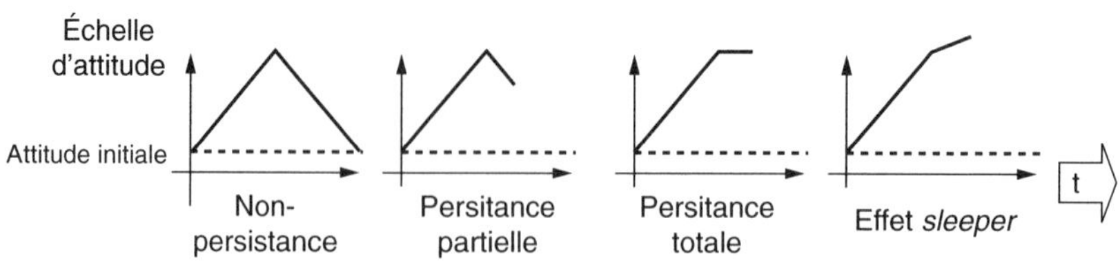

Graphique 2. – *Le souvenir du message*

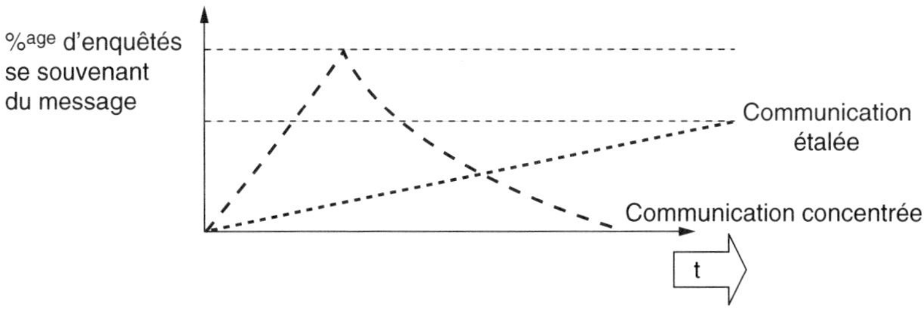

Quant à l'effet *sleeper*, très fantasmatique dans le monde de la communication, il semble qu'il ne puisse se manifester que dans des situations très particulières (Hovland *et al.*, 1949). Il repose, en effet, sur une hypothèse de dissociation entre le contenu du message pour lequel le sujet a été fortement impliqué et dont il garde le souvenir, et les conditions de sa communication (crédibilité de la source, qualité du support, contexte général).

Prenons un exemple. Une information parue dans la presse à scandale (support de qualité journalistique médiocre et peu crédible) reprenant une interview d'un sportif connu pour sa mythomanie, dans un contexte de polémique médiatique, fait état du dopage d'un champion olympique sous contrat avec un grand équipementier. La portée d'un tel *scoop* va, dans un premier temps, être minime ; l'image du champion et celle de son sponsor ne se trouvant pas affaiblies. Dans un second temps, le contenu de l'information va être dissocié des conditions de sa diffusion et réaliser des scores de persuasion de plus en plus forts (sous le double effet de l'oubli de la source et de la forte implication du sujet dans un thème comme le dopage) (graphique 3).

1.2. Les théories affectivistes appliquées à la communication par l'événement sportif

Les affectivistes posent comme hypothèse que le cheminement classique de la persuasion (cognitif → affectif → conatif) doit être partiellement remis en cause (Zajonc, 1968 ; Bagozzi, 1980). Ils lui substituent d'autres processus au sein desquels l'affectif prend toute sa dimension (Fishbein, 1967).

Graphique 3. – *L'effet de dissociation*

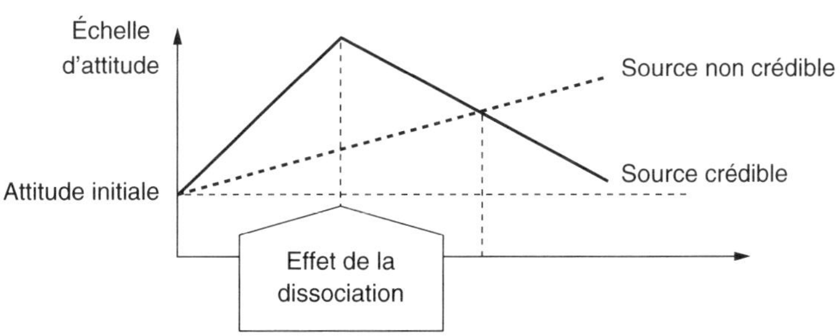

1.2.1. L'hypothèse d'une interaction entre cognitif et affectif

L'idée est la suivante : pour que le travail cognitif se déroule jusqu'à son terme, il faut qu'il soit accompagné d'une appréciation favorable du message. À défaut, le sujet cesse de s'y intéresser. Inversement, la connaissance croissante du contenu du message participe au renforcement du sentiment (schéma 2).

Schéma 2. – *L'interaction entre les niveaux cognitif et affectif*

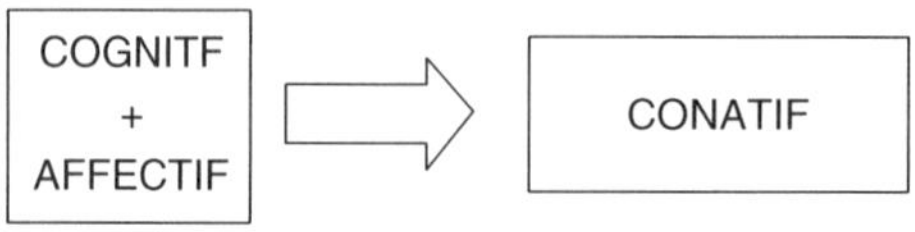

En matière de sponsoring, cela signifie que les publics ne vont s'intéresser à la relation de partenariat entre le sponsor et l'événement qu'à partir du moment où ils éprouveront une sympathie à son égard. De cet élan sentimental va naître un intérêt cognitif. La difficulté étant de savoir comment susciter ce sentiment en l'absence d'une notoriété suffisante (sorte de « coup de foudre » aveugle).

1.2.2. L'hypothèse de la primauté de l'affectif

L'hypothèse de la primauté de l'affectif est plus radicale car elle place l'affectif comme un préalable à la démarche cognitive (schéma 3).

Schéma 3. – *La primauté de l'affectif*

P. Wright (1974) propose une théorie dite du « rattachement affectif » qui concerne pour l'essentiel des messages très faiblement impliquants. En effet, à l'approbation d'un message que l'on ne connaît pas (le travail cognitif restant à faire), on ne peut donner d'autre explication que sentimentale : « j'adhère parce que j'aime cette marque ! », faute d'arguments. En sponsoring, on évoque généralement l'effet de halo pour expliquer pourquoi les publics conquis par le spectacle sportif élargissent à tout son environnement – y compris celui des sponsors – leur réaction affective. Puis, dans un second temps, ils apprennent à les connaître. Nous pourrions citer nombre d'exemples d'opérations de sponsoring réussies pour lesquelles la notoriété du sponsor était quasiment nulle au départ (par exemple, celle de la marque Sector, sponsor du navigateur à la rame d'Abboville dans sa traversée océanique).

1.2.3. L'hypothèse de l'antériorité comportementale

Le consommateur qui achète une marque parce qu'il éprouve un vague élan affectif pour elle (question d'emballage, de PLV) ou sans raison véritablement va, dans un second temps, renforcer son affection pour la marque entrée dans son univers proche puis, par souci de cohérence, légitimer son choix par un travail cognitif réalisé *a posteriori* (schéma 4). Cela suppose que son implication soit faible (théorie dite de l'« implication minimale » – Krugman, 1965).

Schéma 4. – *L'interaction entre les niveaux affectif et conatif*

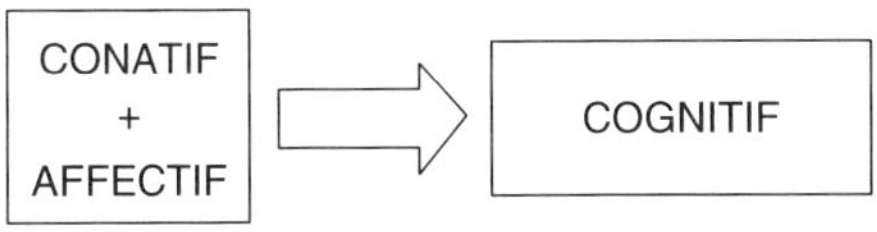

En sponsoring, le fait de retrouver sur un événement sportif une marque faisant partie des marques familières de son univers habituel de consommation crée un effet de reconnaissance qui va se poursuivre par une démarche cognitive. Découvrir, par exemple, le nom de sa banque associé à une équipe de basket dont il apprécie les performances sportives peut conduire le sujet à s'intéresser de plus près aux dépliants publicitaires que son agence lui envoie.

1.2.4. Quels sont les déterminants du sentiment pour un sponsor ?

Les déterminants des sentiments sont au nombre de trois.

– Un effet de similarité tout d'abord (Byrne, 1971) : « Ce champion me plaît parce qu'il me ressemble ! ». L'effet peut s'expliquer par une attitude plus ou moins narcissique qui conduit à surévaluer nos propres traits, *a fortiori* lorsqu'on les retrouve chez autrui, accentuée sans doute par un effet de socialisation (tout processus de socialisation repose sur le mimétisme et l'identification à l'autre). La similarité peut porter sur l'apparence physique, sur les opinions affichées, sur un style de vie (de consommation, de loisirs), voire sur des valeurs mises en scène (loyauté, goût de l'effort, etc.). Le sportif auquel on s'attache est souvent une personne accessible, rarement un extraterrestre. Ainsi pouvons-nous expliquer l'exceptionnelle popularité de champions comme Noah, Deschamp, Zidane ou Virenque, par leur humanité et leur proximité. Ils pourraient tout aussi bien être nos amis ou nos voisins de palier. Le sponsor du champion peut ainsi espérer que s'enclenche un processus de conditionnement de l'affectif, par association (schéma 5).

Schéma 5. – *Du sentiment pour le champion au sentiment pour le sponsor*

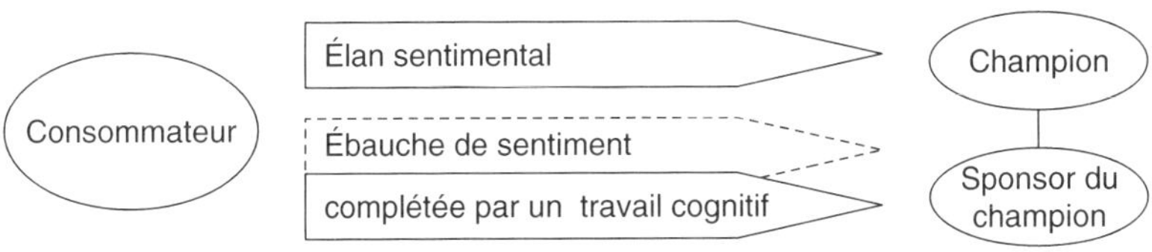

– Un effet de répétition peut venir s'ajouter au précédent pour renforcer le sentiment (Zajonc, 1968). Contrairement à la lassitude qu'on pourrait imaginer, la répétition d'un message à finalité sentimentale peut finir par convaincre (un peu sur le mode du jingle publicitaire qu'on se surprend à fredonner), à condition toutefois d'éviter un contre-effet de satiété si la cadence d'exposition est trop massée. Un champion omniprésent dans les émissions de télévision et dans les journaux peut finir par lasser si son agent ne prend pas la précaution d'étaler dans le temps ses prestations médiatiques (graphique 4).

Graphique 4. – *Les effets de cadence d'exposition sur le sentiment*

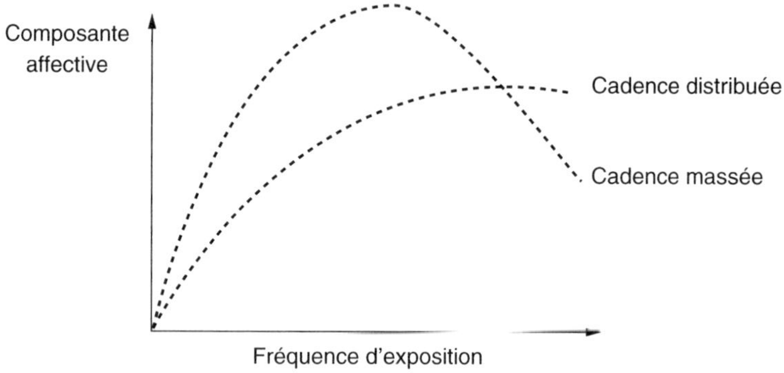

– Enfin, le sentiment est fonction de l'émotion provoquée par l'événement. Un exploit sportif se suffit rarement à lui-même pour émouvoir les spectateurs. L'organisateur doit le mettre en scène et l'animer de façon à faire vibrer le public (à base de commentaires enflammés, d'images suggestives des émotions des athlètes, d'ambiances musicales, de cérémonies protocolaires épiques, etc.). Les sportifs acteurs sont également mis à contribution pour faire rire ou pleurer le public, le faire se lever et exprimer sa joie ou sa déception, à l'unisson. Car faute d'émotions, l'action de sponsoring perd en efficacité (Walliser, 1994 ; Lardinoit, 1996). Thierry Lardinoit (2001) relève trois conditions à réunir pour que les émotions soient opérantes pour les sponsors : elles doivent être intenses (or la dramaturgie sportive tend à s'essouffler étant donné la répétition des événements ; il est de plus en plus difficile de faire vibrer un public blasé), elles doivent être positives et elles doivent permettre à la marque de s'associer. Cette troisième condition pose notamment problème aux sponsors qui ne sont pas « naturellement » associés au sport. En effet, si une marque sportive comme Puma peut espérer profiter pleinement de l'émotion suscitée par une Coupe du Monde de Football, étant donné son histoire de fabricant de chaussures et de textile pour la pratique, il n'en va pas de même d'une marque non sportive (Speed, 2000). Par exemple, la marque Coca-Cola doit systématiquement mener des actions de communication avant les grands événements auxquels elle participe pour établir sa « sincérité » et ainsi profiter pleinement des retombées sentimentales (Stipp et Schiavone, 1996). Par ailleurs, pour éviter d'être dépendante de la performance d'équipes lors des Coupes du Monde de football depuis 1998, la marque a choisi de miser sur les supporters, d'être leur sponsor en quelque sorte. La joie de la victoire comme l'accablement de la défaite sont des émotions vécues avec Coca-Cola qui reste présente jusqu'à la finale. Plutôt que de vouloir contester vainement la primauté des marques sportives sur le terrain et sur les maillots des joueurs, Coca-Cola s'est placée dans les gradins aux côtés des spectateurs.

Ce survol des théories de la persuasion appliquées au sponsoring nous amène à considérer les instruments de mesure de l'efficacité des actions.

2. Les indicateurs d'efficacité économique

Nous l'avons souligné, l'objectif final du sponsoring rejoint celui de la gestion en général, à savoir : le développement du chiffre d'affaires et des résultats d'exploitation. Mais la politique de sponsoring étant associée à d'autres politiques du mix marketing et étant également dépendante du contexte du marché et de la concurrence (comment évolue la demande, ce que font les autres sponsors), il est très délicat d'en contrôler l'efficacité sur un plan largement économique, de nombreux autres facteurs étant concernés. Il est cependant possible de mettre en place un suivi du chiffre d'affaires pouvant permettre un pilotage des actions (par exemple, à partir du tableau 2).

Dans certains cas, la relation entre l'action de sponsoring et l'évolution du chiffre d'affaires peut sembler évidente. Nous pouvons citer le cas d'école de la première participation de Perrier au Marathon de New York qui a permis de multiplier son chiffre d'affaires par cinq aux États-Unis. Si d'autres facteurs conjoncturels ont pu intervenir, il semble que l'action de sponsoring ait été largement responsable. Autre exemple, celui de la société de crédit Cofidis. En 1996, son taux de notoriété était de 2 % en France ; en 2003, à la suite de son sponsoring d'une équipe cycliste professionnelle, il était de 30 % et la progression des crédits a été deux fois supérieure à la moyenne du marché [1]. Citons également le cas de la société

Tableau 2. – *Calendrier type du suivi d'une action de sponsoring*

T zéro = événement sponsorisé	T + 3 mois	T + 6 mois	T + 12 mois	T + 24 mois
Objectifs de CA : évolution/T zéro	+ 10 %	+ 15 %	+ 20 %	+ 25 %
Réalisation/T zéro	+ 5 %	+ 12 %	+ 20 %	+ 30 %
Réactions	Campagne publicitaire	Actions de PLV	Poursuite des actions de PLV	Suspension des actions

1. *Points de Vente*, n° 817, 12/07/2000 ; *Le Monde*, 16/07/2003. L'investissement de Cofidis est de six millions d'euros par an auxquels s'ajoutent environ deux millions de budget d'accompagnement.

japonaise de chocolats Meiji Seika dont le bénéfice a augmenté de 10 % en 2003 après avoir signé un contrat fin 2002 avec David Beckham.

Dernier exemple, la firme Coca-Cola a augmenté ses ventes de plus de 16 % au cours du premier semestre 1998 (par rapport au premier semestre 1997), entre le moment du tirage au sort des matchs de la Coupe du Monde de Football et la finale, et a accru sa part du marché mondial de 2,2 %. En France, la consommation de Coca-Cola est passée de 15,3 litres par habitant à plus de 22 litres entre 1994 et 1998 (Lardinoit, 2001).

Notons que les collectivités utilisent également des indicateurs économiques. On estime que la Coupe du Monde de Football organisée en France en 1998 a généré un chiffre d'affaires touristique additionnel de 26 milliards d'euros, soit une hausse de 7 %. Autre estimation : l'Open de tennis d'Australie doté de 19 millions de prix aurait rapporté plus de 200 millions de dollars à l'économie de l'État de Victoria en 2003.

L'indicateur de chiffre d'affaires peut s'appliquer plus finement à des segments de marché : telle zone géographique (chiffre d'affaires à l'exportation selon les régions du monde), telle catégorie de consommateurs (tranche d'âge, catégorie sociale, segment masculin ou féminin). Les exemples abondent de sponsors souhaitant asseoir une implantation régionale par des actions locales (la radio Europe 1 investissant dans un club de football du Nord de la France pour contrer son concurrent RTL, par exemple) ou séduire un groupe de prospects (la marque de bière Buckler investissant dans le basket-ball pour rajeunir sa clientèle).

L'indicateur de chiffre d'affaires est à rapprocher du budget affecté au sponsoring pour prendre toute sa signification. Par exemple, la banque Crédit Lyonnais qui consacre 0,7 million d'euros à la Fédération Française de Judo (sur un total de 8,25 millions affectés au sponsoring) a mis en place un suivi de son action : en dix ans, sur les 35 000 comptes ouverts par de jeunes judokas, 18 000 le sont restés, ce qui constitue un taux exceptionnel de fidélisation. Par contre, les 6,4 millions affectés au Tour de France ne peuvent pas être évalués de la même façon. La banque se contente de mesurer le trafic provoqué par l'événement dans ses 2 000 agences. Pour cela, elle organise un jeu concours dont les prix sont à retirer dans les agences [1].

Selon P. Sahnoun (1989), le calcul budgétaire ne doit pas se limiter à ce que coûte le déroulement de l'événement mais comprendre trois volets :

– un budget de l'événement proprement dit : études préalables, contrat, logistique, matériel, personnel, assurances ;

– un budget médias et relations publiques : service de presse, frais divers, press book et autres supports, actions de valorisation ;

– un budget des opérations satellites : plaquette, vidéo, etc.

Le montant des budgets de sponsoring varie d'une entreprise à l'autre et d'un événement à l'autre. Par exemple, dans le football en France, il va

1. Conférence de Daniel Isaac, responsable sponsoring du Crédit Lyonnais, DESS *marketing et gestion du sport*, Strasbourg, 17/01/2002.

de moins de 10 000 euros affectés à un petit club de CFA par une PME locale à des sommes pouvant aller jusqu'à quatre millions d'euros en première ligue.

D'autres indicateurs économiques peuvent être pris en compte :

– le cours de l'action d'une société cotée en bourse souvent lié à son image bonifiée par une action de sponsoring réussie ;

– les indicateurs de mobilisation du personnel (taux d'absentéisme, turn over) ou de productivité (défauts de fabrication).

3. Les indicateurs d'exposition et d'audience

La visibilité du sponsor est à considérer à trois niveaux d'exposition (schéma 6).

• Premier niveau d'exposition : les participants à l'événement lorsqu'il s'agit d'une épreuve de masse ouverte au plus grand nombre. Une course à pied sur route, une course cycliste populaire, un triathlon, sont autant de manifestations pouvant réunir entre mille et dix mille participants (trente mille au départ du marathon de Paris en 2001) qui, pour les sponsors, constituent parfois le cœur de leurs cibles de communication (fabricants d'articles de sport, de boissons et aliments énergétiques, etc.). Ces publics sont directement exposés aux banderoles, aux annonces publicitaires sonores, sont conduits à fréquenter des stands d'exposition de produits en rapport avec leur pratique, des stands d'animation (tests de matériel, rencontre avec des spécialistes) et sont soumis à des actions de marketing direct (distribution de tracts). Ces publics sportifs sont parfois identifiés par les organisateurs (encadré 1).

• Le deuxième niveau d'exposition concerne les spectateurs directs de l'événement. Leur degré d'implication dans la pratique n'est certes pas celui des participants, mais ils éprouvent un intérêt manifeste pour l'épreuve (que l'on peut repérer en distance de déplacement, en temps d'attente sur le site). Leur présence avant, pendant et après les épreuves sportives en fait des publics cibles de la communication des sponsors.

• Troisième niveau d'exposition : les spectateurs médias. On distingue quatre types de spectateurs en fonction du moment de leur consommation de spectacle.

Schéma 6. – *Les trois niveaux d'exposition du sponsor*

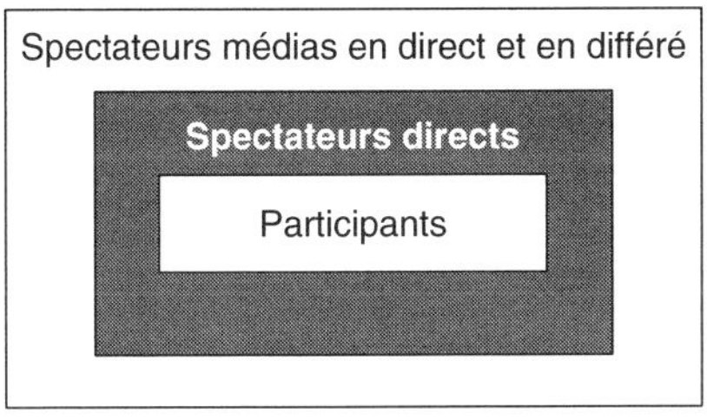

Encadré 1

Les coureurs sur route de Strasbourg : identification et motivations

1. L'identification, tout d'abord, montre des profils de coureurs différents selon la distance parcourue. Si la pratique est très largement masculine, elle l'est davantage encore sur les 20 km (6 % de femmes, contre 8 % sur 10 km). En outre, le taux d'adhésion à la Fédération Française d'Athlétisme est très faible pour les coureurs du 10 km (6 %) et il atteint 20 % pour ceux du 20 km. Le mode de pratique diffère également. Les coureurs du 10 km ne s'entraînent pas régulièrement (seulement 42 % le font), alors que ceux du 20 km sont à 82 % des pratiquants qui s'entraînent à raison de trois à quatre séances par semaine. Enfin, si les adeptes du 20 km déclarent ne pas pratiquer d'autres sports, ceux du 10 km s'intéressent aussi au vélo ou au triathlon. Nous avons donc affaire à deux types de pratiquants : d'un côté, des pratiquants assidus à l'entraînement et exclusifs ; de l'autre, des pratiquants moins déterminés.

2. Les motivations socio-sportives ne sont pas les mêmes. Le coureur du 10 km déclare courir pour être en forme et préserver sa santé. Pour lui, la course est un loisir et il est particulièrement sensible à l'environnement de l'épreuve (à la présence de spectateurs, à l'animation). Il recherche avant tout une ambiance de fête et une certaine convivialité. Le coureur du 20 km a une motivation sportive plus traditionnelle. Il se déclare être passionné par la course à pied et accorde une grande importance au chronométrage. Pour lui, l'objectif est de battre un temps de référence plutôt que de se battre contre les autres concurrents. Contrairement au coureur du 10 km, il est très peu sensible à l'environnement de l'épreuve. Par ailleurs, il s'intéresse davantage à l'actualité de la course à pied : 62 % lisent une revue spécialisée (contre 29 % des coureurs du 10 km).

3. Quant aux motivations d'ordre socio-économique, elles diffèrent assez peu. Coureurs du 10 et du 20 km se retrouvent pour déclarer ne pas être attachés à une marque de référence. Par ailleurs, ils ne montrent pas un intérêt particulier pour la technicité des produits (ils connaissent très mal les procédés d'amorti par exemple) ; leur principal critère d'achat étant le confort à l'essayage. Les uns et les autres reconnaissent, en outre, être sensibles aux conseils des vendeurs des grandes surfaces spécialisées où ils effectuent prioritairement leurs achats. Si le fait que le coureur du 20 km déclare consommer davantage n'est pas étonnant (il parcourt davantage de kilomètres...), par contre son attitude de consommateur peut surprendre : pas de marque privilégiée alors que les passionnés sont, en général, fidèles à une marque ; peu de connaissances techniques sur les produits alors qu'on a affaire à des spécialistes de la pratique ; achats en grande surface du sport plus qu'en magasin spécialisé.

N.B. : le nombre de participants a atteint le chiffre record de 5 500 en 1994 (dont 4 500 au 10 km) ; depuis, il baisse régulièrement.

Source : G. Tribou, *Les coureurs sur route de Strasbourg : identification et motivations*, communication au VIIe Congrès International de l'ACAPS, Marseille, 1997 (extrait des conclusions de l'étude).

– Les spectateurs en direct (devant leur télévision ou à l'écoute de leur radio) se caractérisent par une plus grande vulnérabilité à la persuasion que les autres. En effet, ils vivent l'événement dans une ambiance passionnelle et souvent partisane qui crée une proximité vis-à-vis des sponsors, voire une certaine forme de complicité.

– Les spectateurs au soir de l'événement (assistant à un résumé sportif ou à la page sportive du journal télévisé ou radiophonique) sont souvent ceux qui n'ont pas pu assister à l'événement en direct du fait de leurs activités professionnelles (ils peuvent être tout aussi impliqués que les spectateurs en direct) ou ceux qui s'intéressent quotidiennement au sport en général ; auxquels s'ajoute une audience faiblement impliquée et occasionnelle considérant l'actualité sportive comme une information parmi d'autres.

– Les lecteurs des pages sportives de la presse au lendemain de l'événement et les lecteurs de *L'Équipe* (s'agissant du seul quotidien d'informations sportives en France) sont des publics impliqués mais ayant une attitude relativement plus rationnelle et dépassionnée. Ils sont certes à la recherche de récits évocateurs de l'ambiance du spectacle auquel ils ont parfois assisté la veille et dont ils veulent retrouver quelques échos, mais aussi intéressés par des articles de fond plus analytiques. Ils sont la cible des annonces publicitaires des sponsors axées sur l'événement.

– Les spectateurs des émissions sportives de fin de semaine ou les lecteurs de magazines sportifs hebdomadaires ou mensuels, traitant l'événement avec une certaine distance, ont également une approche plus analytique et moins passionnelle.

3.1. Calcul des audiences directe et indirecte

L'audience directe est mesurée à partir des documents comptables de la billetterie ou à partir d'études de fréquentation [1]. On distingue généralement les entrées payantes par types de prestation (selon orientation et confort) et les entrées sur invitations ; ce qui peut donner lieu au calcul d'indicateurs. Citons-en quatre :

– le nombre d'entrées payantes par épreuve (et analyse selon l'enjeu sportif et les différentes actions de communication) ;

– le taux de remplissage des différentes formules de prestation : tribunes couvertes, gradins en virages, salons, loges, etc. ;

– le taux d'entrées par abonnement ;

– le ratio des invités présents par rapport aux invitations lancées qui mesure la mobilisation des partenaires et des médias.

Les spectateurs directs peuvent être identifiés selon des méthodes d'observation ou d'enquêtes par échantillonnage.

– L'observation des flux à l'entrée et des caractéristiques des publics présente l'avantage d'échapper aux contraintes liées à l'ambiance festive et passionnelle de l'événement (les publics étant peu disponibles pour une enquête classique) mais manque, bien entendu, de précision. Les observateurs comptent les entrants selon des caractéristiques visibles comme le

1. Par exemple : G. Tribou, dir., *Étude des publics du Racing Club de Strasbourg*, convention RCS/DESS *Marketing et gestion du sport* de Strasbourg, mars 2001.

sexe, l'âge approximatif, la tenue vestimentaire (présence de produits dérivés aux couleurs du club, par exemple). Ils peuvent aussi s'intéresser aux moyens de transport : identification des automobiles par modèles sur le parking pour avoir une première indication sur la catégorie sociale, par départements ou par pays à partir de la plaque minéralogique pour repérer la zone de chalandise, flux à la sortie des transports en commun.

– L'enquête peut se dérouler avant la rencontre ou à l'occasion d'une pause – mi-temps, tiers-temps (difficilement après la rencontre), sur la base d'un questionnaire très concis axé sur l'identification des spectateurs et leurs principales motivations. Pour l'échantillonnage, on utilise, en général, la méthode des quotas en référence à des caractéristiques connues de ces publics (fournies par les organisateurs, les fédérations, les sociétés d'études). À défaut et c'est souvent ainsi, les quotas sont déterminés en fonction de l'importance statistique de chaque groupe dans la population française (données INSEE). Pratiquement, les enquêteurs répartis par zones doivent circuler dans les gradins selon un itinéraire qui leur est imposé (telle rangée, telle place) afin de minimiser les risques de biais (se limiter, par exemple, aux spectateurs facilement accessibles en début de rangées). Il est préférable que l'enquêteur remplisse lui-même le questionnaire à condition toutefois qu'il puisse approcher l'enquêté.

– Une enquête qualitative complémentaire peut être menée sur la base des questionnaires. On demande alors aux enquêtés leur accord de principe pour un entretien téléphonique dont on fixe les modalités de rendez-vous.

L'audience indirecte est fournie par les médias ou par les sociétés d'études. Les tirages de la presse quotidienne nationale et régionale (PQN et PQR) et ceux de la presse hebdomadaire mensuelle ou plurimensuelle sont librement accessibles. Les audiences des chaînes de télévision ou de radios sont fournies par des sociétés d'études (l'audimat de Médiamétrie).

3.2. Calcul de l'exposition : le tracking

Le tracking consiste à repérer la marque sur tous les supports de communication (presse, radio, télévision, internet), de façon arithmétique. Il s'agit d'un comptage : nombre de fois que la marque est citée dans les magazines et la presse, temps d'apparition sur les différentes chaînes de télévision, nombre de fois qu'elle est prononcée à la radio ou mentionnée sur l'internet. Dans un second temps, ces temps d'exposition ou ces surfaces sont estimés en équivalent publicitaire : ce que cette exposition aurait coûté en annonce publicitaire. Le sponsor peut ainsi mesurer la rentabilité de son investissement : si l'équivalent publicitaire dépasse sa mise, il est supposé gagnant.

La visibilité du sponsor sur le site peut être mesurée en surface de banderoles et en temps d'annonces sonores. Ces données doivent être pondérées en fonction des conditions d'exposition : situation de la banderole par rapport aux tribunes, moment de l'annonce par rapport au déroulement de l'événement (des qualifications à la finale, lors de la remise des récompenses, etc.).

La mesure de l'exposition du sponsor dans les médias utilise une technique similaire. On détermine la surface rédactionnelle dans les différents supports de presse, pondérée par un coefficient de pagination (première page, quatrième de couverture ou page intérieure), un coefficient de photographie (la présence d'une photo est un gage de l'accroche du lecteur), un coefficient de signature de l'article (selon la notoriété et la légitimité sportive du journaliste). Cette surface est ensuite multipliée par le nombre de lecteurs (tirage) et le taux de circulation du support (le même support peut être lu par une seule personne – c'est le cas d'un quotidien généralement – ou circuler entre plusieurs personnes : c'est le cas des magazines que l'on retrouve en salles d'attente sur une durée pouvant atteindre parfois plusieurs mois).

Le temps d'antenne audiovisuelle est également pondéré par un coefficient de puissance de chaque chaîne (son audience), un coefficient lié au moment de diffusion (l'audience du matin n'étant pas celle du *prime time* ou après 22 heures), un coefficient lié au présentateur (notoriété et crédibilité/légitimité sportive).

Une société spécialisée [1] est, en général, chargée de ce calcul. Son travail consiste à noter le nombre de citations de la marque dans les articles ou d'apparition à l'écran, chronomètre en main. Par exemple, lors du Tour de France 2001, le Crédit Lyonnais, sponsor du maillot jaune, a totalisé plus de six heures de visibilité de sa marque. La mesure se fait à partir d'un minimum de six secondes d'apparition, ce qui signifie qu'une apparition de cinq secondes n'est pas comptabilisée alors qu'elle peut avoir un impact non négligeable. La raison est que la banque souhaite pouvoir convertir ce temps de visibilité en équivalent publicitaire, afin de pouvoir apprécier la rentabilité de l'opération, et qu'au-delà de cette durée minimum, les analystes estiment que l'impact est comparable.

Un autre outil peut être utilisé pour mesurer l'impact sur une cible : le GRP Sport, application au sponsoring de l'outil utilisé pour la publicité.

Le GRP (Gross Rating Point) ou point de couverture brute est un indicateur de pression des médias qui intègre le taux de couverture de la cible (pourcentage de prospects touchés par le message) et la répétition moyenne du message (c'est-à-dire le nombre moyen de contacts par personne touchée ; une même personne pouvant avoir été touchée x fois). La principale utilité de l'outil est de permettre la comparaison entre des supports différents. En effet, un support A peut présenter un fort taux de couverture et un taux de répétition nul (une grande partie de la cible est touchée mais une seule fois) ; un support B présentant les caractéristiques inverses : une moindre partie de la cible est atteinte mais à plusieurs reprises. Le GRP indique donc combien de fois la marque a touché sa cible et à quel coût, de façon à pouvoir en déduire le coût de chaque contact et approcher la rentabilité de l'opération.

---

1. L'*Argus de la Presse*, *La Voix des Médias*, certaines sociétés de marketing sportifs comme *TNS Sport*.

3.3. Calcul de la rentabilité du support en équivalent publicitaire

La surface rédactionnelle et le temps d'antenne peuvent être convertis en « équivalent publicité », c'est-à-dire ce qu'aurait coûté une insertion publicitaire dans les mêmes conditions (telle page d'un magazine, tel moment de la journée sur une chaîne de télévision). Cela permet de calculer l'économie réalisée ou, inversement, le surcoût de l'opération de sponsoring par rapport à une opération publicitaire classique.

C'est ainsi qu'une marque comme Primagaz, sponsor de bateaux engagés dans la Route du Rhum, a estimé un équivalent publicité treize fois supérieur à son investissement sponsoring en 1994 et vingt fois supérieur en 1998.

Notons cependant qu'une telle estimation ne prend pas en considération la qualité de l'exposition de la marque. En effet, une annonce publicitaire met en scène la marque de façon optimale alors que son apparition fugace à l'occasion d'une rencontre télévisée ou de l'interview d'un joueur n'a pas la même qualité. Il en va de même de la citation de la marque dans un article de presse.

À titre d'illustration, voyons la rentabilité des investissements de deux équipementiers sportifs dans des événements internationaux en 2000 : Nike lors de la Coupe du Monde de Rugby et Adidas à l'occasion de la Coupe du Monde féminine de handball [1].

3.3.1. L'investissement de Nike dans le Quinze de France pendant la Coupe du Monde de Rugby

Sachant que Nike a investi 26,22 millions d'euros en partenariat sur une durée de six ans, nous pouvons comparer ce que sa présence dans les cinq supports lui aurait coûté en publicité – soit 1 386 900 euros – et sa dépense en sponsoring ramenée au mois de novembre 1999 – soit 364 166 euros. Le sponsor aurait ainsi dépensé 3,8 fois plus en équivalent publicité.

Le calcul est cependant contestable pour deux raisons. Tout d'abord, le mois de référence est particulièrement favorable au sponsor (contexte de

Mesure de la présence du sponsor dans cinq supports pendant le mois de novembre 1999

Supports	Visibilité en mm^2	Tarif moyen du mm^2	Équivalent publicitaire
L'Équipe	2 330 000	0,27 euro	629 100 euros
L'Équipe Magazine	1 800 000	0,22 euro	396 000 euros
Midi Olympique	880 000	0,08 euro	70 400 euros
Midi Olympique Magazine	1 500 000	0,14 euro	210 000 euros
Le Monde du Rugby	740 000	0,11 euro	81 400 euros

1. Nous reprenons les résultats d'une étude réalisée pour le compte de la société Adidas par C. Specht (dir. G. Tribou), *Valorisation de l'investissement sponsoring d'Adidas à travers les retombées presse*, mémoire de maîtrise en management du sport, UFR STAPS, Strasbourg, juin 2000.

Coupe du Monde) et il est probable qu'un même calcul effectué à un moment de faible actualité du rugby aurait produit un tout autre résultat. Ensuite parce qu'il limite le suivi à cinq supports, ce qui tend à sous-estimer le coefficient multiplicateur. Mais effectué tout au long des six années de partenariat et élargi à l'ensemble des supports, le calcul gagne en fiabilité.

3.3.2. L'investissement d'Adidas dans la Coupe du Monde féminine de Handball et les championnats d'Europe

De novembre 1999 à janvier 2000, la présence d'Adidas sur ces trois supports aurait coûté au fabricant 245 322 euros en équivalent publicité. En 1999, son investissement sponsoring pour le handball s'est élevé à environ 381 000 euros, soit 95 250 euros sur une période de trois mois. Nous en déduisons, avec les mêmes réserves que pour l'exemple précédent, que le fabricant aurait dû dépenser 2,5 fois plus pour un investissement équivalent en publicité.

Mesure de la présence du sponsor dans trois supports de novembre 1999 à janvier 2000

Supports	**Visibilité en mm²**	**Tarif moyen du mm²**	**Équivalent publicitaire**
L'Équipe 12/1999	430 000	0,27 euro	116 100 euros
L'Équipe 01/2000	298 000	0,27 euro	80 460 euros
L'Équipe Magazine 01/2000	205 000	0,22 euro	45 100 euros
Handmag 11/1999	436 000	0,0084 euro	3 662 euros

3.4. Le rapport entre l'audience et la notoriété

Une audience forte est un gage d'une bonne exposition du sponsor et a pour effet, en général, de garantir un bon niveau de notoriété, mais ce n'est pas systématique. Si nous reprenons les résultats d'une étude menée par Démoscopie [1], nous constatons que les disciplines sportives se répartissent en trois groupes (graphique 5).

– Un premier groupe de disciplines (basket-ball, athlétisme, ski, cyclisme, tennis, football) affiche une correspondance remarquable entre audience et notoriété. Par exemple, le football et le tennis qui réalisent en moyenne environ 50 % d'audience (pourcentage de personnes qui sont spectateurs « stade » ou « média » de la discipline), font de bons scores de notoriété : environ 55 % (pourcentage de personnes citant au moins un sponsor de la discipline). À l'opposé, le golf peu regardé (15 %) réalise un score de notoriété du même pourcentage.

– Un deuxième groupe (rugby, gymnastique, patinage) est constitué de disciplines réalisant des scores d'audiences largement supérieurs à leurs scores de notoriété. Par exemple, le patinage a un score d'audience de 55 % et

1. F. Couty, chargé d'études à l'Institut Français de Démoscopie, conférence auprès des étudiants du DESS de *marketing et gestion du sport*, Strasbourg, 1995.

Graphique 5. – *Le rapport entre notoriété des sponsors et audience des pratiques*

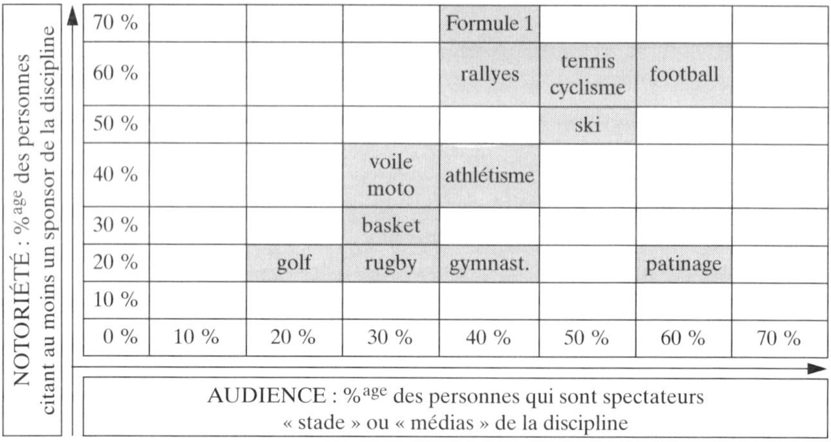

un score de notoriété de seulement 15 % ; rugby et gymnastique entre 30 et 35 % d'audience et 20 % de notoriété. Nous avons affaire à des disciplines très regardées mais pour lesquelles les sponsors manquent singulièrement de visibilité. En termes économiques, cela signifie que les droits télévisés fonction des audiences sont disproportionnés par rapport au retour de notoriété ; les investissements sponsoring apparaissent de ce fait peu rentables.

– Un troisième groupe (Formule 1, rallyes automobiles, moto, voile) présente une situation inverse : les audiences sont faibles mais les sponsors sont connus. Par exemple, environ 35 % d'audience pour la F1 contre 65 % de notoriété ; voile et moto : 25 % d'audience contre 40 % de notoriété. Cela montre la puissance des sponsors de ces disciplines et leur capacité à toucher des publics au-delà de leurs publics médias.

4. Les indicateurs de mémorisation et de notoriété

Les indicateurs de mémorisation et de notoriété sont au nombre de trois.

– Un premier indicateur mesure la notoriété assistée. Il indique un pourcentage de personnes ayant cité les sponsors à partir d'une liste si possible exhaustive.

– Un deuxième indicateur mesure la notoriété spontanée. Le pourcentage est celui des personnes ayant cité les sponsors en l'absence de liste. Les résultats peuvent être pondérés en fonction du classement (cité en 1, en 2, en 3, etc.) [1].

1. Par exemple, la question posée par les enquêteurs de Démoscopie est la suivante : « Pour chacun des sports que je vais vous citer, dites moi quelles sont les marques ou les entreprises qui sponsorisent ou sont partenaires de cette activité, que ce soit des équipes, des manifestations ou de leurs retransmissions à la télévision ou à la radio » (F. Couty, *op. cit.*).

– Enfin le *top of mind* indique le pourcentage de personnes ayant cité spontanément le sponsor en tant que premier sponsor.

La notoriété assistée présente un intérêt discutable lorsque le domaine d'activité est largement couvert par les médias (Parker, 1991). C'est le cas notamment de celui des entreprises du sport. En effet, quel que soit l'intérêt porté au sport, tout le monde connaît les grandes marques sportives et les reconnaît sur les listes, que les marques aient été partenaires ou non. Il en va de même des grandes marques communiquant par le sport (par la publicité notamment ou des opérations de marketing direct) et, plus largement, des marques de grande consommation appartenant à l'univers familier du consommateur et avec lesquelles il est quotidiennement en contact.

En moyenne, sur cent réponses correctes à la question « Cette marque est-elle une marque sponsor de l'événement auquel vous venez d'assister ? », on en relève six seulement correspondant au souvenir réel de l'événement. Les autres sont des réponses hasardeuses basées sur la notoriété de la marque en tant que marque associée généralement au sport (cette marque habituellement sponsor des événements sportifs a de fortes chances de l'être ici encore – 42 %), sur sa notoriété générale de grande marque (cette grande marque connue est probablement sponsor – 31 %) ou font l'objet d'un pari sans fondement (une chance sur deux de bien répondre – 21 %) [1]. L'enquêté tend à deviner la bonne réponse plus qu'à mobiliser son souvenir des conditions environnementales de l'événement. Pour sauver la face, il répond au hasard dans le cadre cependant d'une démarche cognitive minimale (ce qu'il connaît des marques en général). Il est ainsi amené à citer les quelques grandes marques appartenant à la culture sponsoring de base du spectateur sportif modal : Coca-Cola, Adidas, IBM, etc. (Johar et Pham, 1999).

Le nombre de sponsors relevés en assisté varie entre 2,28 et 7,78, avec une moyenne inférieure à cinq (Anne, 1992). Le nombre moyen de sponsors cités lors d'un événement très populaire comme le Tour de France cycliste peut être largement supérieur. En 2003, il a été de 9,3 après un record de 11,6 en 2001.

Si nous retenons que les grandes marques sont systématiquement citées et que l'indicateur n'est guère pertinent pour elles, reste aux marques nouvelles ou peu connues la possibilité de mesurer leur notoriété relative à la suite d'une action. Leur citation sera d'autant plus significative que les publics ne les citent pas *a priori* et habituellement.

La notoriété spontanée est plus intéressante car elle oblige l'enquêté à fournir un effort cognitif et de mémoire. Le nombre de sponsors cités varie entre 1 et 2,62, avec une moyenne de 1,88 (Walliser, 1995) et quelle que soit la durée d'exposition à l'événement (de quelques minutes à plusieurs heures). Il semble ainsi que les publics n'aient pas le souvenir de plus de trois sponsors, ce qui pose un problème certain pour tous les autres sauf à

1. Cité par Thierry Lardinoit, colloque *marketing et management sportif*, ESSEC, Roland Garros, 2/10/2001.

considérer que le souvenir puisse être ravivé à l'occasion d'une opération de communication faisant référence à l'événement. Cette question de l'exploitation publicitaire du sponsoring, condition de son efficacité, reste ouverte. Il semble que le prolongement d'une action de sponsoring par une campagne de publicité sur le thème de l'association entre la marque et l'événement favorise logiquement sa mémorisation mais sans que cela soit une condition (Lardinoit et Quester, 2001 ; Lardinoit et Derbaix, 2001). Cela signifie qu'une action de parrainage peut très bien se suffire à elle-même. En notoriété spontanée, le Tour de France fait encore exception avec un nombre moyen de 3,3 sponsors cités en 2003, après un record de 4,3 en 2001.

La notoriété du *top of mind* est très significative étant donné le peu de citations en spontané. La marque considérée comme étant la principale marque sponsor de l'événement a ainsi tendance à éclipser toutes les autres.

4.1. Les variables influençant la mémorisation

Nous avons relevé cinq variables influençant directement la mémorisation des sponsors.

1) Le moment de la mesure est déterminant. En effet, les relevés de taux de notoriété à l'occasion d'un événement montrent assez clairement que la mémorisation s'accroît plus ou moins régulièrement pendant le déroulement de l'événement, puis qu'elle retombe pendant les deux à quatre semaines qui suivent, jusqu'à retrouver le taux de notoriété initial – augmenté, le cas échéant, d'un gain de notoriété durable (Okter et Hayes, 1988 ; Walliser et Nanopoulos, 2000). L'action de communication est, de ce fait, fondamentalement ponctuelle ; l'objectif à terme se limitant à maintenir sa notoriété (dans un contexte très concurrentiel, il convient de le rappeler), voire à l'augmenter légèrement (graphique 6). Cette question de la persistance d'un changement d'attitude a fait l'objet de travaux qui ont conduit au constat d'un oubli accéléré des messages en l'absence d'actions de communication d'accompagnement répétées (notamment Zielske, 1959 ; Haskins, 1964).

Graphique 6. – *Évolution du taux de notoriété avant, pendant et après l'événement*

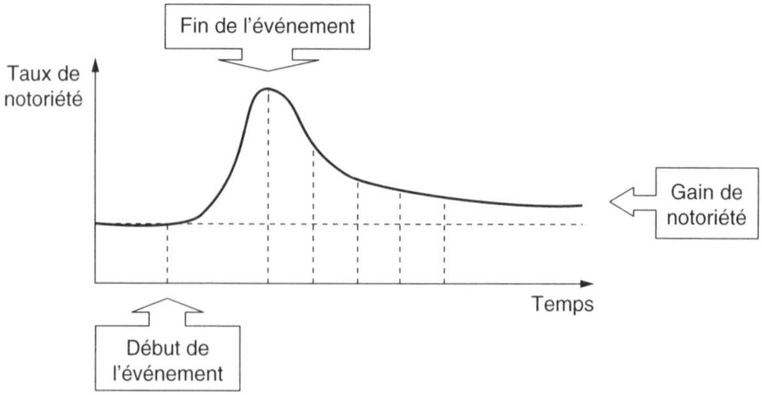

2) L'environnement concurrentiel intervient également. Les actions de communications menées par les autres sponsors au même moment (dans le cadre du même événement ou sur d'autres événements), et par les annonceurs en général sur d'autres supports (publicité, PLV, etc.), peuvent réduire l'efficacité d'une opération.

– Avant l'événement, il faut prendre en compte l'effet d'annonce que chaque sponsor tente de provoquer par des campagnes promotionnelles (sur les médias et sur les lieux de vente – *packaging*, PLV). L'encombrement médiatique est tel que les consommateurs ne peuvent pas tout mémoriser et, de l'avalanche de signes, ils ne retiennent que les plus saillants.

– Pendant l'événement, chacun cherche à assurer sa propre visibilité dans un environnement fortement concurrentiel. Il n'est pas rare, en effet, de compter jusqu'à quinze sponsors présents autour d'un stade [1]. De plus, outre le fait des actions des sponsors concurrents, le brouillage médiatique est renforcé par les actions d'*ambush* marketing menées par des non sponsors ainsi que par le parasitage médiatique d'autres événements.

– Après l'événement, chacun vise à prolonger le souvenir de son action et son propre gain de notoriété par les mêmes campagnes promotionnelles que celles menées avant l'événement, auxquelles s'ajoute parfois l'utilisation de produits dérivés faisant clairement référence à l'événement.

Ainsi, le succès des actions de communication est directement lié aux budgets engagés (Anne et Chéron, 1990 ; Anne, 1992) (graphique 7).

– Les gros sponsors disposant de budgets de communication importants parviennent à franchir le seuil de notoriété qui les situe parmi les deux ou trois sponsors cités en spontané, notamment auprès des publics manifestant de l'intérêt pour la pratique sportive.

Graphique 7. – *Scores de notoriété selon la taille des sponsors et l'implication des publics*

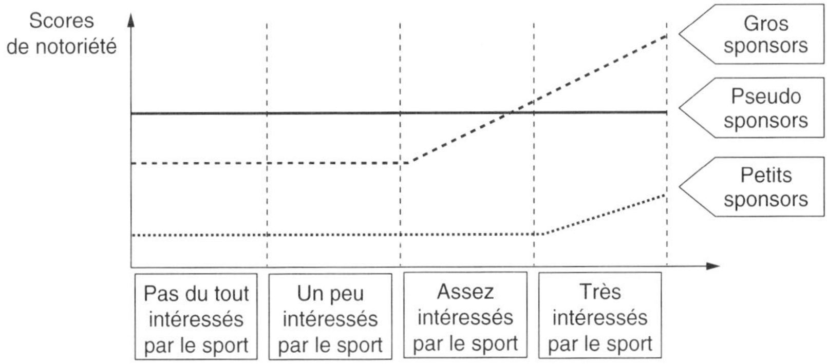

1. Une Coupe du Monde de Football compte quarante-cinq sponsors officiels menant des campagnes de communication au même moment.

– Les petits sponsors sont condamnés à l'anonymat faute de budgets suffisants – sauf auprès de publics « fanatiques » très attentifs à l'environnement de l'événement et disposant d'une bonne culture du sponsoring.

– Les « pseudo sponsors », c'est-à-dire les marques qui ne sont pas sponsors officiels mais qui sont néanmoins présentes indirectement sur l'événement (par le biais d'opérations d'*ambush* ou de simples campagnes publicitaires menées au même moment), réalisent de bons scores du fait de leur forte notoriété dans le domaine sportif en général, y compris lors de l'événement.

Par ailleurs, à l'occasion d'un événement marquant comme le tournoi de tennis de Roland Garros, il est fréquent de constater que certains sponsors bénéficiant d'une notoriété établie n'améliorent que très faiblement leur taux de notoriété, alors que d'autres sponsors bénéficient d'un effet de notoriété événementielle remarquable. Ainsi si nous retenons les cinq sponsors majeurs du tournoi de 1992 (Perrier, BNP, Lacoste, Adidas et Nike), nous constatons que les taux de notoriété auprès des 15-34 ans sont très proches avant le tournoi (excepté Nike qui enregistre environ 10 % contre 20 % environ pour les autres), que la notoriété de Perrier et de la BNP grimpe à plus de 40 % lors de l'événement avant de rejoindre celle des autres sponsors une fois l'événement terminé (graphique 8).

Dans ce contexte de concurrence et d'encombrement médiatique, les sponsors dont l'activité est directement liée au sport (les fabricants d'articles de sport pour l'essentiel mais aussi les médias sportifs, les prestataires de loisirs sportifs, etc.) bénéficient d'un avantage remarquable. En effet, les enquêtes montrent qu'un sponsor non spécialisé dans le sport doit dépenser davantage en communication qu'un sponsor « sportif » pour parvenir à des scores de notoriété comparables (Johar et Pham, 1999). Par ailleurs, un sponsor dont la notoriété absolue est importante est plus fortement associé à l'événement (Pham et Johar, 2001) et un sponsor titre bénéficie d'un avantage indéniable (c'est-à-dire un sponsor dont la marque apparaît dans le nom de l'événement ; Quester, 1997).

Enfin, lorsque deux sponsors du même événement appartiennent au même secteur d'activité, la coexistence pose parfois problème. Ainsi à

Graphique 8. – *Évolution de la notoriété spontanée des sponsors des Internationaux de tennis de Roland Garros*

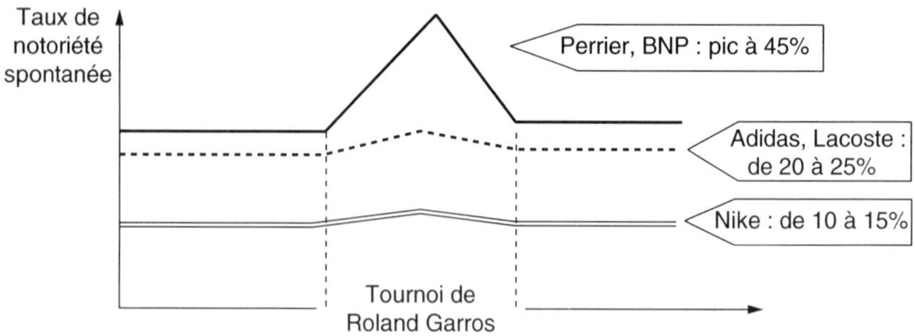

l'occasion du Tour de France 2001, les banques Crédit Lyonnais (sponsor du maillot jaune) et Crédit Agricole (sponsor d'équipe) se sont retrouvées dans la situation de devoir partager le même maillot du leader. En effet, le règlement prévoit que la marque du sponsor de l'équipe doit figurer sur le maillot jaune (où apparaît également le fournisseur du maillot Nike). Par ailleurs, la photo officielle de l'équipe Crédit Agricole vainqueur d'une étape par équipes s'est faite dans l'environnement protocolaire classique, c'est-à-dire sous la banderole du Crédit Lyonnais. En règle générale, l'organisateur de l'événement demande l'accord du sponsor en place pour autoriser la venue d'une marque directement concurrente ; au besoin, il engage une renégociation du contrat pour garantir l'exclusivité [1]. Dans le cas présent, il semble que le rapprochement économique engagé entre les deux groupes bancaires explique la relative mansuétude du Lyonnais. L'intrusion dans le Tour d'une autre banque aurait sans aucun doute provoquer une réaction tranchée [2]. Notons enfin que le score de 57 % de reconnaissance du lien entre le Lyonnais et le maillot jaune constitue sans doute un autre élément d'explication [3].

3) La mémorisation est également fonction de l'enjeu sportif et des manifestations d'émotion qui l'accompagnent (Pons *et al.*, 2001). L'exemple d'une Coupe du Monde de Football est celui d'un événement qui dépasse largement l'enjeu sportif pour glisser vers des dimensions patriotiques (les « bleus » champions du monde), psychologiques (l'identification aux champions) et politico-sociales (le phénomène multi-culturel « bleu-blancs-beurs » largement développé dans les médias). Des études réalisées par l'institut Démoscopie à l'occasion de deux événements majeurs sur le plan sportif – la Coupe du Monde de Football de 1998 et la Coupe du Monde de Rugby de 1999 – révèlent que si 64 % des personnes interrogées mentionnaient au moins un sponsor officiel du football, elles n'étaient que 13 % à citer au moins un sponsor du rugby (Durand, 2001). Les explications ne tiennent pas seulement à la couverture médiatique moins étoffée pour le rugby, mais aussi aux débordements affectifs suscités par l'équipe de France de football sur fond de patriotisme.

Le rituel sportif s'apparente parfois aux rituels religieux (Lever, 1983). De tels débordements peuvent favoriser la mémorisation des partenaires, notamment si le déroulement de l'événement satisfait les publics – victoire de l'équipe supportée (Lardinoit et Derbaix, 2001) – sauf lorsque ils tombent dans l'excès auquel cas l'effet peut s'inverser : trop d'émotion conduisant à occulter les sponsors (Walliser, 1996).

1. La règle veut que le sponsor en place est prioritaire à montant égal. Si le candidat sponsor concurrent propose davantage, le sponsor en place peut se contenter d'aligner son offre sur la somme. Mais les tractations sont occultes et d'autres éléments entrent en considération (pressions politiques, entente entre les grands groupes, etc.).

2. La Poste, concurrent direct du Crédit Lyonnais pour ce qui concerne sa clientèle populaire et candidate au sponsoring du Tour, fait par contre l'objet d'un veto catégorique. Elle a ainsi été contrainte à opter pour le VTT.

3. Selon l'étude réalisée par la TNS-Sofrès en 2001.

4) La mémorisation dépend des caractéristiques de l'audience (Anne et Chéron, 1990).

– L'âge tout d'abord. Les jeunes connaissent mieux les sponsors et s'en souviennent ; notamment les 15-25 ans.

– Le sexe. En général, les hommes citent davantage de sponsors et font moins d'erreurs de citations. Cela peut s'expliquer par le fait culturel que les hommes censés connaître le milieu du sport font davantage d'efforts cognitifs pour répondre aux enquêteurs, alors que les femmes qui n'ont pas cette réputation répondent plus évasivement. Mais cela n'est pas vérifié pour toutes les disciplines (c'est surtout le cas du football). En effet, on a pu observer que les femmes qui subissent fréquemment les choix télévisuels de leurs maris en matière sportive sans éprouver un grand intérêt pour le spectacle qui leur est imposé, sont plus attentives à l'environnement du jeu et notamment aux sponsors.

– La catégorie socioprofessionnelle semble ne pas avoir d'incidence majeure, de même que la pratique d'un sport.

– L'implication sportive et l'intérêt déclaré pour le sport ont, en revanche, une forte influence (graphique 9). En effet, les spectateurs les plus impliqués répondent plus positivement que les autres mais à condition que la présence du sponsor leur apparaisse légitime (Speed, 2000). Un spectateur impliqué se comporte comme un expert et cultive sa connaissance du parrainage. Il sait précisément qui sont les sponsors et en parle autour de lui pour affirmer son expertise : une expertise sportive technique (connaissance des joueurs, des entraîneurs, des statistiques de résultats) complétée par une expertise économique particulièrement valorisante (Ohl, 1999). Il va ainsi afficher sa connaissance du montant des revenus des joueurs, de celui des transferts, des contrats de sponsoring, des droits de télévision, etc. Par conséquent, il est capable de traiter plus vite et avec moins d'efforts cognitifs que les autres spectateurs faiblement impliqués, les noms de marques présentes sur le terrain de l'événement (Lardinoit, 1999).

Graphique 9. – *Mémorisation des sponsors selon le degré d'implication des publics*

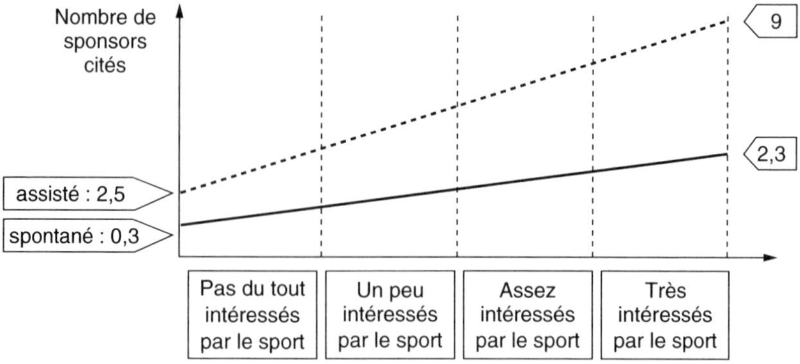

– Enfin, l'opinion des publics sur l'événement sportif a un effet direct sur la mémorisation des sponsors. Si l'opinion est bonne, la mémorisation l'est également. Il en va de même des conditions de déroulement de l'événement : une bonne météo, un confort de spectacle, la victoire de l'équipe favorite, ont un effet favorable. Par contre, une trop forte émotion peut nuire à la mémorisation (Walliser, 1996).

5) Dernier facteur de la mémorisation : le média de l'événement.

Une étude réalisée en Europe en 2001 [1] révèle que la télévision est le média le plus efficace en terme de mémorisation des messages. 56 % des Français déclarent se souvenir d'un message publicitaire télévisé contre 13 % en voyant une affiche, 10 % en lisant un magazine, 8 % en écoutant la radio, 6 % en lisant un quotidien. L'explication semble tenir au fait que le média télévision fait appel à la fois aux sens visuels et auditifs. L'association de ces deux sens renforce considérablement l'effet de mémorisation : la puissance de mémorisation est de 30 % supérieure à un message uniquement visuel et de 50 % supérieure à un message uniquement auditif. [2]

4.2. Les problèmes pouvant affecter la mémorisation

Deux problèmes de communication peuvent affecter la bonne mémorisation des sponsors d'un événement sportif : un effet de confusion et un effet de rémanence. Les résultats d'une enquête réalisée auprès de publics licenciés en clubs après la Coupe du Monde de Football de 2002 en constituent une bonne illustration (tableau 3) [3]. Que constatons-nous ?

– Si les trois quarts des enquêtés sont capables de citer un sponsor, seul l'équipementier Adidas est cité spontanément en qualité de sponsor officiel par un nombre significatif d'enquêtés – les autres sponsors recueillant des scores variant entre un et 5 %.

– Un certain nombre de non-sponsors apparaissent dans le classement pour des raisons diverses. Il y a peut-être confusion entre les politiques de sponsoring d'équipes (Puma et l'équipe du Cameroun, Nike et celle du Brésil) et le sponsoring de l'événement Coupe du Monde. L'omniprésence de Canal + dans les retransmissions des matchs de football en France est peut-être un élément non-négligeable d'explication de sa citation. Enfin des marques internationales comme Mars ou Pepsi-Cola, très présentes dans le sponsoring en général, sont également citées à tort (Pepsi-Cola profitant aussi de

1. *Image de la TV et de la publicité TV en Europe*, SNPTV et IPSOS Médias, 2001.

2. Étude réalisée par l'Université des Sciences Cognitives de Lyon pour le Syndicat National de la Publicité Télévisée – 120 personnes ont participé à des tests portant sur les trois médias (télévision, radio, print). *Mozaïk Magazine*, n° 17, 10-2003.

3. O. Gouffray, A. Wendling, *Impact des sponsors de la Coupe du Monde 2002 sur les licenciés de football*, étude réalisée sous la direction de G. Tribou, EA en Sciences du Sport, Université Marc Bloch, Strasbourg, 03/2003. L'enquête a été réalisée en Alsace en janvier 2003 auprès de 154 joueurs licenciés en clubs, hommes et femmes, de toutes les catégories d'âge.

Tableau 3. – *Impact du sponsoring sur des licenciés de clubs à la suite de la Coupe du Monde de Football 2002*

Classement des sponsors et des *non-sponsors* cités spontanément :

1) Adidas (43 %)
2) Coca-Cola et Fuji Film (5,2 %)
3) *Puma* et Master Card (4 %)
4) *Nike*, McDonald's, *Canal* + (env. 2,5 %)
5) JVC, *Mars*, *Pepsi-Cola* (env. 1 %)

Scores d'attribution des sponsors aux joueurs (sur citation du joueur)

Joueur et sponsor	**Réponse juste**	**Réponse fausse**	**Joueur et sponsor**	**Réponse juste**	**Réponse fausse**
Zidane (ADIDAS)	95,3 %	4,7 %	Ronaldo (NIKE)	91 %	9 %
Beckham (ADIDAS)	56,4 %	43,6 %	Figo (NIKE)	86 %	14 %
Del Piero (ADIDAS)	29,7 %	70,3 %	Henry (NIKE)	64 %	36 %
Costa (ADIDAS)	31 %	69 %	Pires (PUMA)	72,9 %	27,1 %

Scores d'attribution des sponsors aux équipes (sur citation de l'équipe)

1) Allemagne (ADIDAS) à 100 %
2) Brésil (NIKE) à 97,2 %
3) France (ADIDAS) à 94 %
4) Italie (KAPPA) à 83,2 %

sa proximité sémantique et économique avec Coca-Cola, sponsor officiel). Par ailleurs, les scores d'attribution des sponsors aux joueurs et aux équipes révèlent un nombre surprenant de réponses erronées compte tenu de l'expertise footbalistique des enquêtés (qui sont des joueurs licenciés en clubs) : 36 % ignorent que l'attaquant Thierry Henry est sous contrat Nike et 43 % que David Beckham est parrainé par Adidas, s'agissant de deux joueurs de premier plan sur lesquels les équipementiers ont beaucoup communiqué.

4.2.1. L'effet de confusion

Les enquêtés peuvent être amenés à citer des marques phonétiquement proches : Pepsi-Cola est régulièrement citée à la place de Coca-Cola comme sponsor olympique [1], Butagaz à la place de Primagaz lors de la Route du Rhum, France-Télécom à la place de Deutsche-Telekom à l'occasion du Tour de France, etc. Ils peuvent aussi citer des marques non sponsors dont la notoriété est assurée par des messages publicitaires ou promotionnels axés sur le sport (les marques « vues à la télévision ») et sans se souvenir du contexte : retransmission d'un événement ou publicité, PLV faisant référence au sport, jeu concours sur le thème sportif, etc. (Cornwell *et al.*, 1997).

1. Par exemple, à l'occasion d'un sondage réalisé juste avant les JO d'Atlanta, 12 % des interviewés ont reconnu Coca-Cola comme étant un sponsor officiel et 5 % ont cité Pepsi-Cola qui ne l'était pas (Collins, 1996, cité par T. Lardinoit, 2001, p. 37).

Par ailleurs, les fabricants d'articles de sport (sponsors ou non sponsors) sont systématiquement cités, ainsi que les chaînes de télévision qui proposent des programmes sportifs.

Les sponsors ont une grande part de responsabilité. Par exemple, un même événement international associe généralement un comité d'organisation, la fédération nationale du pays d'accueil, la fédération internationale et les fédérations nationales des participants. Chaque entité disposant de ses propres partenaires (partenaires et fournisseurs officiels), il en découle une profusion de marques impossible à traiter par les publics.

Autre exemple, celui des contrats individuels de joueurs de clubs sous contrat collectif. Chacun va porter le sponsor du club sur son maillot mais son propre sponsor technique aux pieds, et un troisième sponsor parfois en dehors du stade. S'il est retenu en équipe national, le joueur devra arborer la marque du sponsor fédéral et le téléspectateur verra apparaître en incrustation sur son écran, d'autres sponsors encore.

4.2.2. L'effet de rémanence

Un ancien sponsor appartenant à la mémoire collective de l'événement peut être cité à la place d'un sponsor nouvellement présent. Par exemple, Peugeot qui a sponsorisé une équipe dans les années soixante-dix (où figurait le légendaire Raymond Poulidor) a longtemps été cité à la place de son concurrent Fiat, sponsor automobile officiel. Autre exemple, Système U qui a sponsorisé une équipe de 1983 à 1989 (l'équipe de Laurent Fignon) continue d'être citée en 2000 [1].

4.2.3. Les biais d'enquêtes

Enfin, les publics présentent des limites cognitives qui les amènent à citer spontanément des marques connues plus ou moins liées au sport pour sauver la face devant l'enquêteur (Adidas et Coca-Cola sont citées régulièrement par plus de 25 % des personnes interrogées par Démoscopie) et à reconnaître en assisté toutes les marques du paysage médiatique publicitaire (Quester, 1997). Une marque comme Buckler (marque de bière du groupe Heineken) réalise, en général, des scores de plus de 30 % en assisté (les enquêtés reconnaissent la marque et se souviennent, dans un second temps, de son implication dans le sport) et des scores de moins de 1 % en spontané (ils pensent spontanément et prioritairement à d'autres marques).

À l'occasion de l'Euro 2000 de football, l'institut français de Démoscopie a réalisé une étude d'impact. Il ressort que sur les huit marques citées

1. La centrale d'achat Unico ayant changé de nom, elle souhaitait fédérer ses adhérents. Un budget de 3,8 millions d'euros fut réuni pour constituer une équipe autour de Laurent Fignon. La courte et dramatique défaite du Français derrière Greg Lemond en 1989 fut, pour son sponsor, une véritable aubaine (plus profitable qu'une victoire, sans doute) puisque sa notoriété n'a pas faibli depuis.

en spontané par plus de 5 % des enquêtés [1], cinq marques n'étaient pas des partenaires officiels. Parmi elles : Nike qui réalise le troisième score avec 14 % soit loin derrière l'équipementier fournisseur officiel Adidas (41 %) ; les sociétés de télévision Canal + (9 %) et TF1 (7 %) qui sont les diffuseurs habituels du football en France ; la banque Crédit Agricole (6 %) dont les opérations de parrainage sont multiples et France Télécom (5 %) qui est fréquemment partenaire technique d'événements sportifs.

Ainsi, sur les douze partenaires officiels seules les marques Coca-Cola et McDonald's sont citées, s'agissant de marques internationales à très forte notoriété. Certaines marques sont certes inconnues du grand public (Pringles, PSINet, Sportal.com) mais la majorité sont familières (Carlberg, FujiFilm, Hyundai, JVC, EuroCard – MasterCard, Philips, PlayStation). Parmi les dix fournisseurs officiels, seul Adidas est cité. Des marques comme Adecco, Nestlé Cereals ou Total Fina ne le sont pas.

Il résulte de cette relative confusion des résultats portant sur la mémorisation, une méfiance légitime des sponsors qui se tournent parfois vers d'autres formes de communication jugées plus fiables (Townley *et al.*, 1998).

À titre d'illustration, nous proposons, dans un premier temps, une analyse du co-sponsoring de la Coupe du Monde de Football de 1998 afin de mieux comprendre la difficulté de la mémorisation d'un grand nombre de sponsors. Nous aborderons ensuite la question du choix entre le sponsoring d'un événement et celui d'une équipe, à travers l'analyse des scores de mémorisation des sponsors du Tour de France cycliste 2003 ; avant de restituer les résultats d'une étude portant sur la notoriété des partenaires des Jeux Olympiques d'Athènes 2004, six mois avant le début des épreuves.

Nous insisterons notamment sur les choix méthodologiques qui ont été réalisés.

4.3. Les limites du co-sponsoring d'un événement : mesure de la mémorisation des sponsors de la Coupe du Monde de Football 1998

Nous présentons une méthodologie utilisée pour la mesure de la mémorisation des sponsors de la Coupe du Monde et les principaux résultats relevés. S'agissant du premier événement sportif au monde en termes d'audience (encadré 2), les sponsors payent très cher le droit de figurer parmi les partenaires officiels et sont, de ce fait, très attentifs aux retombées de notoriété (Piquet, 1999 ; Schapira, 1999).

4.3.1. Mesure de la mémorisation : méthodologie et résultats d'enquête

Méthodologie : enquête réalisée six mois avant l'événement et huit mois après, auprès de deux échantillons de personnes résidant en Alsace (n = 881 et n = 885) et présentant les mêmes caractéristiques d'âge, de sexe,

1. Échantillon de mille Français âgés de quinze ans et plus interviewés en face à face en juillet 2000. Cité par M. Desbordes (2004).

Encadré 2

Présentation du premier événement sportif au monde

Audience indirecte :

– estimée à quarante milliards de téléspectateurs cumulés (300 millions de licenciés FIFA dans le monde) ;
– la finale a été suivie par environ 24 millions de téléspectateurs français en moyenne ; 26 millions à trois minutes de la fin (selon Médiamétrie et Carat TV) [a]. On compte en France, deux millions de licenciés FFF ;
– nous pouvons estimer à environ cinq millions, le nombre de Français ayant fêté la victoire de la France dans la rue (1,5 million à Paris, 60 000 à Marseille, 40 000 à Bordeaux, etc.) ;
– le quotidien *L'Équipe* a vendu 1,5 million d'exemplaires le lendemain de la finale (tirage moyen entre 700 et 800 000 exemplaires).

Audience directe :

– 2,5 millions de spectateurs à l'occasion de 64 rencontres ;
– 500 000 visiteurs en France.

Droits de retransmission pour la FIFA (environ 200 millions d'euros) :

– 180 chaînes de télévisions dans le monde, 10 000 journalistes accrédités ;
– tarifs : 1,07 million d'euros pour l'ensemble des 64 rencontres (tarif avantageux négocié en 1987) ;
– la société de production (Télévision Radio Service – TV RS 98) dispose de 17 caméras sur chaque stade pour filmer les matchs (actionnaires : TF1, France Télévision, Canal +, TDF, Radio France, RFI – budget de 46 millions d'euros) ;
– publicités virtuelles selon les pays destinataires.

Droits sur les produits dérivés pour la FIFA (entre 5 et 20 % du prix HT, soit un total de 1,22 milliard d'euros de 1998 à 2002 dont 40 % en France – 1 500 références) :

– la marque est propriété de la FIFA (logo et mascotte déposés à l'INPI, 190 euros, durée : dix ans) ;
– les droits sont confiés à la société suisse ISL Properties AG qui a cédé les droits de licence et de merchandising à deux filiales du groupe Sony (12 % de royalties) ;
– 200 fabricants de produits portant la marque dans le monde ;
– les chansons officielles sont produites par Sony ; le guide officiel par Gallimard.

Partenaires officiels : 45

– 12 partenaires de la FIFA (1re catégorie) : Adidas, Canon, Coca-Cola, Fuji, Gillette, McDonald's, JVC, Mastercard, Opel, Philips, Snickers, Budweiser (excepté en France).

En échange d'une somme estimée entre 15 et 30 millions d'euros : deux jeux de panneaux sur les côtés de la pelouse (sauf Budweiser – *cf.* loi Evin), des places réservées pour des opérations de relations publiques, utilisation du label, du logo et de la mascotte pour des opérations de communication. Exemples : le groupe Coca-Cola qui a dépensé autant en publicité que pour le sponsoring, dispose de 20 000 billets pour ses relations publiques (engagement total estimé à plus de 150 millions d'euros) ; nous estimons l'engagement d'Adidas entre 45 et 75 millions (voire 150 millions d'euros, au final).

Étude ISL : les sponsors officiels ont bénéficié de 13 mn d'exposition en moyenne par match ; ils ont été vus au moins une fois par 98,1 % des Français de plus de quatre ans.
– 8 partenaires du CFO (2e catégorie) : Crédit Agricole, Danone, EDF, France Télécom, Hewlett-Packard, La Poste, Manpower, Sybase.
En échange de 9,15 millions d'euros : un panneau derrière les buts, des places réservées, l'utilisation du label. Exemple : le groupe Danone a dépensé environ 10 millions (soit 1/1000e du chiffre d'affaires du groupe) pour une utilisation du label en publicité (campagne internationale dans 27 pays), en packaging (10 milliards de produits) et en opérations promotionnelles (200 événements en direction des enfants dans le monde entier). Autres exemples : Manpower s'est vu confier le recrutement des 12 000 bénévoles, affichant ainsi son savoir-faire ; La Poste a expédié les 2,5 millions de billets.
– 25 partenaires CFO de second rang : 9 « produits et services officiels » (Air France, APC, Cyanamid, Française des Jeux, Lavazza, LG, Michelin, Nesquick, Total) et 16 « prestataires agréés » (Accord, Algecco, Arjo Wiggins, Bosch, Caterpillar, Doublet, France secours, Frisquet, Générale Location, Géodis, Guilbert, Lafarge, Primagaz, RATP, SNCF, Yves Saint Laurent).
En échange de 1,83 million d'euros en moyenne : aucun panneau sur les stades mais quelques places réservées et l'utilisation du label. Nous pouvons estimer l'investissement d'une PME partenaire à une somme de l'ordre de 0,75 million d'euros.
Chaque équipe nationale dispose, en outre, de ses propres partenaires. Par exemple, les deux équipes finalistes : l'équipe du Brésil sponsorisée par Nike à hauteur de 16,8 millions d'euros et l'équipe de France sponsorisée par Adidas à hauteur de 9,15 millions d'euros.

a. Habituellement, un Français sur trois s'intéresse au football télévisé : 46 % des hommes et 20 % des femmes, selon un sondage IPSOS Opinion – Télé 7 jours auprès de 1 001 Français de quinze ans et plus, en 1996 (*La lettre de l'économie du sport*, n° 375, décembre 1996).

Source : Desbordes, Ohl et Tribou, 2001.

d'intérêt pour le football et d'attitude face au sponsoring (Walliser et Nanopoulos, 2000).

4.3.1.1. Mémorisation des sponsors en spontané

Ces scores se situent dans la moyenne supérieure de ce qui est observé habituellement (l'intervalle est de 1-2,62 sponsors cités spontanément – Walliser, 1995). L'événement a donc, d'une part, amélioré la notoriété des sponsors auprès des consommateurs et, d'autre part, légèrement amélioré leur connaissance du sponsoring (moins de non sponsors ont été cités). Par ailleurs, les bons scores observés six mois avant l'événement peuvent s'expliquer par les campagnes de communication soutenues des sponsors ; ce qui réduit d'autant la progression enregistrée.

Avant l'événement : 2,34 sponsors ont été cités en spontané ; après : 2,59 sponsors ; soit un gain de 0,25.
Erreurs de citation. Avant : 0,51 citation erronée en moyenne ; après : 0,44, soit une amélioration de 0,07.

4.3.1.2. Mémorisation des sponsors en assisté

Nous sommes en présence de bons scores car, en général, le nombre de sponsors s'échelonne entre 2,28 et 7,78 avec une moyenne inférieure à cinq (Anne, 1992). Mais l'amélioration est mince étant donné, sans doute, la forte médiatisation de l'événement en France et les campagnes de communication qui ont démarré très tôt.

Avant : 7,26 sponsors reconnus par personne interrogée ; après : 7,62 sponsors ; soit un gain de 0,36.
Erreurs de citation. Avant : 1,23 ; après : 1,15 ; soit une amélioration de 0,08.

4.3.1.3. Mémorisation des marques en spontané : *top of mind* (tableau 4)

Trois marques ont sensiblement augmenté leurs taux : deux marques sponsors officiels (Adidas et McDonald's) et une marque non sponsor (Nike). La présence de Nike peut s'expliquer par ses actions soutenues d'*ambush* marketing (animation au Trocadéro, par exemple, campagne de publicité allusive) et son partenariat avec l'équipe du Brésil finaliste.

Treize marques sponsors officiels ont perdu des points. Il s'agit essentiellement des sponsors de deuxième catégorie (sponsors CFO). Par exemple, le Crédit Agricole a perdu 5,5 points, Danone et La Poste 1,1 point. Nous pouvons expliquer ce retrait par la logique même de la désignation du meilleur sponsor qui conduit à ne citer que des marques d'évidence liées au football international ; soit les deux premiers fabricants d'articles de sport au monde et la multinationale de la restauration fortement présente dans l'univers des *teenagers*. Nous pouvons, par contre, nous étonner de la contre-performance de Coca-Cola, marque omniprésente dans le sport.

4.3.1.4. Mémorisation des marques en spontané (tableau 5)

Huit sponsors sur les vingt ont amélioré leurs scores, dont quatre de façon significative : Adidas, McDonald's, Coca-Cola, Canon. Nike se place en troisième position.

Quatre sponsors voient leurs taux baisser nettement : Crédit Agricole, Danone, France Télécom, JVC.

Nous pouvons expliquer cette focalisation de l'attention sur les grands sponsors internationaux et, par voie de conséquence, l'indifférence à l'égard des autres, par les conditions mêmes de l'enquête qui conduisent à citer les sponsors d'évidence et omniprésents.

4.3.1.5. Mémorisation des marques en assisté (tableau 6)

La meilleure progression est celle de Nike, suivie de celle de McDonald's, puis d'Adidas, de Coca-Cola et de Snickers. Outre Nike, d'autres non sponsors améliorent étonnamment leurs scores : L'Oréal et la BNP-Paribas.

Certains sponsors ont lourdement chuté : Crédit Agricole, Danone, France Télécom, Gillette, JVC, Mastercard.

Tableau 4. – *Coupe du Monde de Football 1998 : taux de mémorisation des marques top of mind*

Classement des sponsors 1re catégorie (FIFA) sauf BUDWEISER	Mars 1999	Écart par rapport à déc. 1997
1. **COCA-COLA**	28,3	**– 1,9**
2. **ADIDAS**	25,7	**+ 11,7**
3. McDONALD's	6,3	+ 3,2
4. SNICKERS	4,4	– 2,5
5. MASTERCARD	1,9	+ 1,0
6. OPEL	0,8	– 0,5
7. CANON	0,7	+ 0,4
8. PHILIPS	0,6	+ 0,5
9. GILLETTE	0,5	– 0,2
9 ex eq. JVC	0,5	– 1,0
11. FUJIFILM	0,0	– 0,4
Classement des sponsors de 2e catégorie (CFO)		
1. FRANCE TÉLÉCOM	4,7	– 1,8
2. LA POSTE	4,6	– 1,1
3. **CRÉDIT AGRICOLE**	4,2	**– 5,5**
4. DANONE	1,5	– 1,1
5. MANPOWER	1,1	– 0,4
6. SYBASE	0,3	+ 0,3
7. HEWLETT PACKARD	0,1	– 0,8
8. EDS	0,0	– 0,1
Classement des non sponsors		
1. **NIKE**	9,5	**+ 6,9**
2. BNP	2,0	– 0,5
3. PERRIER	0,7	+ 0,3
4. IBM	0,5	+ 0,2
5. L'ORÉAL	0,1	+ 0,1
6. LEVIS	0,0	– 0,1

Au niveau intra-sectoriel, l'investissement dans la Coupe du Monde a été peu profitable au Crédit Agricole (taux de 3,4 en spontané, en recul de 3,7 points) contrairement à la BNP-Paribas qui n'a pas été sponsor et qui obtient un taux de 2,7 en augmentation de 0,6 point. Nous pouvons faire la même remarque en comparant les scores de Gillette et de L'Oréal.

4.3.2. Variables d'influence de la mémorisation

1) Sexe. Les hommes ont un plus fort souvenir que les femmes. Après l'événement et en spontané : 2,53 contre 1,8 ; en assisté : 7,07 contre 5,7. Notons l'exception de marques comme Coca-Cola, Danone et McDonald's en spontané, Danone en assisté, pour lesquelles les femmes ont un meilleur souvenir. Par ailleurs, les femmes citent davantage de sponsors incorrects.

Tableau 5. – *Coupe du Monde de Football 1998 : taux de mémorisation spontanée des marques*

Classement des sponsors 1re catégorie (FIFA) sauf BUDWEISER	Mars 1999	Écart par rapport à déc. 1997
1. **COCA-COLA**	19,8	**+ 2,3**
2. **ADIDAS**	17,7	**+ 6,4**
3. **McDONALD's**	10,1	**+ 5,0**
4. SNICKERS	4,9	– 0,6
5. MASTERCARD	3,2	+ 0,4
6. OPEL	2,7	– 0,2
7. PHILIPS	1,4	+ 0,4
8. CANON	1,2	+ 0,7
9. GILLETTE	1,1	– 0,4
10. FUJIFILM	1,0	– 0,2
11. JVC	0,8	– 1,0
Classement des sponsors de 2e catégorie (CFO)		
1. LA POSTE	5,9	– 0,3
2. FRANCE TÉLÉCOM	5,5	– 1,2
3. **CRÉDIT AGRICOLE**	3,4	**– 3,7**
4. MANPOWER	2,2	+ 0,3
5. DANONE	2,1	– 1,6
6. HEWLETT PACKARD	0,7	– 0,4
7. EDS	0,3	0,0
8. SYBASE	0,1	0,0
Classement des non sponsors		
1. **NIKE**	8,0	**+ 4,2**
2. BNP	2,7	+ 0,6
3. PERRIER	1,0	– 0,8
3 ex eq. IBM	1,0	– 0,6
5. L'ORÉAL	0,5	0,0
6. LEVIS	0,1	– 0,1

2) Âge. Les 15-30 ans sont ceux qui, à la fois, ont le meilleur souvenir des sponsors (plus de 2,5 sponsors cités en spontané) et ont le plus amélioré leur nombre de citations ; puis les 31-45 ans, les 46-60 ans et les plus de 60 ans (moins de 1,5).

3) Les autres variables – « intérêt pour le football », « connaissance de l'événement Coupe du Monde » et « attitude envers le sponsoring » – exercent une influence positive.

4.4. Sponsoring d'un événement ou d'une équipe ? Mémorisation des sponsors du Tour de France 2003

Le Tour de France cycliste est le troisième événement sportif au monde. Par rapport à la Coupe du Monde de Football, il présente la particularité

Tableau 6. – *Coupe du Monde de Football 1998 : taux de mémorisation assistée des marques*

Classement des sponsors 1re catégorie (FIFA) sauf BUDWEISER	Mars 1999	Écart par rapport à déc. 1997
1. **ADIDAS**	79,0	**+ 11,0**
2. **COCA-COLA**	76,8	**+ 7,7**
3. **McDONALD's**	53,0	**+ 11,7**
4. SNICKERS	42,0	+ 4,4
5. MASTERCARD	31,1	– 2,1
6. OPEL	29,8	+ 1,2
7. CANON	24,2	+ 2,1
8. FUJIFILM	23,7	– 0,4
9. **GILLETTE**	21,2	**– 4,3**
9 ex eq. PHILIPS	21,2	+ 0,1
11. **JVC**	14,7	**– 3,5**
Classement des sponsors de 2e catégorie (CFO)		
1. **FRANCE TÉLÉCOM**	43,7	**– 4,4**
2. La POSTE	40,7	– 0,1
3. **CRÉDIT AGRICOLE**	30,5	**– 8,4**
3 ex eq. **DANONE**	30,5	**– 8,2**
5. MANPOWER	20,5	+ 1,5
6. HEWLETT PACKARD	18,1	+ 1,0
7. SYBASE	8,2	+ 3,2
8. EDS	7,7	– 2,0
Classement des non sponsors		
1. **NIKE**	37,9	**+ 12,8**
2. IBM	23,2	– 1,1
3. BNP	22,8	+ 2,2
4. PERRIER	18,4	– 4,2
5. **L'ORÉAL**	12,5	**+ 3,4**
6. LEVIS	8,5	+ 0,2

d'offrir aux sponsors une audience directe exceptionnelle (jusqu'à vingt millions de spectateurs). Par contre, le cyclisme ne bénéficiant pas de la popularité planétaire du football, son audience médias est largement inférieure (encadré 3). Voyons comment les sponsors peuvent apprécier une première forme de retour sur investissement que constituent les scores de mémorisation [1].

Le Tour offre une visibilité à deux types de sponsors : ceux de l'événement et ceux des équipes engagées (tableau 7). Un sponsor de l'événement

1. Cette analyse s'appuie sur le contenu des conférences de Daniel Isaac, responsable des parrainages au Crédit Lyonnais, dans le cadre de la formation au DESS de *Marketing & gestion du sport* de Strasbourg (convention de partenariat).

Tableau 7. – *Liste des sponsors d'équipes et des sponsors officiels du Tour de France 2003*

Sponsors des équipes engagées			
CRÉDIT AGRICOLE US POSTAL COFIDIS BRIOCHES LA BOU- LANGÈRE TELEKOM	QUICK STEP RABOBANK ONCE FDJEUX.COM AG2R PRÉVOYANCE JEAN DELATOUR	LOTTO I BANESTO.COM EUSKALTEL BIANCHI KELME SAECO	LAMPRE CSC FASSA BORTOLO ALESSIO GEROLSTEINER CALDIROLA
Sponsors officiels de l'événement			
CRÉDIT LYONNAIS : maillot jaune (classement général) et classement par équipes CHAMPION : maillot à pois (classement montagne) PMU : maillot vert (classement des sprinters) NESTLÉ ACQUAREL : vainqueur d'étape (succède à COCA-COLA) CŒUR DE LION : prix de la combativité CONSEIL GÉNÉRAL des Hauts de Seine : maillot blanc du meilleur jeune			

est assuré d'être vu chaque jour. En effet, le protocole du Tour prévoit la remise quotidienne du maillot jaune au premier du classement général, du maillot à pois du meilleur grimpeur, le maillot blanc du meilleur jeune, etc. Un sponsor d'équipe, s'il profite davantage de la dynamique sportive de la course (en participant à une échappée, en gagnant une étape), court cependant le risque de rester dans l'anonymat (dans les profondeurs du classement) ou d'être victime d'un incident (la chute de son leader). Dans ces conditions, il est intéressant de mesurer et comparer les retombées en notoriété des uns et des autres.

En notoriété spontanée, les sponsors d'équipe réalisent des scores qui reflètent en général les résultats sportifs. Mais le classement général des équipes ne se retrouve pas nécessairement dans celui des scores de notoriété. En effet, le podium 2003 – 1) US Postal, 2) Bianchi, 3) Telekom – n'est pas celui des sponsors. Seul l'US Postal réalise le meilleur score de 18 % à égalité cependant avec le Crédit Lyonnais ; et il aura fallu attendre cinq victoires de Lance Armstrong pour que les Français reconnaissent les sponsors du champion américain (troisième score en 2002, septième score en 2001). Telekom (7 %) n'apparaît pas dans le top dix malgré la troisième place au général de Vinokourov et une victoire d'étape ; tout comme Bianchi (3 %) qui place pourtant un coureur sur la deuxième marche du podium (Ullrich).

Notons la percée remarquable d'une nouvelle équipe – Brioches la Boulangère, en troisième position en spontané – qui profite peut-être d'un nom très commun et facile à mémoriser et de l'échappée en solitaire de son coureur très populaire, Sylvain Chavanel, à Luz-Ardiden. Elle est à égalité avec le Crédit Agricole qui n'a gagné aucune étape mais qui place le Français Christophe Moreau à la huitième place au général (premier Français au classement). Malgré de bons résultats (deux victoires d'étapes et port du maillot jaune), La Française des Jeux connaît un tassement dû,

Encadré 3

Présentation du troisième événement sportif au monde (édition 2000)

Audience indirecte :
– estimée à un milliard de téléspectateurs cumulés ;
– en France : 118 h sur France 2 et France 3 ;
– record d'audience de France Télévision : six millions lors de l'étape Briançon Courchevel (audience moyenne 2000 : quatre millions, contre 3,8 en 1999 et 3,7 en 1998).

Audience directe : estimée à vingt millions de spectateurs sur le bord des routes en vingt étapes (accès gratuit) en hausse de cinq millions/1999.

Couverture médiatique :
– contrat avec France Télévision (12,2 millions d'euros en 1998 – 13,57 millions en 1999/1,52 million en 1989) ;
– 35 chaînes de télévision présentes : 27 pays retransmettent en direct, 150 pays en différé, 90 radios, 436 journaux, 900 journalistes.

Organisation :
Société du Tour de France (Amaury Sport Organisation) depuis 1992.
Personnel d'animation : 3 500 personnes (180 coureurs).
Budget : entre 35 et 45 millions d'euros (contre 9,3 millions en 1981).
Ventilation des recettes : 1) sponsoring et publicité (50 %), 2) droits télévisés (40 % contre 28 % en 1999), 3) collectivités locales (10 % contre 6,5 % en 1999).

Partenaires officiels du Tour 2000 : 22
– 4 « partenaires majeurs » (Club du Tour de France) : Crédit Lyonnais (maillot jaune), Fiat (voitures officielles), Coca-Cola (victoire d'étape), Champion (maillot à pois). Entre 2,6 et 4,5 millions d'euros.
– 8 « partenaires officiels » : AGF, Astra, Compaq, Festina, Itinéris, Nike, PMU (maillot vert), Sodexho Entre 0,45 et 1 million d'euros.
– 10 « fournisseurs officiels » : Cœur de Lion (dossard rouge – prix de la combativité), Elf-Antargaz, France Télécom, Hansaplast, Locatel, Lustucru, Maison du Café, Mavic, Michelin, United Savam. Entre 0,3 et 0,45 million d'euros.
– Environ 50 partenaires dans la caravane publicitaire (220 véhicules, 700 personnes). Entre 0,04 et 0,05 million d'euros.
– Collectivités locales : départ d'étape (0,03 million ; 0,75 à 0,9 million pour le grand départ, 1,5 million pour un départ à l'étranger), arrivée d'étape (0,1 million d'euros).

Droits des partenaires :
– Utilisation du label Tour de France et banderoles sur les sites.
– Organisation de relations publiques selon quatre modalités.
Inviter des « top VIP » à suivre une étape dans une voiture officielle (réservé aux partenaires majeurs – 20 places) ou l'arrivée dans un « car VIP ».
Inviter à participer au « Relais Étape » (120 VIP d'entreprises locales).
Inviter à participer aux activités du village officiel (1 000 VIP, 3 000 m^2).
– Exemple : le Crédit Lyonnais emploie 30 personnes sur le Tour, invite 1 200 de ses meilleurs clients et des membres de son personnel (dont 80 % approuvent le sponsoring), et dépense environ 0,75 million d'euros en opérations de « faire-savoir ».

Source : Desbordes, Ohl et Tribou, 2001.

sans doute, au changement de nom (fdjeux.com) alors que ses résultats sont honorables (deux victoires d'étapes, port du maillot jaune et maillot vert à l'arrivée) ; tout comme l'équipe Banesto (ibanesto.com – deux victoires d'étapes). L'équipe Once est en baisse à la suite sans doute de l'abandon de son coureur Beloki. Cofidis profite pleinement de la victoire de David Millar dans le dernier contre-la-montre mais Jean Delatour réalise un maigre score de 5 % malgré la victoire de son sprinter Nazon sur les Champs-Élysées. Par ailleurs, des équipes ne sont pas du tout mentionnées ou ne dépassent pas 1 % : Caldirola, Alessio, Gerolsteiner, Fassa Bortolo, CSC, Kelme (tableau 8). Nous le constatons, la notoriété d'un sponsor ne se nourrit pas seulement d'exploits sportifs.

Tableau 8. – *Scores de mémorisation des sponsors du Tour de France 2003 : top 10 (et évolution 2002/2003)*

Mémorisation spontanée	Mémorisation globale
1. CRÉDIT LYONNAIS 18 % (– 4)	1. CRÉDIT AGRICOLE 51 % (– 3)
2. US POSTAL 18 % (+ 2)	2. CRÉDIT LYONNAIS 50 % (– 1)
3. CRÉDIT AGRICOLE 15 % (– 3)	3. FESTINA 48 % (– 6)
4. BRIOCHES LA BOULANGÈRE 15 % (ND)	4. COFIDIS 44 % (+ 2)
5. FDJEUX.COM 12 % (– 2)	5. US POSTAL 44 % (– 1)
6. COFIDIS 11 % (+ 1)	6. FRANCE TÉLÉCOM 37 % (– 2)
7. CHAMPION 10 % (+ 2)	7. BRIOCHES LA BOULANGÈRE 34 % (ND)
8. ONCE 8 % (– 1)	8. COCA-COLA 34 % (– 6)
9. FESTINA 8 % (– 3)	9. CHAMPION 33 % (– 2)
10. COCA-COLA 8 % (– 4)	10. TELEKOM 27 % (=)

Source : étude Taylor Nelson SOFRES, septembre 2003.

En notoriété assistée, les sponsors partenaires de l'événement sont davantage présents. Festina devenu chronométreur officiel bénéficie sans doute d'un effet de rémanence, de même que Coca-Cola qui a cessé de parrainer les victoires d'étapes (remplacé par Aquarel). France Télécom devance largement son concurrent Telekom et Champion continue de profiter de la popularité du maillot à pois du meilleur grimpeur. Mais ici encore, nombre de fournisseurs officiels ne sont pas reconnus : Doublet, Powerbar, Bosch, Konica, Antargaz, Kawasaki et Mavic (qui bénéficient pourtant d'une visibilité durant les épreuves) [1]. Il en va de même de partenaires officiels comme Nike ou Sodexho.

La notoriété des sponsors maillots pose parfois problème, ainsi :

– 45 % des Français attribuent bien le parrainage du maillot jaune au Crédit Lyonnais mais 35 % ne savent pas à qui l'attribuer et 5 % l'attribuent étonnamment au Crédit Agricole, sponsor d'équipe – la présence des deux banques françaises pose indéniablement un problème de brouillage ;

1. Les motos Kawazaki suivent les coureurs et certaines portent la marque de cycles Mavic lors des étapes de montagne. Les motos Mavic qui transportent des roues de rechange sont chargées d'aider les coureurs ayant connu une crevaison et que les automobiles d'équipes ne peuvent pas rejoindre.

– 29 % attribuent justement le soutien du maillot à pois du meilleur grimpeur à la marque Champion mais une majorité (51 %) ne sait pas à qui l'attribuer ;
– même remarque à propos du PMU, sponsor du maillot vert : 29 % le savent contre 57 % qui ne font pas le rapprochement ;
– 75 % ignorent que Cœur de Lion décerne le prix de la combativité (contre 8 %).

Le Crédit Agricole est souvent cité à tort pour chacun des maillots : la banque recueille 4 % du soutien du prix de la combativité, 9 % de celui du maillot vert, 5 % de celui du maillot jaune. Nous pouvons peut-être voir dans ces scores immérités le résultat d'une stratégie de communication aboutie de la part de la banque, sur le Tour et en dehors.

La confusion diminue en fonction du degré d'intérêt manifesté pour l'épreuve : ainsi parmi ceux manifestant un grand intérêt, ils sont 68 % à reconnaître le Crédit lyonnais, 48 % Champion, 44 % le PMU, 18 % Cœur de Lion.

Il semble que les écarts de notoriété des sponsors de l'événement et des sponsors d'équipes soient liés aux conditions sportives de la course. Selon que l'enjeu sportif est fort (classement bouleversé à chaque étape, suspens, nombreuses étapes de montagne permettant de creuser ou de combler des écarts) ou faible (maillot jaune à l'abri de la concurrence, arrivées groupées au sprint et victoires d'étapes sans surprise – les meilleurs sprinters étant identifiés), la notoriété des sponsors va varier. Dans un contexte sportif fort, les sponsors d'équipes ont plus de liberté de communication : leurs coureurs peuvent lancer des échappés en direct et animer la course, leurs coureurs vedettes peuvent s'exprimer avant ou après la course (interviews, participation à des magazines télévisés). Par contre, cet avantage médiatique est fondamentalement incertain et risqué : une blessure, un accident, un contrôle médical positif peuvent mettre hors course les leaders de l'équipe et compromettre tout le plan de communication.

À l'opposé, les sponsors de l'événement (et les fournisseurs officiels) bénéficient d'une notoriété garantie mais qui peut être éclipsée par les coups d'éclat des équipes. En effet, le Crédit Lyonnais est assuré d'arriver sur le dos du vainqueur sur les Champs Élysées. Le sponsor du maillot jaune a la maîtrise du protocole du podium de chaque étape (logo couleur, mascotte, hôtesses, emplacement des caméras, etc.), ce qui lui assure une visibilité parfaite (à la différence du sponsor d'un coureur échappé dans un col, sous la pluie et dans le brouillard). Par contre, il n'est jamais associé aux drames et aux émotions fortes des épreuves (l'abandon dans les larmes d'un coureur peut apporter davantage au sponsor qu'un classement moyen).

Si nous considérons enfin les quatre sponsors majeurs du Tour dont l'investissement en sponsoring tourne autour de 3 à 4,5 millions d'euros, nous pouvons constater qu'ils ont gagné en notoriété globale au cours des années quatre-vingt-dix (tableau 9). Le Crédit Lyonnais a gagné vingt-huit points (maximum de 52 % en 2001), Champion vingt points (maxi-

Tableau 9. – *Notoriété globale des top sponsors du Tour (en %)*

	1990	1992	1994	1996	1998	2000	2001	2002	2003
CRÉDIT LYONNAIS Sponsor maillot jaune	**24**	47	47	44	44	44	**52**	51	50
COCA-COLA Vainqueur d'étape jusqu'en 2002	**34**	45	**49**	46	39	43	44	40	**34**
NESTLÉ AQUAREL Vainqueur d'étape depuis 2003	–	–	–	–	–	–	11	13	**16**
CHAMPION Maillot à pois (montagne)	–	–	18	23	22	32	**38**	35	33
FIAT Voitures officielles du Tour	**12**	18	19	25	25	28	**32**	23	18

Source : étude Taylor Nelson SOFRES, septembre 2003.

mum de 38 % en 2001), Fiat vingt points également (maximum de 32 % en 2001), Coca-Cola quinze points de 1990 à 1994 jusqu'à retrouver son score initial en 2003 (après avoir cessé de récompenser le vainqueur d'étape en 2002) et le nouveau venu Aquarel a gagné cinq points en trois ans. Nous pouvons estimer le coût d'un point d'audience en faisant le rapport entre le budget investi sur la période et le gain de notoriété enregistré. Par exemple, de 1990 à 1995, le gain du Crédit Lyonnais est de vingt-sept points pour un budget de 22,5 millions d'euros (sur la base d'un budget de l'ordre de 3,5 millions en 1990 et de 5,5 millions en 1995, soit 4,5 millions en moyenne annuelle fois cinq ans). Le point de notoriété a donc coûté 0,83 million (22,5 millions/27 points) ; soit davantage que ce qu'il coûte habituellement par la publicité (environ 0,75 million d'euros) [1].

Le Crédit Lyonnais et Coca-Cola sont au coude à coude, au gré des affaires (scandales politico-financiers de l'un, problèmes de qualité de fabrication de l'autre) qui, paradoxalement, ont pu les aider à consolider leur notoriété. Leurs scores varient également en fonction des campagnes médiatiques : d'un côté, une banque française à vocation internationale qui communique surtout auprès de ses clients en France ; de l'autre : une multinationale largement investie dans le sport au niveau international et notamment dans la Coupe du Monde de Football et les Jeux Olympiques.

Fiat et Champion ont des scores nettement moins élevés (entre dix et quinze points d'écart) et connaissent aussi des évolutions parallèles. Fiat a commencé sa progression lentement, handicapée sans doute par la notoriété rémanente de Peugeot, ancien sponsor d'équipe. Champion, marque

1. Ce type d'estimation trouve ses limites par le fait que nombre d'autres actions seraient à prendre en compte pour parvenir à un coût unitaire global. Par ailleurs, le prix publicitaire d'un point de notoriété de 0,75 million est une approximation couramment répandue. Il varie bien évidemment selon les secteurs.

de supermarchés a, semble-t-il, réussi sa percée dans le sponsoring sportif et ceci n'est pas seulement en rapport avec le nom prédestiné de la marque. Le choix du maillot à pois semble judicieux si nous considérons les audiences réalisées lors des étapes de montagne et la personnalité souvent marquante des vainqueurs de ces étapes de la légende du Tour.

4.5. Effets de confusion et de rémanence : notoriété des sponsors des Jeux Olympiques d'Athènes 2004

L'étude a été réalisée six mois avant le début des Jeux afin de relever la notoriété des sponsors actuels du Comité International Olympique et du Comité National Olympique et Sportif Français (CNOSF), celle des anciens sponsors et celle de non-sponsors bénéficiant d'une notoriété générale dans le sport [1].

The Olympic Partners 2004-2008 : Coca-Cola, John Hancock, Kodak, McDonald's, Visa, Xerox, Panasonic, Samsung, Sports Illustrated Time, Atos Origin [2], Swatch (Atos Origin et Swatch remplacent IBM et UPS).

Partenaires du CNOSF : Adidas, Carte Bleue Visa, La Française des Jeux, Accor, EDF, Orange, Creyf's Intérim ; fournisseurs officiels : Haribo, Elis, Sport Travel ; prestataires officiels : Air-France, Sipa-Labo, Corbis.

4.5.1. Notoriété spontanée des marques

Trois marques réalisent un score supérieur à 10 % : Adidas (43 %), Coca-Cola (36 %) et McDonald's (11 %) – puis Kodak (3 %), Visa, Panasonic, Orange, Haribo (1 %), les autres sponsors n'étant pas cités.

Notoriété des entrants et des sortants : les entrants Swatch (1 %) et Atos Origin-Schlumberger (0 %) réalisent des scores en spontané du même ordre que les sortants IBM (2 %) et UPS (0 %). L'effet de rémanence apparaît donc faiblement en spontané.

Notoriété spontanée des non-sponsors. Trois marques de sport viennent se mêler aux sponsors du top dix : Nike (28 %), Reebok (12 %) et Puma (4 %). Les autres marques sont faiblement citées : BNP-Paribas, Pepsi-Cola, Bouygues, Orangina (1 %). L'effet de confusion joue donc pleinement pour les marques des fabricants d'articles de sport.

4.5.2. Notoriété assistée des marques

Trois marques réalisent des scores supérieurs à 50 % : Coca-Cola (83 %), Adidas (80 %) et McDonald's (53 %) – puis Kodak (47 %), Visa et Orange

---

1. P. Dreyer, F. Jolliot, M. Vaucoulon, P. Ramette, *Enquête sur la notoriété des sponsors des JO d'Athènes 2004*, dir. G. Tribou, EA en Sciences du Sport, Université Marc Bloch, Strasbourg, juin 2004. Échantillon de 300 personnes recrutées de façon aléatoire à Strasbourg. Questionnaire administré en face à face en février 2004.

2. En janvier 2004, Atos Origin a pris le contrôle de Schlumberger-Sema qui avait succédé à IBM.

(46 %), Samsung (31 %), Swatch (29 %), Panasonic (26 %), Carte Bleue (24 %), Accor (21 %), Xerox (18 %), SI Time (17 %), La Française des Jeux (12 %), Atos Origin-Schlumberger (9 %), John Hancock (8 %).

Notoriété assistée des entrants et des sortants : les sortants IBM (40 %) et UPS (35 %) font nettement mieux que les entrants Swatch (29 %) et Atos-Schlumberger (9 %). L'effet de rémanence est donc plus manifeste en assisté.

Notoriété assistée des non-sponsors. Huit marques sont présentes dans les quinze premières : Nike (66 %) et Eurosport (55 %) réalisent des scores comparables à ceux des grands sponsors olympiques officiels. Les autres se situent entre 30 et 40 % : Reebok, France Télévision, Puma, Vodafone, BNP-Paribas. Puis sont reconnues des marques comme Pepsi-Cola, L'Équipe, SFR, Société Générale, Bouygues, Banque Populaire, Crédit Agricole, Barclays, Intel, Asics, Alcatel, GDF, Vedior Bis, Caisse d'Epargne, Burger King, Umbro (avec des scores allant de 27 % à 5 %). Les bons scores réalisés en assisté par des non sponsors sont au bénéfice des marques de sport (Nike, Reebok, Puma), des marques partenaires du sport en général (Vodafone partenaire de club de football Manchester United et de la F1, BNP-Paribas partenaire de Roland Garros, les banques en général, les opérateurs téléphoniques, etc.), des médias du sport (Eurosport, l'Équipe, France Télévision).

La citation erronée de non-sponsors trouve une explication dans la perception qu'ont les enquêtés des grands secteurs du sponsoring. En effet, lorsqu'on leur demande de citer les secteurs qui aident le sport en général, le classement est le suivant : Sport (62 %), Agro-alimentaire (41 %), Banques et assurances (12 %), Informatique (9 %), Téléphonie (6 %), Presse (4 %), Autres (10 %). Ils vont ainsi puiser dans ces secteurs pour nommer les sponsors.

Les enquêtés commettant le plus d'erreurs sont plutôt des femmes (de moindre culture sportive), ne pratiquant pas régulièrement d'activités sportives et n'étant pas spectateurs assidus des événements sportifs (notamment sur le câble).

5. Les indicateurs d'image

L'objectif majeur du sponsoring est de valoriser l'image de la marque en lui associant des éléments jugés positifs de celle de l'événement sportif (ou des participants : équipes ou personnalités). Ces fragments d'image de l'événement sont, par hypothèse, censés séduire les publics visés et avoir une influence favorable sur leur appréciation de la marque (Giannelloni, 1993). L'efficacité de l'action repose cependant sur la mesure de la qualité de l'image de l'événement auprès des publics visés (ce que ces publics ont aimé de l'événement) ; puis, dans un second temps, sur la mesure de la qualité de l'image du sponsor bonifiée par l'association d'images (le sentiment éprouvé pour l'événement a-t-il profité à la marque sponsor ?). La mesure doit se faire avant et après l'événement et, si possible, être rapportée à des mesures antérieures afin de pouvoir apprécier les changements d'images. Car l'image d'un événement sportif, celle d'un sport en général, n'est pas immuable (schéma 7).

Schéma 7. – *Mesure de l'image du sponsor et de l'événement*

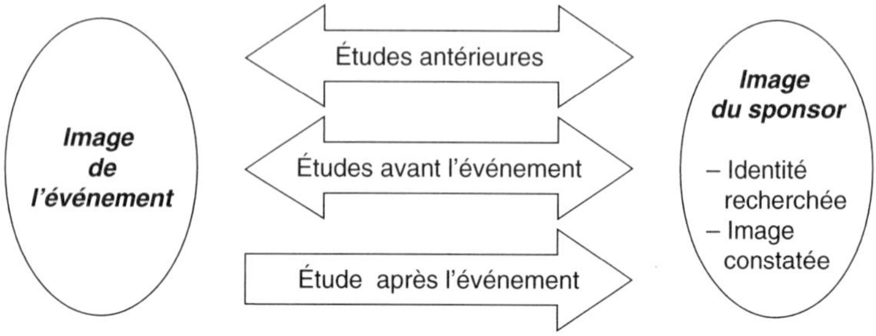

5.1. Les outils de mesure de l'image d'un événement sportif

Comment mesurer une image, c'est-à-dire un ensemble de représentations portant sur une réalité sociale, un événement sportif en l'occurrence ou une équipe, un individu ? La difficulté est réelle car la démarche touche à la fois à la psychologie (puisqu'elle vise à repérer la genèse et l'expression d'attitudes dont les répondants n'ont pas toujours pleinement conscience) et à la sociologie (les attitudes étant marquées et plus ou moins formatées par l'appartenance sociale).

Par conséquent, le questionnement est souvent indirect pour passer outre les inhibitions et les multiples blocages. En effet, à la question directe « Qu'évoque pour vous cette pratique sportive ? », la réponse est, en général, liée aux conditions objectives de la pratique (le matériel, l'environnement, les règles de pratique). Par ailleurs, le répondant a souvent l'impression désagréable que sa réponse est le fait du hasard, qu'elle aurait très bien pu être à l'opposé de ce qu'il a exprimé (on finit par répondre oui alors qu'on hésitait à dire non, pour clore une question dont on saisit mal la pertinence). Donner un nom d'animal censé symboliser une pratique laisse dubitatif sur le sérieux de l'enquête. Le répondant esquive, a le sentiment de dire n'importe quoi ou entre dans un jeu complexe de provocation et de dérision. Par ailleurs, l'environnement est d'une grande importance : une interview sur le lieu de travail, au domicile, dans la rue ou dans un lieu de pratique sportive n'a pas la même tonalité. La présence de collègues ou de proches a une influence également (de distraction, de mise en scène sous le regard des autres : langue de bois ou provocation) ; de même que le moment de l'enquête (tel jour de la semaine, telle heure de la journée). Car les attitudes sont délicates à explorer et réclament, pour leur révélation, des conditions environnementales et d'interaction (enquêteur/enquêté) optimales.

Pour ce faire, on utilise des tests de psychologie appliquée relativement faciles à traiter et la méthode des entretiens dont l'exploitation est plus complexe. Passons brièvement en revue ces outils dont certains peuvent être d'une grande utilité pour le sponsoring (Tribou et Augé, 2003).

5.1.1. Les tests associatifs

La démarche consistant à associer un symbole à une pratique peut favoriser l'émergence d'un élément obscur de l'attitude du consommateur. Les tests abondent ; nous en proposons deux types couramment utilisés.

L'association d'images (photos d'animaux, de personnages, d'objets, etc.) peut permettre d'apprécier la façon dont un sport est perçu. Par exemple, pour préciser l'image d'une pratique, le test du *shuffle cards* est commode d'utilisation. Il consiste à distribuer des cartes où figurent des symboles puis à demander à l'enquêté d'en classer quelques-unes. Le test est relativement efficace car l'enquêté ne ressent aucune pression, n'a pas le sentiment d'être l'objet d'une quelconque exploration psychanalytique et joue le jeu sans réticence particulière.

On peut également lui demander d'associer des mots selon différentes modalités. Après avoir posé la question « À quoi cette pratique vous fait-elle penser ? », l'enquêteur demande de piocher dans un recueil de mots et d'en classer quelques-uns. Il peut aussi demander à l'enquêté de compléter une phrase inachevée (à partir du recueil évoqué *supra* ou librement) : « La pratique du tennis, c'est... », « Le tennis est un sport plutôt... », etc.

5.1.2. Les tests projectifs

Les tests projectifs sont un peu plus complexes à organiser. On demande à l'enquêté de commenter une scène ou de se projeter dans des personnages placés dans une situation soigneusement composée. Ces tests reposent sur un principe simple : l'enquêté ne parlant pas en son nom mais au nom d'un personnage qui lui est extérieur ou commentant une situation dans laquelle il n'est pas directement impliqué, s'exprime beaucoup plus librement.

Le test de Murray (*Thematic Aperception Test*) repose sur le libre commentaire d'images en relation indirecte avec le sport testé. Le traitement consiste à traduire les propos en appréciations sur la pratique et en motivations d'adhésion ou de rejet. Il est particulièrement délicat à mener.

Nous lui préférons les tests de Rozenzweig qui permettent de recueillir des discours moins débridés car devant s'inscrire dans des situations types. L'enquêteur présente des personnages fictifs de bandes dessinées ou de romans photos en conversation dans un environnement soigneusement composé (en rapport avec l'activité) et demande à l'enquêté de compléter les phrases ébauchées par les personnages. Par exemple, une femme élégante répond à un joueur de tennis essoufflé, sa raquette à la main et dans un contexte évoquant la compétition et la dépense physique, qui lui dit « Que pensez-vous du tennis ? » ; elle ébauche une réponse « Je trouve le tennis trop... ». Le principe de la projection est que l'enquêté va exprimer ce que lui-même s'interdirait de dire ouvertement. Ce n'est pas lui qui parle, c'est le personnage ; d'où un sentiment désinhibiteur de liberté d'expression. Les personnages peuvent présenter une bulle de dialogue totalement vide à remplir de façon à donner plus de liberté encore à l'enquêté qui va imaginer toute la conversation. Une variante consiste à placer plusieurs enquêtés dans des jeux de rôles sur le mode théâtral. Chacun joue le rôle d'un personnage dans une situation de fiction (le moniteur de tennis, l'adhérent, l'ami, etc.) et livre, ici encore, quelques éléments de ses motivations.

5.1.3. Les tests d'opinion et d'image

Le test d'opinion est un test classique appliqué à un échantillon représentatif qui vise à comptabiliser les opinions positives et négatives attribuées à une marque et aux marques concurrentes, selon plusieurs critères d'appréciation. L'objectif est de mettre en évidence un avantage concurrentiel, c'est-à-dire un ensemble de caractères distinctifs et valorisants de la marque à des fins de positionnement, et d'éventuelles faiblesses. Un tel test peut être utilisé par un sponsor pour mesurer les attitudes de ses prospects à l'égard d'une pratique sportive sélectionnée pour une action, en comparaison avec d'autres pratiques concurrentes.

Prenons l'exemple du tennis (tableau 10). Une étude exploratoire a permis de sélectionner cinq critères d'appréciation jugés pertinents par les prospects du sponsor [1] : jeunesse, violence, modernité, virilité et convivialité. Supposons que les activités concurrentes se limitent aux trois autres sports de raquettes : squash, badminton et tennis de table. L'enquête va permettre d'enregistrer les scores réalisés par chaque activité sous formes d'atouts (+) et de handicaps (–).

Tableau 10. – *Test d'opinion : scores enregistrés selon les critères d'appréciation*

Critères d'appréciation	**Sport testé : TENNIS**		**Concurrent SQUASH**		**Concurrent BADMINTON**		**Concurrent TENNIS de TABLE**	
Atouts et handicaps	+	–	+	–	+	–	+	–
Jeunesse								
Violence								
Modernité								
Virilité								
Convivialité								
Bilan	Σ +	Σ –	Σ +	Σ –	Σ +	Σ –	Σ +	Σ –

1. L'étude exploratoire est indispensable pour éviter que les critères ne se limitent pas à ceux qui intéressent l'enquêteur. Un test d'association peut permettre de sélectionner quelques critères significatifs.

Le bilan du test d'opinion peut faire apparaître :

– soit un atout que le tennis possède et que les autres pratiques ne possèdent pas et qui va constituer un axe de positionnement fort (relativement aux atouts et aux handicaps des concurrents) ;

– soit une faiblesse propre à l'activité qui peut devenir un élément de réflexion pour le sponsor (doit-on parrainer une activité dont un critère d'appréciation par les publics visés se révèle être négatif, alors qu'il constitue un atout pour une autre activité ?) ;

– ou bien ne rien révéler de saillant du fait de l'importance des non réponses (ce qui constitue un élément d'appréciation en soi) ou d'une distribution des réponses plutôt disséminée. Il convient alors de réfléchir à d'autres critères de différenciation et procéder peut-être à une nouvelle étude exploratoire.

Autre test classique : le test sémantique différentiel (tableau 11). Il présente l'avantage d'être plus riche qu'un simple test d'opinion par le fait que la réponse peut être nuancée. Mais il est plus lourd à réaliser et donc plus coûteux. Il s'appuie également sur une étude exploratoire en vue de dégager des critères pertinents puis, pour chaque critère, on demande à l'enquêté de préciser l'intensité de son accord ou de son désaccord porté à la relation entre la marque et le critère d'appréciation (en utilisant une échelle de Stapel, par exemple). Si nous reprenons l'exemple du tennis, à la question « Quelle est votre appréciation de la pratique du tennis ? », les enquêtés doivent répondre relativement à chaque critère et à chaque pratique concurrente.

Tableau 11. – *Test sémantique différentiel*

Pratique testée : TENNIS	**« Êtes-vous d'accord avec les appréciations suivantes ? »**						
Il s'agit d'un sport plutôt « jeune »	Pas du tout	Pas d'accord	Plutôt pas d'accord	Ne sait pas	Plutôt d'accord	D'accord	Tout à fait d'accord
Plutôt « violent »	Pas du tout	Pas d'accord	Plutôt pas d'accord	Ne sait pas	Plutôt d'accord	D'accord	Tout à fait d'accord
Plutôt « moderne »	Pas du tout	Pas d'accord	Plutôt pas d'accord	Ne sait pas	Plutôt d'accord	D'accord	Tout à fait d'accord
S'adressant plutôt à des hommes	Pas du tout	Pas d'accord	Plutôt pas d'accord	Ne sait pas	Plutôt d'accord	D'accord	Tout à fait d'accord
Plutôt « convivial »	Pas du tout	Pas d'accord	Plutôt pas d'accord	Ne sait pas	Plutôt d'accord	D'accord	Tout à fait d'accord

Cependant, un certain nombre de précautions méthodologiques sont à prendre [1].

– Le test est sémantique, ce qui suppose que la formulation des critères d'appréciation doit être parfaitement comprise et ne présenter aucune ambiguïté d'interprétation (par exemple, ce que signifie le terme « convivial »).

– D'autre part, tous les critères n'ont pas forcément la même importance pour le sponsor et pour les enquêtés. On peut très bien demander à chacun de classer les critères puis affecter à chaque critère un coefficient de pondération au moment du traitement.

– Enfin, le degré d'accord exprimé est totalement subjectif. Pour telle personne avare de compliments, dire que la pratique est « plutôt » conviviale est un aveu de grande satisfaction, alors que telle autre, particulièrement enthousiaste ou soucieuse de plaire à l'enquêteur, considérera cette pratique comme étant « tout à fait » conviviale. Mais ceci n'est pas une difficulté en soi car la comparaison entre les pratiques testées reste valide.

Le traitement de l'étude consiste, dans un premier temps, à totaliser les points correspondant à chaque item de l'échelle (– 3, – 2, – 1, 0, + 1, + 2, + 3) pour chaque pratique et chaque critère d'appréciation, puis, dans un second temps, à classer les pratiques selon leurs scores. Comme pour le test d'opinion, l'application des résultats va permettre le positionnement de la pratique sportive en fonction de ses atouts d'image et par rapport à ceux des pratiques concurrentes (et à leurs faiblesses).

5.1.4. Le questionnaire

Bien que n'étant pas un moyen d'investigation conseillé pour la mesure d'une image, le questionnaire présente l'avantage d'être d'une grande commodité d'administration. En effet, quiconque – étudiant vacataire ou employé de l'organisateur – peut questionner les individus d'un échantillon qui lui sont désignés. Il suppose cependant de choisir un mode de questionnement adapté [2].

Utiliser des questions à choix multiples (QCM) ou dichotomiques (oui/non) facilite l'administration du questionnaire (le répondant participe plus volontiers à l'enquête, trouve même un certain plaisir ludique à cocher des cases) et surtout son traitement. L'inconvénient de leur usage exclusif est, en revanche, de réduire l'éventail et la richesse des réponses. En effet, répondre à une question par oui ou par non est particulièrement réducteur de l'opinion plus nuancée que le répondant a généralement. En ce qui concerne les QCM, il faut souligner que le choix des réponses types à cocher est celui du concepteur de l'étude et que ce choix influence grandement le répondant qui va adopter passivement les présupposés d'enquête (par conformisme ou par facilité). La présence systématique

---

1. Voir, par exemple, C. Pinson, « Pour une étude critique du différentiel sémantique », *Revue Française du Marketing*, n° 95, 1983, p. 3-22.
2. Voir, par exemple, C. Lhermie, *Études de marché*, Paris, Sirey, 1981.

d'une question ouverte permettant une réponse alternative, si elle est indispensable pour repérer des opinions originales, ne suffit pas à effacer l'effet de formatage des réponses. Elles sont d'ailleurs très peu renseignées par les enquêtés. À l'opposé, abuser des questions ouvertes pour augmenter les chances de découvrir des attitudes surprenantes présente l'inconvénient de rebuter les enquêtés qui ne veulent pas faire l'effort cognitif et intellectuel d'aborder une réflexion qui leur est imposée et pour laquelle ils ne sont ni préparés, ni particulièrement motivés. De plus, un contexte d'enquête perturbant (mi-temps dans un stade, file d'attente à un guichet) rend le recours aux QCM impératif. On adopte généralement une solution de compromis : les QCM constituent l'enquête minimale, les questions ouvertes permettant d'enrichir les réponses et de bonifier l'enquête. On peut aussi demander au répondant de classer deux à trois réponses types, ce qui l'oblige à un minimum d'analyse.

Un autre mode de questionnement consiste à proposer des échelles plus élaborées qu'une simple échelle ordinale. Trois types d'échelles nous semblent adaptées.

– L'échelle bipolaire permet de nuancer la réponse. À la différence de la QCM qui appelle une réponse binaire, l'échelle permet au répondant de situer sa réponse sur un axe présentant cinq ou sept niveaux d'intensité (différenciateur sémantique). Par exemple, à la question « Le tennis est-il un sport élitiste ou démocratique ? », l'échelle propose cinq nuances de réponse (tableau 12).

Tableau 12. – *Échelle bipolaire*

Élitiste	1	2	3	4	5	Démocratique

L'inconvénient est que les répondants ont prudemment tendance à situer leur réponse au centre de l'axe et à éviter les extrêmes ; ce qui limite le choix à trois niveaux. Il suffit alors de porter l'échelle à sept pour élargir le choix à cinq niveaux envisageables. L'avantage de l'échelle se trouve cependant dans la visualisation des choix. L'échelle d'Osgood est une variante qui permet de repérer l'image d'un produit ou d'une pratique à partir d'une liste d'adjectifs en opposition. Par exemple, pour mesurer l'image du tennis, on peut proposer plusieurs axes : moderne/traditionnel, cher/bon marché, etc.

– L'échelle de Likert est une version qui permet de nommer les niveaux d'appréciation. Par exemple, à l'énoncé « Le tennis est un sport démocratique », le répondant va livrer son opinion (tableau 13).

Tableau 13. – *Échelle de Likert*

Pas du tout d'accord	Pas d'accord	Ne sait pas	D'accord	Tout à fait d'accord

L'échelle de Likert présente cependant le défaut évoqué précédemment de ramener le choix effectif aux appréciations centrales.

– L'échelle sémantique de Stapel est une variante. Le répondant est invité à dire ce qu'il pense d'un qualificatif appliqué à un produit. Par exemple : « Le mot *convivial* convient-il à la pratique du tennis ? » (tableau 14).

Tableau 14. – *Échelle de Stapel*

Très mal	Mal	Assez mal	Assez bien	Bien	Très bien

L'exploitation statistique de ces questionnaires passe par l'attribution de notes à chaque case : (– 2, – 1, 0, + 1, + 2) pour l'échelle de Likert, (– 3, – 2, – 1, + 1, + 2, + 3) pour l'échelle de Stapel ; puis à totaliser les résultats pour parvenir à une note globale par item.

5.1.5. Les entretiens

Une enquête qualitative à partir d'entretiens permet non seulement une approche plus fouillée des représentations, mais surtout d'enrichir l'analyse d'éléments de réponses inattendus. En effet, à la différence des tests proposant des items aux enquêtés (items sélectionnés au préalable par les enquêteurs), les entretiens permettent de recueillir des discours librement formulés répondant à des questions ouvertes (« À quoi vous fait penser ce sport ? »). La qualité de l'information tient à la spontanéité des discours mais aussi à leur actualité. En effet, par rapport à une réflexion menée *a priori* par les analystes, bien avant l'enquête, les discours révèlent les préoccupations sociétales du moment. L'inconvénient d'une telle méthode appliquée au sponsoring est sans aucun doute sa lourdeur d'administration et ses limites statistiques. Si on souhaite quantifier le poids des représentations (le pourcentage de femmes qui pensent que le rugby est un sport violent, par exemple), il est nécessaire d'enquêter auprès d'un échantillon représentatif de la population dans son ensemble. La base de sondage étant large, il convient alors d'adapter l'outil et il semble difficile d'interviewer plus d'une cinquantaine de personnes sauf à mobiliser une armée d'enquêteurs et de disposer d'un budget à la hauteur du projet. C'est pourquoi la méthode des entretiens est plus souvent utilisée à titre exploratoire pour repérer des tendances auprès de populations limitées en nombre (les grands prescripteurs, les chercheurs) que pour mesurer une image.

Quelles sont les précautions méthodologiques à prendre pour concevoir une étude par entretiens ? [1]

La qualité d'un entretien dépend du choix de la personne interviewée, de sa bonne représentativité du groupe dont on vise à connaître les attitudes et de sa capacité à formuler et à expliciter l'opinion globale du groupe. *A contrario*, un mauvais entretien se présente sous la forme d'un discours superficiel et qui n'exprime que l'opinion personnelle de l'interviewé.

1. Voir, par exemple, A. Blanchet, *Dire et faire dire : l'entretien*, Paris, Colin, 1991 ; à la suite de R.L. Gorden, *Interviewing. Strategies, Techniques and Tactics*, Homewood, the Dorset Press, 1969.

L'échantillonnage est, de ce fait, fondamental. S'agissant d'une enquête qualitative, la taille est secondaire. Une seule personne peut suffire si on a la certitude qu'elle représente parfaitement la population visée et si elle est capable d'en exprimer toute l'opinion. Si la population est segmentée et, par conséquent, son opinion diversifiée, il convient de choisir autant de porte-parole qu'il y a de segments (selon l'âge, le sexe, le niveau de pratique, l'ancienneté, etc.). Enfin, si on a le moindre doute sur la capacité de chacun à exprimer toute la richesse de l'opinion du groupe, alors il faudra sélectionner plusieurs informateurs pour comparer leurs propos. En pratique et en fonction des contraintes de l'étude (en temps et en nombre d'enquêteurs), on arrête les entretiens à partir du moment où l'information devient redondante. Mais la difficulté majeure se trouve être le refus ou l'impossibilité de l'interview pour de multiples raisons (méfiance, manque de temps, de mobilité, d'intérêt pour l'objet de l'étude, etc.) ; ce qui pose le problème du mode d'accès.

Il est préférable que le mode d'accès aux interviewés soit direct afin de garantir une relative neutralité du choix. À l'enquêteur revient le rôle de sélectionner les meilleurs informateurs en fonction de l'enquête dont il connaît précisément les objectifs. Cependant, les conditions de l'accès sont, en général, très contraignantes : les personnes sélectionnées *a priori* pour leur expertise sont rarement celles disponibles au moment de l'enquête ; d'où la nécessité d'improviser au mieux, compte tenu des libertés des informateurs potentiels (selon un classement préétabli de pertinence décroissante des interviews).

L'accès indirect par l'intermédiaire d'informateurs relais (des tiers experts que l'enquêteur connaît et à qui il confie la tâche de désigner des interviewés potentiels répondant aux critères de l'enquête) peut poser un problème de neutralité. Si le tiers est, par exemple, le président d'un club, il va proposer des personnes présentant toutes les garanties de préserver la bonne image du club et sa propre autorité morale. Par ailleurs, la personne sous l'autorité du président mesurera ses propos, au détriment de la qualité de l'enquête. La méthode dite « de proche en proche » peut pallier, en partie, cet inconvénient manifeste. Elle consiste à demander au premier interviewé (désigné par le tiers ou que l'on connaît personnellement et qui présente donc certaines garanties de neutralité) de proposer les noms de personnes susceptibles d'accepter une interview et correspondant aux besoins de l'enquête ; puis à chaque nouvel enquêté, de proposer d'autres personnes, etc. On évite ainsi le biais du rapport hiérarchique mais on peut lui substituer celui du « copinage » : les personnes désignées ayant souvent un profil socioculturel assez proche de celui de la source. Ce faisant, en augmentant la taille de l'échantillon improvisé, on peut tout de même réduire le risque de limiter l'enquête à un réseau de familiers.

Bien entendu, l'entretien n'est pas un interrogatoire. On ne demande pas à l'interviewé de répondre à des questions mais de discourir plus ou moins librement dans un cadre thématique et *in situ*, dans son contexte social. La démarche est participative et interactionniste. Cela signifie que l'enquêteur poursuit ses objectifs d'enquête face à un enquêté libre de s'exprimer mais en liberté surveillée peut-on dire [1]. L'exercice est difficile.

Le guide des entretiens s'appuie sur les hypothèses à valider qui en constituent la structure thématique. Pour aborder chaque thème, l'enquêteur prépare des consignes. Par exemple : « L'image du tennis est-elle, selon vous, touchée par le dopage ? ». Le guide se présente donc comme un système arborescent plus ou moins développé selon la problématique et la qualité de l'échantillon (s'adressant à des experts, on peut se limiter à des consignes très générales).

Le succès de l'entretien tient, en grande partie, à sa conduite. Trois facteurs interviennent directement : l'environnement et la mise en scène de l'interview, le contrat de l'interview, les interventions de l'enquêteur.

Comme au théâtre, le décor a son importance car il interfère sur les rôles à jouer. Une interview menée dans le cadre professionnel de l'interviewé peut conduire ce dernier à adopter une attitude réservée et mesurée et à produire un discours emprunté. La même interview dans le cadre de son club sportif l'amènera peut-être à plus de liberté de discours et d'opinion et, dans le cadre familial, à un discours plus sage et convenu. L'idéal est de trouver un cadre neutre. La présence de témoins a aussi une forte incidence car elle disperse le discours en direction des différents auditeurs se trouvant là par hasard (le collègue de travail, le conjoint, l'ami) et tend à l'influencer (par conformisme, par provocation, etc.). Le moment de l'interview a également une incidence sur son contenu. Son insertion temporelle dans le quotidien de l'interviewé va plus ou moins limiter le risque de contamination du discours par les actions entreprises juste avant et les représentations liées à ces actions (une conversation téléphonique, un rendez-vous professionnel, une partie de tennis, etc.). Ici encore, l'idéal est d'intervenir à un moment neutre (suffisamment longtemps après une action marquante).

La mise en scène de l'interview – en face à face ou de côté, assis à une table de café ou dans le bureau de l'enquêté, etc. – peut affecter le rapport entre les locuteurs où l'un peut dominer l'autre. Mais ce sont surtout les caractéristiques physiques, socio-économiques et culturelles des protagonistes qui importent. La taille, la corpulence, le timbre de voix ont une influence. L'interview d'une personne du même sexe ou de l'autre sexe se fait dans un rapport plutôt de concurrence ou de séduction. Celle d'une personne nettement plus jeune ou plus âgée se traduit par un rapport plus ou moins paternaliste ou respectueux. La distance sociale ou culturelle qui s'exprime directement par le langage (fondamental pour l'entretien, faut-il le souligner) mais aussi par bon nombre d'autres codes (tenue vestimentaire, coiffure, façon de s'asseoir, attitudes de conversation, etc.) et par des références littéraires, artistiques, sportives qui vont émailler l'interview, va

---

1. L'entretien est une « improvisation réglée » selon la formule du sociologue Pierre Bourdieu (*Le sens pratique*, Paris, éd. de Minuit, 1980).

également modeler le rapport et la conduite de l'entretien. La solution du travestissement de l'enquêteur en fonction de l'interviewé est la pire des solutions car les codes de reconnaissance sont subtiles [1]. Par exemple, jouer au jeune pratiquant de skateboard en adoptant la tenue vestimentaire et les formules de langage en usage, pour aller interviewer les pratiquants d'un skate parc lorsqu'on est un universitaire ignorant tout ou presque de la pratique et de ses règles informelles, conduit à l'échec assuré. Mieux vaut jouer la transparence des rôles car pour que l'entretien soit fructueux, il est indispensable qu'il puisse s'appuyer sur une confiance réciproque [2].

Le cadre contractuel de l'entretien est, en effet, important pour la conduite à suivre. L'objectif de l'étude et l'identité du commanditaire doivent être clairement énoncés pour éviter tout soupçon (de visée commerciale, par exemple) et méfiance (qui se cache derrière l'enquêteur ?). Préciser la raison du choix de l'interviewé semble aussi nécessaire pour amener la personne à se livrer (recommandé par untel ou en raison de son niveau d'expertise).

Enfin, ce sont les interventions de l'enquêteur qui vont assurer la qualité du recueil. Une stratégie d'écoute passive peut produire un discours évasif et illocutoire, c'est-à-dire dont le contenu est adressé directement à l'enquêteur pour instaurer un rapport social (le séduire, le dominer culturellement, l'épater, etc.). La stratégie d'écoute doit donc être active pour dynamiser le discours et, par des interventions, le conduire à s'inscrire dans le contrat. Deux types d'interventions : les consignes et les relances.

Les consignes sont destinées à structurer l'entretien : « J'aimerais que vous me parliez de… ». Si on souhaite un discours d'opinion, la consigne sera : « Dites-moi ce que cela représente pour vous », par exemple ; si on vise un simple discours de narration : « Comment cela se passe-t-il ? ».

Les relances sont des interventions réactives pour modifier un discours de mauvaise qualité (trop sommaire, hors sujet, confus, dithyrambique). Elles peuvent prendre trois formes.

– Celle d'une réitération, tout d'abord, en reprenant le point de vue énoncé pour obtenir une explicitation. L'enquêteur peut faire simplement écho (« Cette pratique sportive est élitiste, me dites-vous… ») ou faire reflet en ajoutant un préfixe modal (« Vous pensez vraiment que cette pratique est élitiste ? »).

– La relance peut prendre la forme d'une déclaration en communiquant le point de vue de l'enquêteur sur tel élément du discours, soit pour compléter le discours (« Je crois savoir que telle nouveauté technique facilite grandement la pratique »), soit pour le nuancer en provoquant une réaction

1. Voir, par exemple, F. Ohl, « Les usages sociaux des objets : paraître sportif en ville », *Loisir et Société*, volume 24, n° 1, Presses de l'Université du Québec, 2001, p. 111-136.

2. Sur cette question éthique du contrat entre locuteurs, voir E. Goffman, *Les rites d'interaction*, Paris, éd. de Minuit, 1974.

d'opinion (« Votre point de vue me semble très masculin »), ou en apportant une contradiction (« Je me fais l'avocat du diable, mais il me semble bien que... »).

– Enfin, une relance peut prendre la forme d'une interrogation, soit référentielle (« La pratique est certes coûteuse, mais ne l'est-elle pas moins que telle autre ? »), soit modale (« Pensez-vous que... »).

Les relances comportent des risques. Une réitération peut tomber à plat et perturber une narration. Une réitération reflet peut laisser penser que l'enquêteur doute de la sincérité du propos. Une contradiction peut provoquer de l'irritation et conduire au blocage. Des déclarations intempestives d'un enquêteur bavard peuvent conduire l'enquêté à une passivité attentiste ou à une hostilité envers l'enquêteur donneur de leçons. Autant d'écueils que l'enquêteur expérimenté a appris à éviter, s'agissant-là d'un métier.

Le discours recueilli suit donc un processus d'objectivation. En effet, au fur et à mesure de l'entretien, l'enquêté a explicité et extériorisé ce qui était jusque-là implicite et semblait « aller de soi ». Il a certes livré des faits plus ou moins objectifs et de dimension référentielle (ses pratiques, ses choix techniques, son emploi du temps) mais aussi des pensées construites et des croyances. Ce qu'il considère comme étant du réel n'est souvent qu'une représentation du réel, teintée d'éthique et colorée par l'affect [1]. Le traitement de ce discours modal, c'est-à-dire empreint d'idéologie et influencé par des systèmes de valeurs et de représentations, est particulièrement délicat à mener.

L'analyse de contenu est à distinguer de celle des structures formelles du langage (les mots redondants, les références, etc.) pour laquelle existent des logiciels performants [2]. Elle s'applique aux discours retranscrits dans leur intégralité (enregistrés lors de l'entretien) et consiste en une sélection de fragments en fonction des objectifs de l'étude. Il ne s'agit, en aucun cas, d'un résumé car résumer un texte revient à appliquer des critères de choix subjectifs (ce n'est plus l'enquêté qui s'exprime mais l'enquêteur qui le fait à travers le discours modifié). Deux techniques sont préconisées :

– l'élagage de chaque entretien de tout ce qui déborde des thèmes de l'enquête ; on arrive ainsi à des interviews épurés ;

– le découpage transversal, thème par thème, de façon à parvenir à un recueil de passages de discours relatifs à chaque thème. La validation de chaque hypothèse peut ainsi être menée à partir des fragments de discours.

---

1. La sociologie de Max Weber accorde une large place au sens que les individus mettent dans leurs actions, à ce qui constitue leur éthique – en tant que morale de l'action – et ce qui peut permettre de comprendre une partie de leurs comportements (l'autre partie étant « déterminée » par la société). M. Weber, *Économie et société*, Paris, Plon, 1971 (1re éd. en 1922).

2. Par exemple, le logiciel SPAD T commercialisé par le CISIA (Paris) ou encore le logiciel Prospéro utilisé par P. Duret et P. Trabal pour leur étude sur *Le sport et ses affaires* (Paris, Métailé, 2001).

Cette méthode semble la plus adaptée à une étude d'image et passe par une grille d'analyse thématique où on va ranger les fragments de discours ; l'objectif étant de pouvoir mener une analyse qui soit la mieux documentée possible.

5.2. Le transfert d'image de l'événement au sponsor

Le transfert d'image peut être défini comme l'acquisition par des publics assistant à un événement sportif, d'informations sur l'environnement direct de l'événement – notamment celui constitué par les sponsors – mais sans y apporter une attention particulière (Gianelloni, 1993 ; Ganassali et Didellon, 1996). Ces éléments d'images transférés sont, en général, accompagnés de réactions émotionnelles et affectives. En d'autres termes, le spectateur qui aime l'événement et lui reconnaît un certain nombre de valeurs (courage, fraternité, prestige social, etc.), pourrait transférer au sponsor associé, tout ou partie de son sentiment et de son jugement.

Mais l'image d'un événement sportif peut être jugée positive par les publics visés par le sponsor sans pour autant lui profiter. En effet, il est nécessaire que le sentiment développé en faveur de l'événement soit étendu au sponsor. On peut aimer le golf et, plus particulièrement, tel tournoi, tout en demeurant insensible aux avances sentimentales de son sponsor ; voire nourrir un ressentiment à son égard si on le soupçonne d'affairisme déplacé dans le cadre sportif. Si l'amour peut rendre aveugle le supporter fanatique, il peut aussi aiguiser des sentiments de jalousie et de farouche hostilité vis-à-vis de l'intrus ; car non seulement le sponsor s'invite ostensiblement dans sa passion mais il aspire aussi à être aimé au nom d'une hypothétique transitivité sentimentale. Dans ces conditions passionnelles, il convient, pour le sponsor, de mesurer la réalité de l'association entre les valeurs du sport et sa propre image auprès des publics. Après avoir présenté un état de la recherche sur les conditions du transfert d'image, nous aborderons le modèle d'arithmétique psychologique de Fishbein (1967) qui permet de rationaliser le choix.

5.2.1. Les conditions du transfert d'image

Parmi les critères de choix d'un événement, la condition de similarité entre le sponsor et l'activité sportive est fréquemment avancée (Walliser, 2003). Nous pouvons définir la similarité comme étant une certaine forme de ressemblance entre les deux, telle qu'elle est perçue par les publics. Il y a similarité si sponsor et événement sont jugés comme étant bien assortis et allant bien ensemble (Speed et Thompson, 2000).

Cette question a fait l'objet de recherches dont les résultats convergent pour dire que plus la similarité est forte, plus l'impact sur l'image du sponsor est favorable (par exemple : Otker et Hayes, 1988 ; Gwinner, 1997 ; Gwinner et Eaton, 1999).

– Premier critère de similarité couramment admis : celui d'une similarité fonctionnelle liée au domaine d'activité du sponsor (un fabricant de maillots de bain sponsor d'un meeting de natation). La similarité peut être perçue comme étant plus ou moins forte selon que les produits sont directement utilisés pour le sport (preuve-produit) – un fabricant de chaussures de football sponsor d'une équipe de football – ou de façon indirecte – un fabricant de serviettes éponges sponsor d'un tournoi de tennis (les joueurs utilisant les produits entre deux sets). Certains évoquent un lien « naturel », comme allant de soi et de ce fait particulièrement efficace (Becker-Olsen et Simmons, 2002).

– Second critère : celui d'une similarité d'image. Le sponsor met en avant des éléments d'image que l'on retrouve dans l'événement. Par exemple, une marque de produits de luxe sponsor d'une épreuve de golf. Cette similarité qui concerne un sponsor dont le domaine d'activité est éloigné du sport, voire sans rapport, peut être renforcée par une similarité de cible : le cœur de cible du sponsor correspondant aux caractéristiques sociodémographiques des spectateurs de l'événement (par exemple, une marque de cosmétiques féminins s'associant au patinage artistique). Enfin, en l'absence de l'une ou l'autre de ces similarités d'image, une action de communication peut viser à la créer (un industriel de l'agro-alimentaire sponsor d'un bateau).

La similarité est également fonction de l'expérience de spectateurs du sport des publics (Jagre *et al.*, 2001). L'habitude prise de revoir des annonceurs devenus familiers lors d'événements passés provoque une attente à l'occasion d'événements à venir et, inversement, rend difficile l'acceptation de nouveaux sponsors. Ce principe d'ancienneté est facile à mesurer. Il est à noter que cet effet augmente selon le degré d'implication des individus (Meenaghan, 2001). Le volume de spectacles auxquels les publics ont assisté doit être pondéré par leur implication dans le sport en question : l'intérêt porté à la pratique, la connaissance de la pratique mais aussi du domaine d'activité du sponsor (le sponsor peut être familier à l'individu du fait de ses activités non-sportives), l'expertise de la pratique.

En l'absence de lien logique entre sponsor et événement favorisant fortement le transfert, l'incongruence peut provoquer un comportement d'investigation. Les publics vont mener un travail cognitif pour tenter de résoudre le problème posé par le sponsor incongru. Si l'incongruence est modérée, le travail cognitif va alors accroître l'impact et le pérenniser [1]. Les publics chercheront à comprendre pourquoi le sponsor inattendu est présent et ils s'en souviendront plus longtemps. Par contre, si elle est jugée forte, les publics rejetteront le sponsor (Fleck-Dousteysier, 2004).

La réussite du transfert d'image dépend également de l'opinion que les publics ont du parrainage en général. Une opinion négative qui se tradui-

1. En publicité, on évoque l'effet Zeigarnik (1927) pour privilégier des messages incomplets ou ambigus qui créent une tension chez le prospect et l'amènent à les compléter et à mieux s'en souvenir ; mais à condition qu'il soit capable de le faire sans difficulté excessive.

rait en hostilité de principe, priverait le sponsor du bénéfice d'image attendu. La question se pose tout particulièrement pour les sponsors du mouvement olympique dont l'éthique sportive est fondée sur les valeurs d'amateurisme et de désintéressement. Le spectateur amateur peut pénaliser le sponsor commercial venu se mêler à la manifestation. Par contre, il acceptera davantage sa présence sur le terrain d'événements dont il connaît la dimension économique : une coupe du monde de football ou un tournoi de tennis. Dès lors que la barrière éthique est levée, le transfert devient fonction de la durée d'exposition aux messages du sponsor, de la connaissance que les publics ont par ailleurs des sponsors notamment à travers la publicité (Stipp et Schiavone, 1996).

5.2.2. Le modèle d'arithmétique psychologique de Fishbein

Le modèle repose sur l'hypothèse que le sentiment (S) est une fonction additive élémentaire de la valeur portée à chaque attribut vanté par le stimulus de persuasion (V_1, V_2, V_3, etc.) et du degré d'acceptation de l'association entre la marque et chacun des attributs (DA_1, DA_2, DA_3, etc.) ; soit S = f (V, DA) (Fishbein, 1967 ; Fishbein et Ajzen, 1975). Appliqué au sponsoring, le modèle permet de mesurer le sentiment vis-à-vis du sponsor comme une fonction additive d'un certain nombre de valeurs associées au sport en question (par exemple : modernité, jeunesse, fraternité, etc.) et du degré d'acceptation de la relation entre la marque du sponsor et chacune des valeurs (la marque et la valeur de modernité, la marque et celle de jeunesse, la marque et la fraternité, etc.).

Soit $S = V_1 . DA_1$ (dans quelle mesure les publics aiment la valeur de modernité et dans quelle mesure ils acceptent de l'associer au sponsor)

$+ V_2 . DA_2$ (dans quelle mesure ils aiment celle de jeunesse et acceptent de l'associer)

$+ V_3 . DA_3$ (dans quelle mesure ils aiment celle de fraternité et acceptent de l'associer)

+ Vn . DAn

D'où une méthodologie en quatre étapes.

1) Lister les attributs de l'événement sportif à partir d'une étude exploratoire (documentaire ou *ad hoc*) : V_1, V_2, V_3, etc.

2) Tester les attributs à partir d'une échelle classique d'évaluation (V) : tableau 15.

Tableau 15. – *Échelle d'évaluation des attributs V*

Modernité (V1)	J'adore	J'aime	Indifférent	Je n'aime pas	Je déteste
	+ 2	+ 1	0	− 1	− 2

3) Tester l'association entre chaque attribut et le sponsor (DA) : tableau 16.

Tableau 16. – *Échelle d'acceptation de l'association marque/attribut*

Marque sponsor et modernité (DA1)	Tout à fait d'accord	Plutôt d'accord	Ne sait pas	Plutôt pas d'accord	Pas d'accord du tout
	+ 2	+ 1	0	– 1	– 2

4) En déduire le sentiment (V . DA) et classer les items en fonction des scores totalisés : tableau 17.

Tableau 17. – *Scores de sentiments*

1. Item modernité	V1 . DA1
2. Item fraternité	V3 . DA3
3. Item jeunesse	V2 . DA2

Une valeur faiblement appréciée des publics visés peut très bien enregistrer un fort score de degré d'acceptation et dépasser une valeur très appréciée mais que les publics n'associent absolument pas au sponsor. Ce dernier sera ainsi conduit à choisir comme axe de communication non pas la valeur plébiscitée mais celle qui apparaît comme le meilleur compromis possible entre son succès auprès des publics et sa compatibilité d'image. Vouloir à tout prix axer un message sur ce qui plaît aux publics peut conduire à son rejet si ces publics refusent l'association, et ainsi produire une publicité négative.

5.2.3. Application du modèle de Fishbein : le choix d'un axe de communication par les sponsors d'un club de football français de deuxième ligue

Une étude a été réalisée en avril-mai 2004 auprès des abonnés du club de football AS Nancy-Lorraine [1]. Un questionnaire a été envoyé par courrier puis complété par une enquête téléphonique auprès d'un échantillon de 150 abonnés. Elle constitue une application du modèle de Fishbein visant à repérer les transferts de valeurs du football véhiculées par le club à ses partenaires.

5.2.3.1. Partenaires testés (choix du club)

- Axima (génie climatique et maintenance industrielle)
- Baliston (équipementier)
- Cidou (jus de fruits)
- Cristalline (eau minérale)
- L'Est Républicain (quotidien régional)

1. P. Dreyer, *Transfert d'image entre un club sportif et ses sponsors. Le cas de l'ASNL*, dir. G. Tribou, mémoire de maîtrise en Management du sport, Strasbourg, 2004.

– Lion (barres chocolatées)
– Orange (opérateur de téléphonie mobile)

5.2.3.2. Classement des valeurs testées V (les valeurs retenues sont celles de l'Observatoire Sports et Valeurs)

– Jeunesse : 217
– Plaisir : 209
– Propreté : 190
– Créativité : 162
– Dépassement de soi : 157
– Audace : 160

5.2.3.3. Degré d'acceptation de l'association des valeurs aux sponsors DA

– *Jeunesse* : 1) Baliston (74), 2) Orange (71), 3) Lion (64), 4) Cidou (54), 5) Cristalline (43)

– *Plaisir* : 1) Cidou (72), 2) Lion (71), 3) Baliston (68), 4) L'Est Républicain (53), 5) Cristalline (49)

– *Propreté* : 1) Cristalline (70), 2) Baliston (56), 3) Cidou (55), 4) Lion (41), 5) Orange (37)

– *Créativité* : 1) Orange (78), 2) Baliston (56), 3) L'Est Républicain (51), 4) Lion (51), 5) Cristalline (42)

– *Dépassement de soi* : 1) Baliston (50), 2) Lion (42), 3) Cidou (40), 4) Cristalline (35), 5) Orange (34)

– *Audace* : 1) Baliston (58), 2) Lion (43), 3) Orange (39), 4) Cidou (35), 5) L'Est Républicain (33)

5.2.3.4. Scores des sponsors (V . DA)

Axima : mal classé. Meilleur score avec la valeur de Propreté (5 510) mais tous les autres font mieux

Baliston : meilleur score avec la valeur de Jeunesse (16 058), puis celle de Plaisir (14 212)

Cidou : meilleur score avec la valeur de Plaisir (15 048), puis celle de Jeunesse (11 718)

Cristalline : meilleur score avec la valeur de Propreté (13 300), puis celle de Plaisir (10 241)

L'Est Républicain : meilleur score avec la valeur de Plaisir (11 077), puis celle de Créativité (8 262)

Lion : meilleur score avec la valeur de Plaisir (14 839), puis celle de Jeunesse (13 888)

Orange : meilleur score avec la valeur de Jeunesse (15 407), puis celle de Créativité (12 636)

5.2.3.5. Préconisations

Trois sponsors réalisent leur meilleur score absolu sur une valeur qu'ils peuvent retenir comme axe de communication :

– *Baliston* : Jeunesse (meilleur score absolu)
– *Cidou* : Plaisir (meilleur score absolu)
– *Cristalline* : Propreté (meilleur score absolu)

Trois sponsors doivent renoncer à leur meilleur score personnel pour une valeur qui les positionne :

– *Orange* : meilleur score personnel avec la valeur de Jeunesse mais Baliston fait mieux, choix contraint de la valeur de Créativité

– *Lion* : meilleur score personnel avec la valeur de Plaisir mais Cidou fait mieux, puis celle de Jeunesse mais Baliston fait mieux, puis celle de Créativité mais Orange fait mieux, puis celle de Propreté mais Cristalline fait mieux, choix contraint de la valeur d'Audace

– *L'Est Républicain* : meilleur score personnel avec la valeur de Plaisir mais Cidou fait mieux, puis celle de Créativité mais Orange fait mieux, puis celle de Jeunesse mais Baliston fait mieux, puis celle de Propreté mais Cristalline fait mieux, puis celle d'Audace mais Lion fait mieux, choix contraint de la valeur de Dépassement de soi

Un sponsor doit trouver une autre valeur du football pour se positionner : *Axima*

5.2.4. Les modèles alternatifs

Si le modèle est facile à mettre en œuvre, il peut être contesté au niveau de ses hypothèses (Kapferer, 1978). En effet, il est difficile d'adhérer sans réserve à l'idée d'individus effectuant méthodiquement des choix affectifs sur la base d'une connaissance complète de l'ensemble des valeurs en concurrence sentimentale et avec une relative stabilité dans le temps [1]. Il semble plus plausible de leur attribuer des sentiments impulsifs et inconstants, de coups de foudre en déceptions. En effet, dans un contexte d'informations multiples et contradictoires, les choix ne sont plus d'ordre cognitif car tout ne peut pas être pris en compte (de manière exhaustive) et tout ne présente pas un intérêt suffisant pour adopter une telle démarche (un amateur de spectacles sportifs s'intéresse, en général, faiblement au sponsoring et de manière souvent très aléatoire). Trois modèles alternatifs peuvent être appliqués à la mesure de l'efficacité du sponsoring.

– Le modèle « conjonctif » s'appuie sur l'hypothèse de l'existence d'un seuil d'acceptabilité de la relation à l'attribut. L'attitude est tranchée : soit on accepte l'association, soit on la refuse, sans nuance. Les attributs ne sont plus classés mais répartis en deux zones, spontanément et sur la base d'un travail cognitif limité (compte tenu de la faiblesse de l'enjeu) : ceux que l'on aime et ceux que l'on n'aime pas.

1. La critique renvoie à celle de l'hypothèse de rationalité économique en général. La rationalité du consommateur est forcément limitée à ce qu'il perçoit de son environnement et sous influence sociale (celle de son groupe social de référence notamment). Voir M. Polanyi, *La logique de la liberté*, Paris, PUF, 1990.

– Le modèle « disjonctif » repose sur la même attitude de « paresse » cognitive. Le sujet élimine, en effet, tous les attributs ne présentant pas une caractéristique saillante évidente permettant à une marque de surpasser les autres. Il conserve en mémoire quelques attributs associés à quelques marques.

– Le modèle « lexicographique » considère un sujet moins péremptoire et plus pragmatique, dont l'appréciation se construit par tâtonnement, en passant en revue les attributs, du plus important à ses yeux au plus insignifiant, jusqu'à repérer une association avec la marque.

Prenons un exemple d'événement sportif et tentons d'en mesurer les associations d'images des sponsors à partir des modèles évoqués.

5.2.5. Le choix d'un modèle : le co-sponsoring d'une épreuve de ski

Considérons trois marques sponsors X, Y et Z d'une étape de la Coupe du Monde de ski alpin, dont l'une souhaite mesurer le bénéfice d'image à tirer de son partenariat. L'étude est confiée à une agence de marketing sportif. Le chargé d'études dispose des résultats d'un sondage fourni par les organisateurs, qui révèle que trois valeurs se dégagent de l'événement : technicité, performance et courage. Il décide d'appliquer le modèle de Fishbein, puis d'en vérifier la pertinence en comparant les résultats à ceux obtenu à partir des autres modèles.

Dans un premier temps, il va enquêter auprès des publics afin de parvenir à un classement des valeurs. Supposons le classement présenté dans le tableau 18.

Tableau 18. – *Classement des valeurs*

Valeurs mesurées	Scores d'évaluation (V)	Classement des valeurs
Performance	80	1
Technicité	83	1 *ex aequo*
Courage	30	2

Le classement montre que la valeur « courage » est loin derrière les deux autres et qu'*a priori* un sponsor n'a pas intérêt à se l'approprier. Les scores très proches des deux premières valeurs ne peuvent les départager. Il convient, dans un second temps de l'étude, de mesurer le degré d'acceptation des associations entre les sponsors et les valeurs (tableau 19).

Le sponsor X est plutôt associé à la valeur de « performance » mais les deux autres valeurs ne lui sont pas interdites. Le sponsor Y peut hésiter entre « performance » et « technicité » mais semble devoir renoncer à la valeur de « courage » ; à la différence du sponsor Z associé nettement au « courage » mais pouvant aussi s'associer aux deux autres. Le choix définitif se fait en croisant les deux séries de résultats (tableau 20).

Le choix d'une valeur par chaque sponsor va se faire à partir des scores et relativement à ceux enregistrés par la concurrence.

Tableau 19. – *Association sponsors/valeurs*

Marques sponsor	**Degré d'acceptation [a] de l'association entre les marques sponsors et les valeurs (DA)**		
	Performance	**Technicité**	**Courage**
Sponsor X	0,8	0,6	0,6
Sponsor Y	0,7	0,7	0,2
Sponsor Z	0,5	0,7	0,9

a. Le degré d'acceptation est mesuré sur une échelle allant de 0 (l'enquêté n'y croit pas du tout) à 1 (la croyance est totale).

Tableau 20. – *Le choix d'une valeur*

Marques sponsors	**Scores d'évaluation × degrés d'acceptation (V . DA)**		
	Performance	**Technicité**	**Courage**
Sponsor X	80 × 0,8 = 64	83 × 0,6 = 49,8	30 × 0,6 = 18
Sponsor Y	80 × 0,7 = 56	83 × 0,7 = 58,1	30 × 0,2 = 6
Sponsor Z	80 × 0,5 = 40	83 × 0,7 = 58,1	30 × 0,9 = 27

– Le sponsor X réalise un score maximum avec la valeur « performance », loin devant les deux autres sponsors ; alors qu'il est dépassé avec les deux autres valeurs. Dans ces conditions, le choix est d'évidence.

– Le sponsor Y réalise le meilleur score avec la valeur de « technicité » mais en concurrence directe avec le sponsor Z (score identique). S'il doit écarter d'emblée la valeur « courage », il peut hésiter entre « technicité » et « performance » (moins bien que X cependant). Le choix peut se porter sur la « technicité » mais en faisant le double pari : que X se cantonne sur la « performance » et que Z ne s'y aventure pas.

– Enfin, le sponsor Z écarte la « performance » (moins bien que les concurrents) mais se trouve dans l'expectative pour choisir entre le meilleur score pour lui (« technicité » ; mais à égalité avec Y) et le meilleur score de la valeur de « courage » (mais le plus faible en ce qui le concerne).

Pour Y et Z, le modèle de Fishbein les conduit à une situation du type de celles décrites par la théorie de jeux [1] : la décision n'est pas la meilleure possible compte tenu des données dont ils disposent objectivement mais relative aux décisions probables des concurrents. Si Z fait le pari que Y va probablement choisir la valeur de « technicité », alors son choix peut se porter sur celle de « courage ». De la même façon, Y va parier sur le choix probable de Z.

1. Voir, par exemple, H. Raiffa, *Analyse de la décision, introduction au choix en avenir incertain*, Paris, Dunod, 1973.

C'est parce que la méthode a ses limites que l'analyste va avoir recours aux autres modèles.

1) L'application du modèle disjonctif conforte le sponsor X dans son choix. Par contre, elle conduit Y à devoir trouver une autre valeur distinctive (en puisant dans les valeurs qui n'ont pas été retenues parmi les trois premières). Quant à Z, il peut décider de choisir la valeur « courage » qui est clairement la plus distinctive pour lui. Le critère de choix est bien le souci de différenciation : une valeur moins performante est préférée parce qu'elle permet un meilleur positionnement de la marque.

2) Le modèle conjonctif amène à classer les valeurs en deux camps : celles qu'on aime et celles qu'on aime moins. Dans le cas présent, le choix est limité aux valeurs de « performance » et de « technicité » ; celle de « courage » est écartée. Le sponsor X voit son choix conforté ; Y et Z, à égalité sur l'autre valeur, doivent trouver d'autres axes ou parier sur un retrait de l'autre.

3) Le modèle lexicographique conduit à un choix par tâtonnement de la valeur classée en 1 à celle classée en 3. La première (« performance ») est associée d'emblée à X. La deuxième (« technicité ») qui ne permet pas de départager Y et Z, est écartée provisoirement. La troisième (« courage ») est associée à Z. Enfin, par élimination, on reconsidère la valeur de « technicité » en l'associant à Y. Ce dernier modèle permet, en effet, de toujours trouver une solution.

Nous pouvons retenir de cet exemple qu'un choix s'appuyant sur le seul classement des valeurs est inefficace. Il aurait conduit les trois sponsors à choisir celle arrivée en tête et ainsi à confondre leurs axes de communication et à brouiller leurs images. Le modèle arithmétique permet d'intégrer au choix une volonté de positionnement : le sponsor peut opter pour une valeur moins appréciée mais en adéquation avec son image, plus légitime en quelque sorte. Les autres modèles peuvent aider à sortir d'impasses décisionnelles lorsqu'aucune solution s'impose clairement.

5.3. Mesure de l'image d'un événement : le Tour de France cycliste

En l'absence d'études *ad hoc*, nous pouvons être conduits à croire que les éléments positifs d'image d'une épreuve comme le Tour de France cycliste (traditionnellement célébré comme étant l'expression de valeurs comme le dépassement de soi, le courage ou l'effort) ont été ternis par les affaires de dopage survenues lors de l'édition 1998. Ces « affaires » n'étant pas isolées (d'autres avaient éclaté avant, limitées à quelques coureurs, mais surtout elles n'ont pas cessé : l'épreuve italienne du Giro a été arrêtée en 2001 pour les mêmes raisons, Marco Pantani est décédé en 2004 alors qu'éclatait une nouvelle « affaire » Cofidis) et ne se limitant pas au dopage (la presse relate régulièrement l'affairisme financier des coureurs, évoque même parfois des manipulations antisportives – tel coureur devant céder la victoire à tel autre au nom d'intérêts économiques), il peut sembler justifié, pour un sponsor du Tour, de faire appel à une société d'étude [1].

Les items d'appréciation de l'image sont au nombre de vingt-cinq (tableau 21).

Tableau 21. – *Items d'appréciation de l'image du Tour de France*

Affaire d'argent	Audacieux	Aventurier	Branché	Dynamique
Dangereux	Dépaysant	Elitiste	Envahi par la pub	Fou
Fraternel	International	Jeune	Loyal	Malchanceux
Magnifique	Populaire	Ringard	Spectaculaire	Snob
Tonique	Technique	Viril	Vieux jeu	Ne sait pas

Ils ont été classés en première citation et en total des citations, par comparaison avec les éditions précédentes (tableau 22).

Voyons tout d'abord le classement des items ayant recueilli plus de 5 % de premières citations en 2003.

L'analyse des évolutions indique une relative stabilité de l'item qui caractérise le mieux le Tour : sa popularité (classé largement en tête en total des citations). Par contre, ce qui constituait sa seconde caractéristique en 1997 (avant les « affaires ») – son côté spectaculaire – a été dépassé par des éléments d'image incontestablement négatifs : « envahi par la publicité » et devenu une « affaire d'argent » (plus sept points de 2000 à 2001, légère amélioration en 2003). En 2003, l'image d'affairisme est très proche de l'item Populaire : 21 % des Français âgés de quinze ans et plus estiment que le Tour est une affaire d'argent et 24 % relèvent son côté spectaculaire (on passe ensuite à moins de 10 %). Ils étaient respectivement 30 % et 24 % en 2002, ce qui montre une évolution plutôt positive.

Considérons les citations recueillant moins de 5 % en total des citations (hors tableau).

Il est rassurant pour les sponsors de voir écartés des items pénalisants (vieux jeu, ringard, malchanceux) et sans doute regrettable de constater que d'autres items valorisants (tonique, fraternel, loyal, branché) ne figurent pas. D'autres citations peuvent être un plus ou un moins en fonction des objectifs d'identité de la marque sponsor : fou (pour une image décalée), viril (pour viser un public résolument masculin), élitiste et snob (si on souhaite communiquer sur le standing social), etc.

Les résultats peuvent être utilement classés en fonction des profils des répondants : selon des critères sociodémographiques classiques ou selon

1. Nous empruntons quelques résultats de l'étude menée par la société Sofrès Sponsoring (Taylor Nelson Sofrès Corporate) pour le compte du Crédit Lyonnais et communiqués par le service chargé du sponsoring (dans le cadre du partenariat liant la banque au DESS de *marketing et gestion du sport* de Strasbourg).
Échantillons de 977 et 1 019 personnes de quinze ans et plus, selon quotas (sexe, âge, CSP, région, habitat). Administration en face à face, au domicile de l'interviewé, avant l'événement (17/21 mai 2001 – n = 977) et après (6/18 août – n = 1 019).

Tableau 22. – *Classement des items en fonction du total des citations de 1997 à 2003*

Items	Première citation (%)					Total des citations (%)				
	1997	**1998**	**1999**	**2000**	**2003**	**1997**	**1998**	**1999**	**2000**	**2003**
Populaire	26	24	**27**	22	**24**	56	55	**59**	55	**57**
Affaire d'argent	15	35	**35**	29	**21**	**30**	59	55	43	**34**
Spectaculaire	**10**	5	6	7	**8**	**36**	26	28	29	**31**
Envahi par la pub	6	9	8	7	5	27	41	35	32	25
International	4	4	4	6	6	23	19	24	25	22
Dynamique	7	4	4	6	7	23	13	14	17	19
Dangereux	5	2	1	5	6	14	11	9	15	18
Magnifique	5	2	2	2	4	11	5	6	10	12
Technique	2	1	2	2	1	11	8	11	9	9
Audacieux	4	2	1	2	3	9	4	4	7	9
Aventurier	4	2	3	2	3	8	5	7	6	7
Dépaysant	1	1	1	2	2	6	3	5	7	6
Jeune	1	1	1	2	2	6	5	6	8	5

N.B. : l'item « ne sait pas » représente 1 % des citations.

des critères d'attitudes, notamment à l'égard de l'événement. L'objectif est d'affiner l'analyse (tableau 23).

S'il n'est pas surprenant de trouver l'item « populaire » commun aux quatre groupes, s'agissant d'une appréciation neutre d'évidence médiatique, il est par contre intéressant de pouvoir mesurer l'importance des éléments négatifs d'image (affaire d'argent et publicité) dans les appréciations portées par chacun des groupes. Nous passons, en effet, d'un quart des enquêtés fanatiques du Tour à la moitié de ceux « pas du tout intéressés » citant l'argent comme une caractéristique d'image de l'épreuve.

Le bilan que les sponsors peuvent faire des résultats d'une étude d'image de l'événement doit être prudent. Ils disposent, en effet, d'une batterie d'items positifs clairement associés au Tour de France dans lesquels ils peuvent puiser pour communiquer : le Tour est populaire, spectaculaire, dynamique, international. D'autres items positifs leur sont en revanche interdits : le Tour n'est pas considéré comme étant jeune, fraternel, loyal. Enfin, des éléments d'image négatifs peuvent nuire à leur identité ou en brouiller les contours : le Tour est aussi une affaire d'argent et de publicité.

La prudence est de rigueur car tous les items ne sont pas porteurs de la même charge affective. Déclarer que le tour est populaire est une appréciation de bon sens : quiconque peut le constater à la télévision. Dire qu'il est international relève également de l'observation : la nationalité des équipes et des champions en est l'indication. Par contre, mettre l'accent sur l'affairisme du Tour peut être l'expression d'une déception. Dans ces conditions,

Tableau 23. – *Classement des items en fonction du degré d'implication dans l'événement (édition 2003)*

Très intéressés par le Tour (12 %)	**1) Populaire**	**59 %**
	2) Spectaculaire	50 %
	3) Magnifique	29 %
	4) Affaire d'argent	**23 %**
	5) International	22 %
Assez intéressés (25 %)	**1) Populaire**	**62 %**
	2) Spectaculaire	**44 %**
	3) Affaire d'argent	24 %
	4) Magnifique	22 %
	5) Dynamique	22 %
Peu intéressés (25 %)	**1) Populaire**	**61 %**
	2) Affaire d'argent	**35 %**
	3) Envahi par la pub	31 %
	4) International	25 %
	5) Spectaculaire	23 %
Pas du tout intéressés (38 %)	**1) Populaire**	**50 %**
	2) Affaire d'argent	**49 %**
	3) Envahi par la pub	34 %
	4) International	21 %
	5) Spectaculaire	18 %

le choix d'une méthodologie d'étude s'avère fondamental. Si les items sont déterminés au départ et proposés aux enquêtés, il est certain que les résultats présentent un biais lié à la subjectivité de la sélection (faut-il retenir l'item « dopage » ?). Si, en revanche, l'appréciation des enquêtés est libre, alors les résultats gagnent en valeur et en pertinence marketing.

5.4. Mesure de l'image d'une pratique : le basket-ball en France

Une étude commanditée par la Fédération Française de Basket-Ball et réalisée en juin 1999 à partir d'un échantillon de 1 001 personnes âgées de douze à quarante ans (zones Nielsen) a eu pour objectif de préparer un argumentaire en vue d'étoffer le pool des partenaires. Elle a été confiée à la société IPSOS et financée, pour moitié des 26 000 euros, par le groupe Procter & Gamble, partenaire de la FFBB à travers la marque Sunny Delight et donc directement intéressé par l'image du basket. Les résultats sont ventilés en trois rubriques : une première rubrique liminaire permet de repérer l'intérêt porté par les Français au basket (sa pratique et son spectacle) ; une deuxième retient les valeurs associées au basket en comparaison avec les autres sports collectifs concurrents (football, rugby, handball) ; la dernière rubrique vise à apprécier la notoriété des joueurs (tableau 24).

L'exploitation marketing d'une telle étude réside dans le choix des axes de communication qui peuvent permettre d'atteindre les publics visés (les 12-18 ans ou, plus largement, les 12-40 ans) ; comparativement aux atouts

Tableau 24. – *Étude d'image de la Fédération Française de Basket-ball en 1999*

Identification sportive des publics (12-40 ans, 50 % hommes, 50 % femmes)		
Intérêt pour le sport – pour le sport en général : 73 % des 12-40 ans dont 85 % des 12-18 ans – pour le basket : 68 % dont 85 % des 12-18 ans	Intérêt pour le spectacle du basket – à la télévision : 42 % regardent les matchs – matchs regardés : 1) équipe de France, 2) NBA, 3) Championnat de France, 4) Coupes d'Europe – 34 % sont abonnés à une chaîne sportive (Canal + et Eurosport) 33 % vont voir les matchs en salles	Pratiques régulières – 12-40 ans : 15 % le foot, 12 % le vélo, 11 % la natation, 6 % le basket – 12-18 ans : 32 % le foot, 11 % le basket, 10 % le tennis, 9 % la natation – contexte : 15 % en club, 38 % en vacances, 38 % à l'école
Valeurs associées au basket et à trois autres sports collectifs (football, rugby et handball)		
Valeurs associées en 1 1. Tactique 53 % (foot 52 %) 2. Branché 48 % (foot 46 %) 3. Moderne 45 % (foot 39 %)	Valeurs associées en 2 1. Technique 52 % (foot 57 %) 2. Respect 43 % (rugby 44 %) 3. Accessibilité 43 % (foot 67 %) 4. Propreté 40 % (hand 62 %) 5. Spectaculaire 39 % (rugby 47 %) 6. Insert. sociale 38 % (foot 63 %) 7. Liberté 34 % (foot 36 %) 8. Contrats pub 32 % (foot 85 %) 9. Argent 28 % (foot 87 %) 10. Succès 27 % (foot 75 %) 11. Famille 25 % (foot 61 %)	Valeurs associées en 3 et 4 1. Effort 41 % (rugby 78 %) 2. Dépassement de soi 39 % (rugby 65 %) 3. Passion 34 % (foot 65 %) 4. Fair play 33 % (hand 40 %) 5. Charisme 25 % (rugby 46 %) 6. Reconnaissance 24 % (foot 83 %)
Champions cités spontanément		
Antoine Rigaudeau : 11 %, Tariq Abdul Wahad : 8 %, Richard Dacoury : 5 %, Jim Bilba : 4 %, Frédéric Weis : 4 %, Alain Digbeu : 4 %		

des autres sports collectifs. La référence NBA en fait un sport « branché » et « moderne » en phase avec la culture des adolescents. En revanche, le déficit de notoriété des champions français mériterait, sans doute, un effort de communication pour en faire des leaders d'opinion capables de rivaliser avec les footballeurs (à l'instar des champions de la NBA).

CONCLUSION GÉNÉRALE

Conclure sur le sponsoring sportif peut se faire de plusieurs manières.

Sur le mode statistique et emphatique, nous pouvons rappeler que les investissements ont triplé dans les années quatre-vingt-dix et qu'il est très probable qu'ils continuent de croître durant la première décennie 2000 ; souligner aussi que les droits de télévision vont poursuivre leur inflation galopante pour atteindre plus de 1,8 milliard d'euros en 2008 en ce qui concerne les JO, plus d'un milliard pour la Coupe du Monde de Football. Nous pouvons aussi conclure en soulignant le grand mouvement de restructuration du secteur autour des trois pôles que constituent les organisateurs, les diffuseurs et les entreprises, tour à tour sponsors des organisateurs et annonceurs publicitaires pour les médias. Nous avons dorénavant affaire à un secteur économique à part entière.

Un autre angle de conclusion peut être trouvé dans la culture sportive et plus précisément l'éthique. Il semble que l'on ait définitivement abandonné les valeurs classiques du sport olympique qui, pendant les trente dernières années du vingtième siècle, ont nourri les politiques de sponsoring (certes de façon trop souvent illusoire) pour aborder une éthique clairement utilitariste. Si le sport fait vendre ou aide à remporter des élections, ce n'est plus parce qu'il permet de mettre en scène des croyances de fraternité ou de fair-play, mais parce qu'il est d'une redoutable efficacité médiatique. L'éthique a cédé le pas à une forme d'esthétique sportive, notamment télévisuelle mais aussi dans le récit de presse ou le commentaire radio, qui en fait un support unique de communication. L'exploit sportif a ceci de supérieur aux autres types de spectacles qu'il est fondamentalement vrai et incertain. Il acquiert de ce fait une dimension émotionnelle et sentimentale qui fait recette, indiscutablement.

Enfin, nous ne saurions conclure sans souligner que le sponsoring ne se limite pas aux stratégies planétaires des multinationales dans le football ou la Formule 1 mais que, dans un pays comme la France, il permet à plus de 172 000 clubs de pouvoir ajouter aux recettes de la billetterie et de la buvette de quoi financer un centre de formation et quelques équipements. Car le sponsor peut également être un partenaire au sens noble du terme.

BIBLIOGRAPHIE

AAKER A.D., LENDREVIE J.J., *Le management du capital marque*, Paris, Dalloz, 1994.

ALAPHILIPPE F., Éthique et sport, in *Le sport en France*, éd. P. Arnaud, La Documentation Française, 2000, p. 163-175.

AMIS J., SLACK T., BERRETT T., « Sport sponsorship as distinctive competence », *European Journal of Marketing*, 33, 3-4, 1999, p. 250-272.

ANDREFF W., NYS J.F., *Le sport et la télévision : relations économiques*, Paris, Dalloz, 1987.

ANNE F., « La mesure de l'efficacité du sponsoring », *Revue Française du Marketing*, 138, 1992, p. 123-136.

ANNE F., CHÉRON E., « Mesure de l'efficacité du sponsoring : une analyse des effets intermédiaires sur l'audience directe de l'événement », *Revue Française du Marketing*, 131, 1991, p. 69-81.

BAGOZZI R.P., *Causal models in marketing*, New York, Wiley and Sons, 1980.

BAUDRILLARD J., *La société de consommation*, Paris, Gallimard, 1970.

BAUX P., « Modèles de persuasion et parrainage sportif », *Revue Française du Marketing,* 131, 1991, p. 52-66.

BAYLE E., *Management et performance des organisations à but non lucratif. Le cas des fédérations sportives nationales*, thèse de doctorat en Sciences de Gestion, Université de Limoges, 1999.

BAYLE E., « Le développement de la marque Roland Garros », in *Stratégie des entreprises dans le sport*, éd. M. Desbordes, Paris, Economica, 2001, p. 233-248.

BECKER-OLSEN K., SIMMONS C.J., « When do Social Sponsorships Enhance or Dilute Equity ? Fit, Message Source and the Persistence of Effects », *Advances in Consumer Research*, 29, 2002, p. 287-289.

BEM D.J., *Beliefs, Attitudes and Human Affairs*, Belmont E.U., Brooks - Cole Publ. Comp, 1970.

BENVENISTE F., PIQUET S, *Pratique du parrainage*, Paris, Vuibert, 1998.

BERLYNE D.E., « Attention to Change », *British Journal of Psychology*, 42, 1951, p. 269-278.

BIGLE G., ROSKIS D., « Sponsoring. Le parrainage publicitaire », in *Encyclopédie Delmas de la Vie des Affaires*, 1996.

BREHM J.W., *A Theory of Psychological Reactance*, New York, Academic Press, 1961.

BURLOT F., « Le sport en entreprise : un vecteur de communication interne », revue *STAPS*, 53, 2000, p. 77-90.

BURTON R., QUESTER P.G., FARRELY F., « Sport Sponsorship Investments : Organizational Power Games », *Marketing Management*, 1998, p. 27-36.

BYRNE D., *The attraction paradigm*, New York, Academic Press, 1971.

CAMPBELL D.T., « Social Attitudes and Other Acquired Behavorial Dispositions », in *Psychology : a Study of a science*, éd. S. Koch, New York, McGraw-Hill, 1963.

CÉGARRA J.J., « La place du sponsoring dans la stratégie marketing de l'entreprise », *Revue Française du Marketing*, 150, 1994, p. 47-53.

CHAPPELET J.L., *Le système olympique*, Paris, PUF, 1991.

CHAUVEAU A., « L'évolution du sponsoring en France et en Europe », *Revue Française du Marketing*, 138, 1992, p. 111-122.

CHENG P.S.T., STOTLAR D.K., « Successful sponsorship : a mariage between sport and corporations for the next millennium », *The Cyber-Journal of Sport Marketing (cjsm.com)*, 3-3, 1999.

CORNWELL T.B., MAIGNAN I., IRWIN R., « Long-term recall of sponsorship sources. An empirical investigation of stadium and sport café audiences », *Asia-Australia Marketing Journal*, 5-1, 1997, p. 45-57.

CORNWELL T.B., MAIGNAN I., « An International Review of Sponsorship Research », *Journal of Advertising*, vol. 27, 1998, p. 1-27.

COUTY F., « L'évaluation de la notoriété du sponsoring sportif », *Revue Française du Marketing*, 150, 1994, p. 75-82.

CRIMMINS J., HORN M., « Sponsorship : from Management Ego Trip to Marketing Success », *Journal of Advertising Research*, 36-4, 1996, p. 11-21.

DAMBRON P., *Sponsoring et politique de marketing*, Paris, Éditions d'Organisation, 1991.

D'ASTOU A., SÉGUIN N., « Consumer reactions to product placement strategies in television sponsorship », *European Journal of Marketing*, 33, 9-10, 1999, p. 896-910.

DAVIS R., « Ambushing the Olympic Games in Atlanta 1996 », *IVe Congrès de l'IASL*, Barcelone, 11-1995.

DE CHERNATONY L., « A model for strategically building brands », *Brand Management*, 9-1, 2001, p. 32-44.

DERBAIX C., GÉRARD P., LARDINOIT T., « Essai de conceptualisation d'une activité éminemment pratique : le parrainage », *Recherche et Applications en Marketing*, 9-2, 1994, p. 43-67.

DESBORDES M., OHL F., TRIBOU G., *Marketing du sport*, 2e édition, Paris, Economica, 2001.

DESBORDES M., éd., *Stratégie des entreprises dans le sport. Acteurs et management*, Paris, Economica, 2001.

DESBORDES M., éd., *Stratégie des entreprises dans le sport*, 2e édition, Paris, Economica, 2004.

DESBORDES M. et FALGOUX J., *Organiser un événement sportif*, Paris, Éditions d'Organisation, 2003.

DIDELLON-CARSANA L., *Mode de persuasion et mesure d'efficacité du parrainage : une application au domaine sportif*, thèse de doctorat en sciences de gestion, Université Pierre Mendès-France, ESA, Grenoble, 1997.

DURAND C., « Communiquer dans et par le sport : le sponsoring, tendances et perspectives. Analyse du cas de Perrier-Vittel », in *Stratégie des entreprises dans le sport*, M. Desbordes éd., 2001, p. 103-118.

EDELL J.A. et KELLER K.L., « The information processing of coordinated media campaigns », *Journal of Marketing Research*, 2, 1989, p. 149-163.

FARRELY F., QUESTER P.G., « Association, Brand Memorisation and Decay, a Study of Sponsor's Impact », *Journal of Product and Brand Management*, 7-6, 1998, p. 539-557.

FARRELY F., QUESTER P.G., BURTON R., « Integrating Sports Sponsorship into the Corporate Marketing Function : an International Comparative Study », *International Marketing Review*, 14-3, 1997, p. 170-182.

FAURE J.M., SUAUD C., *Le football professionnel à la française*, Paris, PUF, 1998.

FERRAND A., « La communication par l'événement sportif : entre émotion et rationalité », in *Sport et management*, éd. A. Loret, Paris, Dunod, 1993.

FESTINGER L., *A theory of Cognitive Dissonance*, Evantson E.U., Row Peterson, 1957

FISCHER V., *Le sponsoring international*, Montréal, Boréal, 1994.

FISHBEIN M., *Reading in attitude theory and measurement*, New York, Wiley, 1967.

FISHBEIN M., AJZEN I., *Belief, attitude, intention and behavior : an introduction to theory and research*, Reading, Addison-Wesley Publishing Co, 1975.

FISHBEIN M., AJZEN I., *Understanding attitudes and predicting social behavior*, New Jersey, Prentice Hall, 1980.

FLECK-DOUSTEYSSIER N., « Une application des modèles de traitement de l'information au parrainage : le rôle de la congruence », Premières journées thématiques du NE de la France sur la *Communication marketing*, GREFIGE-AFM, Nancy, 3-2003.

FORT R. et QUIRK J., « Cross-subsidization, incentives and outcome in professional team sports leagues », *Journal of Economic Literature*, 33, 1995, p. 1265-1299.

FUCHS S., « Le pseudo-parrainage : une autre façon de faire du parrainage ? », *Décisions Marketing*, 30, 2003, p. 31-39.

GANASSALI S., DIDELLON L., « Le transfert comme principe central du parrainage », *Recherche et Applications en Marketing*, 11-1, 1993, p. 37-48.

GIANNELLONI J.L., « L'influence de la communication par l'événement sur la nature de l'image de l'entreprise », *Recherche et Applications en Marketing*, 8-1, 1993, p. 5-29.

GRIMES E., MEENAGHAN T., « Focusing commercial sponsorship on the internal corporate audience », *International Journal of Advertising*, 17-1, 1998, p. 51-74.

GWINNER K.P., « A Model of Image Creation and Image Transfer in Event Sponsorship », *International Marketing Review*, 14, 1997, p. 145-158.

GWINNER K.P., EATON J., « Building Brand Image through Event Sponsorship : the Role of Image Transfer », *Journal of Advertising,* 28, 1999, p. 47-57.

HASKINS J., « Factual recall as a measure of advertising effectiveness », *Journal of Advertising Research*, 4-1, 1964, p. 2-8.

HASTINGS G., « Sponsoring Works Differently from Advertising », *International Journal of Advertising*, 3-2, 1984, p. 171-176.

HETZEL P., *Planète conso. Marketing expérientiel et nouveaux univers de consommation*, Paris, Éditions d'Organisation, 2002.

HOLT D.B., « How consumers consume : a typology of consumption practices », *Journal of Consumer Research*, 22-1, 1995, p. 1-16.

HOVLAND C. *et al.*, *Experiments on Mass Communication*, Princeton, Princeton University Press, 1949.

HOVLAND C., JANIS I., KELLEY H., *Communication and persuasion*, New Haven, Yale University Press, 1953.

HOVLAND C., SHERIF M., *Social Judgment*, New Haven, Yale University Press, 1961.

IRWIN R.L., SUTTON W.A., MCCARTHY L.M., *Sport promotion and sales management*, Champaign Il., Human Kinetics, 2002.

JAGRE E., WATSON J.J., WATSON J.G., « Sponsorship and Congruity Theory : a Theorical Framework for Explaining Consumer Attitude and Recall of Event Sponsorship », *Advances in Consumer Research*, 28, 2001, p. 439-445.

JOHAR G.V. et PHAM M.T., « Relatedness, prominence and constructive sponsor identification », *Journal of Marketing Research*, 36, 1999, p. 299-312.

JOHNSON H., WATKINS T., « The Effects of Message Repetition on Immediate and Delayed Attitude Change », *Psychonomic Science*, 22, 1971, p. 101-103.

KAMINS M., « An Investigation into the Match-up Hypothesis in Celebrity Advertising : when Beauty May be Only Skin Deep », *Journal of Advertising*, 19-1, 1990, p. 4-13.

KAPFERER J.N., *Les chemins de la persuasion*, Paris, Dunod, 1978.

KAPFERER J.N., *Les marques, capital de l'entreprise : créer et développer des marques fortes*, Paris, Éditions d'Organisation, 1998.

KAPFERER J.N., *Re-marques. Les marques à l'épreuve de la pratique,* Paris, Éditions d'Organisation, 2000.

KATZ E., LAZERFELD P., *Personal Influence*, New York, Free Press, 1955.

KELLER K.L., « Conceptualizing, Measuring and Managing Customer-based Brand Equity », *Journal of Marketing*, 57, 1993, p. 1-22.

KOTLER P., FILIATRAULT P., TURNER R.E., *Le management en marketing*, Boucherville, Gaëtan Morin, 2000.

KRUGMAN H., « The measurement of advertising involvement », *Public Opinion Quarterly*, 29, 1965, p. 349-356.

LABORDE C., *Étude du processus d'influence du parrainage sportif : une analyse des réactions cognitives et affectives dans une approche dynamique*, thèse de doctorat en sciences de gestion, Université de Toulouse I, ESUG, 2000.

LACROIX G., WASER A.M., éd., *Le management du sport*, Paris, Éditions d'Organisation, 1999.

LARDINOIT T., *Étude de l'efficacité du parrainage sportif : effet modérateur des implications durables et situationnelles,* thèse de doctorat en éducation physique, Université de Louvain, 1996.

LARDINOIT T., « Interaction des parrainages terrain et TV : impact sur deux niveaux de mémorisation », *Actes du 15e Congrès International de l'AFM*, 1999, p. 585-602.

LARDINOIT T., « Reconstruction de la proximité avec le consommateur : le cas du parrainage de la Coupe du Monde 1998 par Coca-Cola », in *Stratégie des entreprises dans le sport*, M. Desbordes éd., 2001, p. 31-51.

LARDINOIT T., QUESTER P., « Attitudinal Effects of Combined Sponsorship Activities and the Influence of Sponsor's Prominence : an Experimental Study of Basket Ball in Europe », *Journal of Advertising Research,* 41, 2000, p. 48-58.

LARDINOIT T., DERBAIX C., « Sponsorship and Recall of Sponsors », *Psychology & Marketing*, 18-2, p. 167-190, 2001.

LARDINOIT T., TRIBOU G., « Gère-t-on un club sportif comme on gère son entreprise ? », *Revue Française de Gestion*, 2004 (à paraître).

LAUZANAS J.M., *Emergence des outils de gestion dans les clubs de football professionnels depuis* 1990, thèse de doctorat en sciences de Gestion, Université de Nantes, IAE, 2000.

LAUZANAS J.M., « Les relations entre médias et football », in *Stratégie des entreprises dans le sport*, M. Desbordes éd., 2001, p. 313-231.

LAVIDGE R., STEINER G., « A Model for Predictive Measurement of Advertising Effectiveness », *Journal of Marketing*, 25, 1961, p. 59-62.

LAZARFELD P. *et al.*, *The People's Choice*, New York, Columbia University Press, 1948.

LEVER J., *Soccer madness*, Chicago, University of Chicago Press, 1983.

LINDSAY P., NORMAN D., *Human Information Processing*, New York, Academic Press, 1977.

LORET A., *Génération glisse*, Paris, Autrement, 1995.

LOUIS D., « La similarité perçue entre l'entité parrainée et le parrain : antécédents et influence sur l'attitude à l'égard du parrain », Premières journées thématiques du NE de la France sur la *Communication marketing*, GREFIGE-AFM, Nancy, 3-2003.

MCCRACKEN G., « Who is the Celebrity Endorser ? Cultural Foundations of the Endorsement Process », *Journal of Consumer Research*, 16, 1989, p. 310-321.

MCDANIEL S.R., Masson S., « An exploratory study of influences on public opinion towards alcohol and tobacco sponsorship of sporting events », *Journal of Services Marketing*, 13-6, 1999, p. 481-499.

MCGUIRE W., « The nature of attitudes and attitude change », in *The handbook of Social Psychology*, Lindzey et Aronson éd., Reading, Addison Wesley, 1969.

MAITROT E., *Sport et télé, les liaisons secrètes*, Paris, Flammarion, 1995.

MALONEY J.C., « Curiosity Versus Disbelief », *Journal of Advertising Research*, 2, 1962, p. 2-8.

MEEK A., « An estimate of the size and supported economics of the sports industry in the United States », *Sports Marketing Quarterly*, 6-4, 1997, p. 15-22.

MEENAGHAN T., « Ambush Marketing : Immoral or Imaginative Practice ? », *Journal of Adversiting Research*, 34, 1994, p. 77-88.

MEENAGHAN T., « Ambush Marketing : Corporate Strategy and Consumer Reaction », *Psychology & Marketing*, 7, 1998, p. 305-322.

MEENAGHAN T., « Understanding Sponsorship Effects », *Psychology & Marketing*, 18, 2001, p. 95-122.

MINQUET J.P.L., « Mondial, sponsoring et finance », *Revue Française du Marketing*, 172, 1999, p. 65-78.

MOINIER X., « Validation d'une mesure affective de l'attitude envers le parrainage sportif », *Revue Française du Marketing*, 170, 1998, p. 81-91.

NEBENZAHL I., HORNIK J., « An Experimental Study of the Effectiveness of Commercial Billboards in Televised Sports Arenas », *International Journal of Advertising*, 4, 1985, p. 27-36.

NEISSER U., *Cognitive Psychology*, New York, Appleton Century Crofts, 1967.

OHL F., « The Sport in Newspapers as Comments on Everyday Life », *XIV*[e] *Congrès Mondial de Sociologie*, Montréal, 1998.

OHL F., « La construction sociale des figures du consommateur et du client », *Sciences de la société*, 56, 2002, p. 24-41.

OHL F., « Comment expliquer le succès des marques sportives auprès des jeunes consommateurs ? », *Revue Française du Marketing*, 191-1, 2003, p. 33-47.

OHL F., Tribou G., *Les marchés du sport. Consommateurs et distributeurs*, Paris, Armand Colin, 2004.

OSTERHOUSE R.A., BROCK T.C., « Distraction Increases Yielding to Propaganda by Inhibiting Counterarguing », *Journal of Personality and Social Psychology*, 15, 1970, p. 344-358.

OTKER T., HAYES P., « Évaluation de l'efficacité du sponsoring. Expérience de la Coupe du Monde de Football de 1986 », *Revue Française du Marketing*, 118, 1988, p. 13-40.

PARKER K., « Sponsorship : the Research Contribution », *European Journal of Marketing*, 25-11, 1991, p. 22-30.

PARMAR A., « Global youth united », *Marketing News*, 10, 2002, p. 1-49.

PHAM M.T., JOHAR G.V., « Market prominence biases in sponsorship identification : processes and consequentiality », *Psychology and Marketing*, 18-2, 2001, p. 123-143.

PICHOT L., « Partenariats sportifs des entreprises et logiques d'action des responsables de communication », revue *STAPS*, 52-2, 2000, p. 1-32.

PICHOT L., « La stratégie de sponsoring national de la Caisse d'Epargne : entre contraintes organisationnelles et opportunités du marché sportif », in *Stratégie des entreprises dans le sport*, M. Desbordes éd., 2001, p. 61-76.

PICHOT L., TRIBOU G., « Sponsoring sportif : outil de communication externe et interne », in *Management du sport. État des lieux et perspectives*, C. Pigeassou et P. Bouchet, éd., PUS, 2004.

PIQUET S., *Sponsoring et mécénat : la communication par l'événement*, Paris, Vuibert, 1985.

PIQUET S., « Sponsoring sportif et communication sociale », *Revue Française de Gestion*, 118, 1998, p. 66-74.

PIQUET S., « Les stratégies des annonceurs dans le Mondial 1998 », *Revue Française du Marketing*, 172, 1999, p. 51-56.

PONS F., LAROCHE M., NYECK S., PERREAULT S., « Role of sporting events as ethnoculture's emblems : impact of acculturation and ethnic identity on consumers orientation toward sporting events », *Sports Marketing Quarterly*, 10-4, 2001, p. 132-146.

QUESTER P.G., « Sponsorship returns : the value of naming rights », *Corporate Communications : an International Journal*, 2-3, 1997, p. 101-108.

QUESTER P.G., FARRELLY F., « The Impact of Atlanta Olympic Games Sponsor : a Comparative Study of South Australian and Victorian Audiences », *Proceedings of the ANZMEC Conference*, Melbourne, 1998, p. 857-868.

QUESTER P.G., THOMPSON B., « Advertising and promotion leverage on arts sponsorship effectiveness », *Journal of Advertising Research*, 41-1, 2001, p. 33-47.

RAGOT N., « Sport : logique sportive – logique d'entreprise », *Revue Française du Marketing*, 138, 1992, p. 99-106.

ROSNOW R., RUSSEL G., « Spread of Effect of Reinforcement of Persuasive Communication », *Psychological Reports*, 12, 1963, p. 731-735.

RUNGIE C., QUESTER P.G., « Hierarchical Log Linear Analysis : an Application to Sponsorship », *The Cyber-Journal of Sports Marketing*, 7, 1998, p. 1-14.

SAHNOUN P., *Le sponsoring : mode d'emploi*, Paris, Chotard, 1989.

SANDLER D., SHANI D., « Olympic Sponsorship vs. Ambush Marketing : Who Gets the Gold ? », *Journal of Advertising Research*, 29-4, 1989, p. 9-14.

SCHAPIRA L., « Le sponsoring de la Coupe du Monde de Football 1998. Visibilité des partenaires et incidence sur la perception de leurs actions de sponsoring dans d'autres domaines », *Revue Française du Marketing*, 172, 1999, p. 79-84.

SHANK M., *Sport marketing : a strategic perspective*, Prentice Hall, Upper Saddle River, NJ, 1999.

SOBRY C., CAMBIER G., « Le sport comme vecteur de communication et de pénétration de certains marchés : l'exemple de la course cycliste Paris-Roubaix », in *Stratégie des entreprises dans le sport*, M. Desbordes éd., 2001, p. 79-99.

SPEED R., THOMPSON P., « Determinants of Sports Sponsorship Response », *Journal of the Academy of Marketing Science*, 28, 2000, p. 226-239.

STIPP H., SCHIAVONE N., « Modeling the Impact of the Olympic Sponsorship on Corporate Image », *Journal of Advertising Research*, 7, 1996, p. 22-28.

TOWNEY S., HARRINGTON D., COUCHMAN N., « The Legal and Practical Prevention of Ambush Marketing in Sports », *Psychology & Marketing*, 15, 1998, p. 333-348.

TRAIL T.J., FINK J.S., ANDERSON D., « Sport spectator consumption behavior », *Sport Marketing Quarterly*, 12-1, 2003, p. 8-17.

TRIBOU G., « L'image de la marque Adidas auprès des adolescents », *Décisions marketing*, 18, 1999, p. 37-39.

TRIBOU G., « Sponsoring : de l'éthique à l'esthétique du sport », *Revue Européenne de Management du Sport*, 8-12, 2002, p. 1-38.

TRIBOU G., « Sponsoring : le retour symbolique sur investissement », in *Management et marketing du sport : du local au global*, P. Bouchet éd., Presses Universitaires du Septentrion, 2004.

TRIBOU G., « Sponsoring sportif : le choix des activités », *Revue EP.S*, 306, p. 67-71, 2004.

TRIBOU G., « La stratégie de sponsoring dans le football d'un fabricant d'articles de sport », in *Stratégie des entreprises dans le sport*, 2e édition, M. Desbordes éd., Paris, Economica, 2004.

TRIBOU G., Augé B., *Management du sport. Marketing et gestion des clubs sportifs*, Paris, Dunod, 2003.

Union des Annonceurs, *Enquête UDA sur le parrainage (1998-1999)*, Paris, éd. UDA, 1999.

UNNAVA H.R. et BURNKRANT R.E., « Effects of repeating varied ad executions on brand name memory », *Journal of Marketing Research*, 28, 1991, p. 406-416.

WALLISER B., *L'efficacité du parrainage sportif au sein de la communication de l'entreprise*, thèse de doctorat en sciences de Gestion, Université de Grenoble II, 1994.

WALLISER B., « Les déterminants de la mémorisation des sponsors », *Revue Française du Marketing*, 150, 1995, p. 83-95.

WALLISER B., « Le rôle de l'intensité des émotions éprouvées par le téléspectateur dans la mémorisation des parrains », *Recherche et Applications en Marketing*, 11-1, 1996, p. 6-19

WALLISER B., « L'évolution et l'état de l'art de la recherche internationale sur le parrainage », *Recherche et Applications en Marketing*, 18-1, 2003, p. 65-94.

WALLISER B., NANOPOULOS P., « Qui a gagné la coupe du monde 1998 ? Déterminants et importance de l'association durable des sponsors à l'événement », *Cahiers du CESAG*, 9, 2000, p. 1-19.

WRIGHT P., « On the Direction Monitoring of Cognitive Response to Advertising », in *Consumer Information Processing*, éd. Hugues et Ray, Chapel E.U., University Of North Carolina Press, 1974.

YONNET P., *Huit leçons sur le sport*, Paris, Gallimard, 2004.

ZAJONC R., « Attitudinal effects of mere exposure », *Journal of Personality and Social Psychology*, 2, 1968, p. 1-27.

ZIELSKE H.A., « The remembering and forgetting of advertising », *Journal of Marketing*, 23, 3, 1959, p. 239-243.

TABLE DES MATIÈRES

Dans la même collection

AMADIEU J.F. et MERCIER N., *Le management des salaires.*

AUGROS J.-C. et QUÉRUEL M., *Risque de taux d'intérêt et gestion bancaire.*

BATSCH L., *Temps et sciences de gestion.*

BELLALAH M., *Gestion financière*, 2e éd.

BELLALAH M., *Finance moderne d'entreprise,* 2e éd.

BERGERY L., *Qualité globale et tourisme.*

BRAOUEZEC Y., *Les options réelles.*

BROCHIER D. (coordonné par), *La gestion des compétences – Acteurs et pratiques.*

CABY J. et HIRIGOYEN G., *La création de valeur de l'entreprise*, 2e éd.

CABY J., LOUISE V. et ROLLAND S., *La qualité au XXIe siècle – Vers le management de la confiance.*

CHARON G. et HERMEL L., *La vente – La nouvelle donne des forces de vente.*

DELALOYE L., FRAGNIERE E. et HOESLI M., *Modélisation des décisions de gestion.*

DESBORDES M. (coordonné par), *Stratégie des entreprises dans le sport*, 2e éd.

DUBERNET M., *Gestion actif-passif et tarification des services bancaires.*

DUBOIS P.E., HÉLAINE Ph., WEYLAND-DUFRESNE A.S., *Les billets de trésorerie.*

DUPRÉ D. (sous la direction de), *Ethique et capitalisme.*

GRANIER Th. et JAFFEUX C., *Internet et transactions financières.*

GREPME (sous la direction de JULIEN P.A.), *Les PME – Bilan et perspectives,* 2e éd.

GUERTIN G. et LEROUX F., *Le marché des pensions.*

HIMBER J.F., *Les valeurs du Trésor : du franc à l'euro.*

LA CHAPELLE Ph. (de), *L'évaluation des entreprises,* 2e éd.

LACHMANN J., *Capital-risque et capital-investissement.*

LAULANIÉ J.F. (de), *Les placements de l'épargne à long terme*, 2e éd.

LY-BARO F., *Structure financière de l'entreprise.*

MÉTAIS E., *Stratégie et ressources de l'entreprise – Théorie et pratique.*

MOSCHETTO B.L., *Le Business Plan – Pratique et conception,* 2e éd.

NGUYEN P., *Investissements – Evaluation d'actifs et gestion du risque.*

PAILLÉ P., *La fidélisation des ressources humaines.*

PARIENTÉ S., *Techniques financières d'évaluation.*

ROUSSEAU M. (sous la direction de), *Management local et réseaux d'entreprises.*

SIMON Y. et LAUTIER D., *Marchés dérivés de matières premières et gestion du risque de prix,* 2e éd.

SZPIRO D., *Introduction à la finance de marché.*

TRIBOU G., *Sponsoring sportif,* 2e éd.

UNGERN-STERNBERG (von) T., *L'assurance immobilière en Europe.*

ZAOUATI P., *La gestion quantitative.*

Réalisé en P.A.O. par STDI - Z.A. Route de Couterne - 53110 Lassay-les-Châteaux
Imprimé en France. - JOUVE, 11, bd de Sébastopol, 75001 PARIS
N° 357064M. - Dépôt légal : septembre 2004